——————————— 님의 소중한 미래를 위해
이 책을 드립니다.

경제
지식이
돈이다

경제 지식이 돈이다

쉽게 읽히는
내 생애
첫 경제교과서

토리텔러 지음

메이트북스

메이트북스 우리는 책이 독자를 위한 것임을 잊지 않는다.
우리는 독자의 꿈을 사랑하고,
그 꿈이 실현될 수 있는 도구를 세상에 내놓는다.

경제지식이 돈이다

초판 1쇄 발행 2022년 6월 1일 | **초판 5쇄 발행** 2024년 9월 1일 | **지은이** 토리텔러
펴낸곳 (주)원앤원콘텐츠그룹 | **펴낸이** 강현규·정영훈
등록번호 제301-2006-001호 | **등록일자** 2013년 5월 24일
주소 04607 서울시 중구 다산로 139 랜더스빌딩 5층 | **전화** (02)2234-7117
팩스 (02)2234-1086 | **홈페이지** www.matebooks.co.kr | **이메일** khg0109@hanmail.net
값 18,500원 | **ISBN** 979-11-6002-374-9 03320

오늘 누군가가 그늘에 앉아 쉴 수 있는 이유는
오래전에 누군가가 나무를 심었기 때문이다.

• 워런 버핏(버크셔 해서웨이 CEO) •

경제,
아는 만큼 보인다!

경제에 관심을 갖게 되면 경제 관련 기사를 찾아보거나 유튜브 검색을 해보게 됩니다. 옛날과 달리 요즘은 너무 쉽게 많은 정보를 얻을 수 있습니다. 포털에는 다 읽기 버거울 정도로 많은 기사가 실시간으로 쏟아져 나옵니다. 유튜브에는 전문가로 보이는 사람들의 분석, 해석, 전망이 넘쳐납니다. 사전 지식 없이 이런 콘텐츠를 보면 일단 어질어질합니다. 초보들이 마음먹고 노력하기에는 버거운 양과 어려운 내용에 질려버립니다.

그나마 정리가 되어 있는 책을 보려고 해도 종류가 너무 많습니다. 돈을 버는 재테크 책도 주식을 다룬 것이 있고 부동산도 땅, 꼬마빌딩, 아파트, 경매 등 종류가 너무 많습니다. 누구는 소비하는 방법을 배우는 것이 먼저라고 합니다.

헷갈리는 와중에 그나마 소액으로 할 수 있는 주식을 쳐다보면 더 당황스럽습니다. 처음 보는 단어들과 알 수 없는 숫자들이 가득한 그래프로 채워진 책을 읽기도 어려운데, 이제는 해외 주식에도 눈을 돌리라고 합니다. 기존 상품인 펀드도 종류가 다양하고 암호화폐도 있습니다.

재무제표를 모르면 안 된다고 하고, 세금을 모르면 손해 본다고 하는 와중에 투잡도 해야 한답니다. 미래 시장을 전망하는 자료에는 기술 이야기가 가득합니다. 5G시대가 이미 열렸고 4차 산업혁명에 인공지능, 빅데이터도 나옵니다. 아마존과 페이스북, 구글 등을 플랫폼 기업이라고 하는데 플랫폼이 뭔지 잘 모르겠습니다. 우리나라에서는 카카오의 시가총액이 올랐다고 합니다. 카카오는 알 것 같은데 시가총액이 올랐다는 것은 무슨 뜻인지 모르겠습니다. 카카오 외에 새로 등장하는 수많은 회사는 무슨 일을 하는 곳인지 알기 어렵습니다.

머리가 지끈거리는데 뉴스에서는 미국 이야기가 나옵니다. 미국의 연준이 뭔가 발표했답니다. 미국의 발표가 나와 무슨 상관인지 모르겠습니다. 미국과 중국이 싸우면 안 좋다는 것은 감으로만 알 것 같습니다. 유럽연합이나 일본, 동남아 얘기가 나오고 북한 핵도 빠뜨리면 안 됩니다. 어려움에 주저하는 동안에도 누군가는 코인으로 떼돈을 벌었다고 하고, 누군가는 아파트 분양으로 큰 수익을 얻었다고 합니다. 결국 로또를 사는 것 말고는 모르겠습니다. 마음이 천사 같은 선배나 친구에게 추천받아 주식을 사지만 대박이 나는 경우는 거의 없고 내 종목은 계속 손해를 봅니다.

알고 싶은 내용은 단순한데 알아야 할 것은 너무 많고 어렵기까지 합니다. 경제와 관련해 적절한 판단을 하고, 이 판단에 맞춰 내 재산을 불리고 싶은데 쉽지 않습니다. 이런 분들을 위해 조금 더 쉽게 큰 갈래로 나눠 경제와 투자를 보도록 글을 썼습니다. 그러다보니 내용이 넓고 얕습니다. 경제 초보가 경제, 투자와 관련해 큰 틀을 잡도록 돕기 위해 쓴 책인 만큼 일부 장에 담긴 내용은 책 한 권으로도 부족할 만큼 압축되어 있습니다. 크게 갈래를 구분하니 세부적으로 맞지 않을 수도 있고, 쉽게 설명하려니 과장되거나 과소평가되는 부분도 있다는 점을 꼭 유념하여 읽기 바랍니다.

| 차례 |

 1장 경제를 알려면 무엇을 보아야 할까

2장 금리는 경제상황을 알려주는 신호등

경제를 안다는 건 경기가 좋은지 나쁜지 구분할 줄 아는 거라고 할 수 있습니다. 경제 지식이 부족한 초보자도 돈이 시장으로 모이는지 아니면 은행이나 금고로 들어가는지 살펴보면 큰 흐름을 알 수 있습니다. 뉴스에 자주 등장하는 주요 지표(금리, 부동산, 주가, 수출, 환율, 원자재, 해외시장)의 방향을 이해하면 객관적 판단이 가능합니다. 이 모든 방향은 결국 시장경제를 움직이는 수요·공급이라는 원칙을 따릅니다. 이 장에서는 중요한 원론적 이야기를 다룹니다.

경제를 알려면
무엇을 보아야 할까

경기가 좋다는 것과
나쁘다는 것은 무엇일까

▍**정의**   경기가 좋다는 것은 경제 상태가 좋다는 뜻입니다. 경제 상태가 좋다는 말은 투자, 생산, 고용, 소비가 모두 활발하게 움직인다는 뜻이며 전체적으로 경제의 크기가 커지는 상황입니다.

▍**해석**   일반적으로 '돈이 잘 돌고 있다'고 하면 경기가 좋다고 할 수 있습니다. 기사에서는 기업의 투자가 는다, 가계의 소비가 는다, 부동산 거래가 늘어난다, 취업시장이 넓어진다 등으로 표현합니다. 경기가 나쁜 것은 '돈이 마른다'고 하는데 소비가 줄어든다, 부동산 거래가 절벽이다, 투자시장과 채용시장이 얼어붙었다 등으로 표현합니다. 대개 경기가 좋을수록 '어떻게 돈을 벌지?'라는 주제로 이야기를 많이 하고, 경기가 나쁠수록 '어떻게 버티지?'라는 주제로 이야기를 많이 합니다.

경기나 경제를 어렵게 생각하면 한없이 어렵습니다. 그러니 처음에 경제를 익히려면 자기 말로 경제를 이해해야 합니다. 경제학자나 미디어는 최대한 정확한 용어를 쓰고 정확히 해석해야 합니다. 그래서 쉽게 비유를 들거나 이해하기 쉽도록 설명하는 데 한계가 있습니다. 쉽게 말하려다 오히려 잘못된 메시지나 전혀 다른 뜻으로 전달될 수 있기 때문에 차라리 어렵더라도 정확한 용어를 사용하게 됩니다.

이해하기 어렵지만 가장 정확한 내용은 정부가 발표한 것이라고 보면 됩니다. 정부에서는 사람들에게 혼란을 주거나 잘못된 해석을 할 여지를 주면 안 되기 때문에 정확한 표현으로 여러 가지 지표를 내놓습니다. 정부의 발표 자료를 보고 바로 해석이 안 되는 것이 경제 초보에게는 정상입니다. 자신의 경제 실력을 가늠하는 기준이 되는 것이 뉴스를 보고 좀 이상해서 정부 발표나 1차 자료를 직접 찾아보게 되느냐입니다. 만약 발표 원문이나 1차 자료를 직접 찾아봐야 제대로 해석할 수 있겠다는 생각이 들면 경제를 상당 수준 이해하는 정도라고 할 수 있습니다.

정부나 기관의 자료를 1차 자료라고 하면 2차 자료는 미디어에서 발표하는 기사입니다. 위에서 말한 것처럼 정부 자료는 최대한 객관적인 내용을 엄격한 기준으로 해석하기 때문에 보통 사람이 보기에는 어렵습니다. 이런 내용 중 일반인에게도 큰 의미가 있어 보이는 내용을 뽑아서 강조하고, 이해하기 어려운 내용은 적절한 예시를 들어 설명하는 것이 미디어가 만드는 기사입니다. 이런 미디어의 역할 때문에 뉴스는 근본적인 장점과 단점을 갖게 됩니다.

미디어에서 중요하다고 생각하는 내용을 뽑아내는 것을 어젠다 설정이라고도 합니다. 어젠다에 맞춰 자료를 해석하는 뉴스의 장점은 이해하기 쉽다는 것입니다. 그리고 내 상황과 일치한다면 굳이 원자료를 살펴보지 않아도 큰 줄기를 이해할 수 있습니다. 단점은 나와 전혀 상관없는 이야기일 수도 있고, 때로는 내 위치와 전혀 다른 기준으로 경제 문제를 해석하기도 한다는 것입니다. 이런 장단점이 있지만 현재 뉴스 기사는 가장 적은 비용으로 경제를 파악할 수 있는 가장 효율적인 도구입니다. 이때 종이신문 한 종을 구독하기를 추천합니다. 그러면 일관된 시각과 기준으로 중요한 경제기사들을 볼 수 있습니다.

경제기사를 볼 때 가장 쉬운 접근법은 '돈이 돌까?'라는 관점으로 평가해보는 것입니다. 매우 거칠지만 거친 만큼 쉽고 단순하게 파악할 수 있습니다. 경기가 좋다는 말은 '돈이 잘 도는 상황'이라는 것입니다. 반대로 경기가 안 좋다는 말은 '돈이 잘 돌지 않는 상황'이라는 것입니다. 그럼 어떤 경우 돈이 돌고 어떤 경우 돈이 돌지 않을까요?

경제성장률이 높을 것이다. – 경제성장률이 예상보다 낮을 것이다.

수출이 늘어났다. – 수출이 줄었다.

부동산 거래가 늘었다. – 부동산 매물이 사라졌다.

코스피가 최고치를 달성했다. – 코스피가 연중 최저치가 되었다.

미국과 중국이 XXX에 합의했다. – 영국이 EU에서 탈퇴했다.

XXXX 어닝 서프라이즈 – XXXX 어닝 쇼크

XXXX회사 상장 예정 – XXXX 상장 폐지

미국 연준 기준금리 인하 – 한은 기준금리 인상

무슨 뜻인지 정확히 설명할 수는 없더라도 앞에 있는 내용은 뭔가 좋은 이야기 같고 뒤에 있는 내용은 뭔가 안 좋은 이야기 같다는 생각이 들 겁니다. 앞의 내용은 **돈이 돈다**는 것입니다. 경제성장률이 높은 것은 우리나라 경제 크기가 커지는 것입니다. 경제 크기가 크다는 것은 결국 돈이 늘어나는 것입니다. 반대로 뒤의 내용은 돈이 줄어드는 것입니다. 돈이 잘 돌면 돈과 관련된 모든 기회가 열립니다. 경제나 뉴스에서 말하는 단어로 바꾸면 기업의 투자나 고용이 늘어나고, 매출이 늘어나고, 수출이 늘어나고, 주가지수가 올라가고, 부동산 거래량이 늘고, 궁극적으로 월급이나 상여금이 올라갈 가능성이 높아진다는 뜻입니다.

경기가 안 좋다는 것은 돈이 줄어든다는 의미로 앞서 말한 것과 반대 상황이 벌어진다는 뜻입니다. 월급이 줄지는 않아도 인상폭이 줄어들거나 물가만 올라서 살기 더 팍팍해질 수 있는 겁니다. 먼저 돈이 늘어나는 이야기일지 줄어드는 이야기일지를 판단해보세요.

경제기사를 어렵게 생각하는 이유는 용어가 어렵기도 하지만 모든 상황이 흑백으로 나뉘지 않기 때문입니다. 어디서는 돈이 풀려서 좋아지지만 어느 곳에서는 돈이 줄어서 어려워지는 상황이 동시에 벌어집니다. 같은 상황에도 누군가는 돈을 벌고 누군가는 돈을 잃을 수 있습니다. 그것이 경제입니다.

• **돈이 마르다** 경제활동의 근거가 되는 돈의 흐름이 원활하지 않음을 뜻하는 말
• **돈이 돌다** 경제활동이 활발하게 이루어짐을 뜻하는 말

경제를 알기 위해
보아야 하는 요소들

┃ 정의　금리, 정책, 부동산, 주가, 수출, 환율, 원유, 주요 기업, 미국

┃ 해석　금리, 주가, 환율, 유가는 가장 대표적인 경제 가늠자입니다. 오르는지 내리는지
에 따라 경제상황이 변하고, 각각의 요소가 서로 영향을 미칩니다. 보통 금리와
유가는 내리는 것이 경제에 유리하고 주가는 오르는 것이 경제에 유리합니다. 환
율은 그때그때 다릅니다. 중요한 몇 가지 지표는 꾸준히 트렌드를 파악하는 것이
필요합니다.

　우리나라를 포함해 선진국들의 경제는 시장경제 체제입니다. 시
장경제는 경제가 수요와 공급에 따라 움직이도록 만들어졌다는 것
입니다. 수요가 늘면 가격이 오르고, 가격이 오르면 공급이 늘어납
니다. 공급이 늘어나면 가격이 떨어져 적정한 가격을 찾아가게 됩니
다. 시장경제는 하나의 요소에 따라 한쪽으로만 움직이지 않고 하나
의 요소에서 다른 요소로 이어지고 서로 영향을 줍니다.
　여기에는 어떤 대표적 요소들이 있을까요? 이 요소들을 챙겨보

는 것이 경제 초보가 쉽게 경제를 바라보는 틀을 잡는 방법입니다. 경제나 산업, 기업 전반을 모두 이야기할 수도 없고 다 깊게 다룰 수도 없습니다.

그 이유는 첫째, 경제라고 말하는 범위가 매우 넓고 깊기 때문입니다. 둘째는 현실과 이론이 늘 일치하는 것은 아니기 때문입니다. 그러니 경제에 대한 두려움을 없애는 초보단계를 벗어난 후에는 더 관심 있는 분야를 정해 더욱 깊게 들어가며 지식과 경험을 쌓아야 합니다.

무엇보다 **금리**를 잘 알아야 합니다. 금리를 안다는 것은 신호등을 볼 줄 아는 것과 마찬가지입니다. 신호등을 모르면 운전할 수 없습니다. 금리는 모든 시장경제의 신호등과 같습니다. 금리가 높아지면 돈이 줄어들고, 금리가 낮아지면 돈이 늘어난다는 신호입니다.

금리가 낮아져 돈을 빌려 쓰는 데 부담감이 없어지면 시장에 돈이 늘어납니다. 우리나라에서는 부동산으로 늘어난 돈이 몰리는 경우가 많습니다. 우리나라 사람들의 자산 가운데 약 75%가 부동산이다 보니 사람들은 부동산에 민감합니다.

부동산으로 돈이 몰리면 부동산 가격이 오릅니다. 부동산이 과열되면 정부가 나섭니다. 부동산은 투자상품이기도 하지만 사람이 실제 살아가는 기본 주거문제와 연관되기 때문입니다. 과열된 부동산을 진정시키려고 여러 정책을 펴서 부동산 경기가 진정되면 돈은 다른 곳을 찾게 됩니다.

대표적으로 주가가 오릅니다. 주가가 오르는 것은 크게 두 가지로 볼 수 있습니다. 하나는 주식시장을 구성하는 기업의 실적이 좋아지는 것입니다. 또 다른 이유는 시중에 돈이 많은데 마땅히 다른 곳에 투자할 곳이 없으면 주식시장으로 돈이 몰리며 주가를 올리게 됩니다. 단순화해서 설명하면 주식시장에 돈이 몰리면 주식 수요가 늘어나고, 주식 수요가 늘어나니 주가가 오릅니다.

주식시장을 기업의 실적 측면에서 보겠습니다. 우리나라 경제의 특징 중 하나는 수출에 많이 의존하는 구조라는 것입니다. 기업의 실적이 좋아지는 것은 쉽게 수출이 늘어나는 경우라고 볼 수 있습니다. 수출이 늘어나는지 줄어드는지 보면 경기가 좋아질지 나빠질지 예측할 수 있습니다.

수출이 계속 늘면 다른 변수가 생깁니다. 수출이 늘어나는 것은 수출대금으로 받는 달러가 우리나라에 많이 들어온다는 의미입니다. 공급이 늘면 가격이 내려가는 것처럼 달러가 늘면 당연히 달러 가격이 싸집니다. 달러가 싸진다는 것은 원화가 비싸지고 세진다는 뜻이기도 합니다. 원화가 세지는 것은 환율이 내려간다는 말입니다. 환율이 내려가면 수출기업에는 불리해지고 수입기업에는 유리해집니다. 계속 반복적으로 설명할 테니 이해하기 어려우면 건너뛰어도 됩니다. 수입이 늘고 수출이 줄면 경기는 안 좋아질 가능성이 높습니다.

환율 말고 다른 요소도 수출과 수입에 영향을 미칩니다. '석유 한 방울 나지 않는 우리나라'라는 문구가 상징하듯 우리나라에는 원자재가 별로 없습니다. 그러니 대부분 수입해야 합니다. 원유 가격이 오르면 우리나라 기업들의 생산원가가 오르게 됩니다. 원가가 오르면 당연히 가격이 오르고 가격이 오르면 수요가 줄어듭니다. 기업에는 좋은 상황이 아니죠. 가격이 오르는 현상을 소비자나 개인으로서는 물가가 오른다고 보면 됩니다. 물가가 오르면 소비자는 힘들어지겠죠.

그런데 수출과 관련이 적거나 원유라는 요소와 관련이 적은 기업의 상황은 다릅니다. 삼성전자나 현대자동차 같은 제조업과 카카오나 네이버 같은 IT기업은 우리나라 기업이지만 각자 처한 상황이 다릅니다. 주식투자를 하는 사람이라면 당연히 전체 경기도 봐야 하지만 개별 기업, 적어도 산업군의 상황을 체크해야 합니다.

원유 못지않게 우리나라에 영향을 미치는 요소가 하나 더 있습니다. 환율과도 연관 있는 미국입니다. 미국은 우리나라를 포함해 세계적으로 영향을 주는 나라입니다. 그러니 미국에서 어떤 일이 벌어지는지 체크해야 합니다.

대표적으로 미국 금리가 오르면 우리나라 금리도 분명히 영향을 받아서 오릅니다. 뉴스에서 미국의 연준이나 **기준금리**라는 말이 자주 나오는 이유이기도 합니다. 기준금리는 경기의 신호등과 같으니 미국의 기준금리는 결국 전 세계 경제의 신호등과 같습니다. 미국의 기준금리 때문에 우리나라 기준금리가 변합니다.

우리나라 기준금리로 시작해서 여러 이야기를 했는데 다시 우리나라 기준금리 이야기로 돌아와 있습니다. 경제는 이처럼 서로 연결되어 영향을 미칩니다.

경제 초보라면 정확한 내용을 이해하는 것도 중요하지만 왜 이렇게 움직이는지 해석하는 것이 더 중요합니다. 경제공부는 실천이 따르지 않으면 의미가 없습니다. 곧 내용을 까먹게 되고 또 다른 책을 뒤적거리거나 다른 사람들이 하는 말에 귀가 팔랑거려 따라가게 되어 있습니다. 머릿속에서 자기만의 스토리와 흐름을 만드는 것이 중요합니다.

· **금리** 돈 사용료, 이자율
· **기준금리** 한국은행에서 발표하는 금리로 시중금리의 기준이 되는 이자율

시장경제를 움직이는
기본 원칙은 수요와 공급

▌정의 수요는 상품을 사려는 의지와 실제로 구매 능력을 갖춘 욕구를 말합니다. 공급은 상품을 판매하려는 의도입니다. 수요의 변동은 가격 외의 이유로 수요의 크기가 변하는 것을 말하고, 수요량의 변동은 가격의 변화만으로 수요의 크기가 변하는 것을 말합니다.

▌해석 사려는 사람이 많으면 수요가 늘어나 가격이 오르고, 공급이 줄어들어 물건이 적어지면 가격이 오릅니다. 반대로 가격이 오르면 수요는 줄고 공급은 늘어납니다. 수요와 공급이 변하는 이유를 찾아내는 것이 시장을 읽는 중요한 방법 중 하나입니다.

우리나라 경제를 시장경제라고 합니다. 시장은 거래가 일어나는 모든 곳을 의미합니다. 일반적인 시장에서 가격은 수요와 공급에 따라 움직입니다. 이 원칙은 특수한 경우를 빼면 모든 경제 문제에 적용됩니다.

시장은 어떤 상품이 거래되는지에 따라 주식시장·부동산 시장·고용시장 등으로 나눌 수 있고, 어떤 형태로 거래되는지에 따라 재래시장·홈쇼핑·인터넷 쇼핑 등으로 분류할 수 있습니다. 시장은 고정적이지 않아서 적당한 규모가 되면 시장이라는 이름을 붙이게 됩니다. 기사에서 XX시장이라는 단어가 나온다면 구분될 만큼 거래가 이루어지는 영역이라고 볼 수 있습니다. 최근 익숙해진 시장이 배달 시장입니다. 배달앱이 활성화하기 전까지 음식배달은 서비스의 일종이었습니다. 하지만 배달앱 사용량이 늘어나면서 배달업으로 대표되는 배달시장이 되었습니다. 배달의민족으로 대표되는 업체가 등장해 기존처럼 중국음식이나 치킨 배달뿐만 아니라 거의 모든 음식을 배달하게 되면서 '배달시장'이라는 말을 사용하고 있고, 이 말을 모든 사람이 이해하는 데 어려움이 없습니다.

시장이 커지려면 먼저 해당 영역에 돈이 돌아야 합니다. 돈이 돌려면 **수요**가 늘어나면 됩니다. 사람들의 수요가 모이면 자연스럽게 **공급**도 늘어납니다. 그리고 수요와 공급에 따라 적절하게 가격이 결정됩니다. 수요와 공급은 가격을 결정하는 메커니즘이기도 하지만 시장 자체가 생기고 없어지는 메커니즘이 되기도 합니다.

가장 기본적인 원리부터 살펴보겠습니다. 배달시장이 커지면서 사람들의 수요가 늘어났습니다. 그럼 배달 가격이 올라야 하는데 오르지 않았습니다. 이유는 여러 가지가 있겠지만 다수의 음식점이 배달에 참여하며 공급이 늘어났기 때문입니다. 현실에서는 다른 요소도 분명히 있지만 단순하게 해석했습니다.

유가도 살펴보겠습니다. 원유 가격은 오르기도 하고 떨어지기도 합니다. 만약 중동에서 전쟁이 일어난다고 하면 공급이 줄어들게 됩니다. 전쟁하는 동안에는 평상시처럼 원유를 생산하고 운반하기는 어려우니까요. 그럼 원유 가격은 오릅니다. 반대로 코로나19로 사람들이 밖에 나가지 않는 상황이 발생했습니다. 이동 수단을 덜 사용하면서 원유 수요도 줄어들게 됩니다. 수요가 줄어들면 당연히 가격은 하락합니다. 반대로 코로나19가 진정되어 정상생활로 돌아오면 커질 수요에 대응하기 위해 가격이 오릅니다.

주식시장도 수요와 공급으로 해석해볼 수 있습니다. 주식 초보자와 동학개미로 대표되는 대규모 시장 참여자가 생겼습니다. 시장 참여자가 늘어난 것은 그만큼 주식에 대한 수요가 늘었다고 볼 수 있습니다. 돈이 주식시장으로 몰리면 주가가 오르게 됩니다. 10여 년 전 미국에서 서브 프라임 모기지 사태가 터지면서 미국 경기가 좋지 않은 적이 있었습니다. 사람들은 주식시장에 상장된 기업들의 실적이 나빠질 것으로 예상해 주식을 팔았습니다. 그만큼 수요가 감소했다는 말이니 당연히 주가는 떨어졌습니다.

개개 회사의 주식도 마찬가지입니다. 코로나19로 여행수요가 사라지자 여행 관련주와 항공 관련주가 심각하게 떨어졌습니다. 반면, 코로나19로 배달시장이 커지면서(수요가 늘어나면서) 배달 관련 회사의 주가는 올랐습니다.

모든 시장의 가격은 원론적으로 수요와 공급에 따라 달라집니다. 이것을 모르는 사람은 없습니다. 하지만 어떤 이유로 수요나 공급에 변화가 생겼는지는 모릅니다. 또는 이유를 알더라도 얼마만큼 영향을 미칠지 판단하는 기준은 사람마다 다릅니다. 그래서 수요와 공급이 변하면 방향성은 예측해도 정확하게 맞히지는 못하는 것입니다.

뉴스를 볼 때 어떤 사건이 일어나면 수요와 공급이 어떻게 될지 예측해보는 훈련이 필요합니다. 정답은 없고 세부적으로는 다른 영향을 미칠 수 있지만 큰 방향성은 예측할 수 있습니다. 이런 방향성을 나타내는 변수가 여러 가지이지만 그중에서도 중요한 것들이 있습니다. 우선순위는 사람마다 다를 수 있고 자기가 관심 있는 분야에 따라 추가 내용이 더 필요할 수 있습니다.

하지만 수요와 공급을 흔들 수 있는 요소는 금리, 경제지표(물가, 고용), 미국, 주요 선진국, 기술, 정부 정책, 부동산, 수출기업 실적, 원자재, 환율 등으로 분류해볼 수 있습니다. 자연재해는 중요하고 근본적인 틀을 바꾸는 요소이지만 예측하기 어려우니 빼겠습니다. 기준은 개인마다 다를 수 있습니다. 그러니 정답이 하나라고 생각하지 말고 자기 관점에 맞게 조정해야 합니다. 이때 중요 요소라고 하는 것들에 따라 전체 수요와 공급이 변하고, 수요와 공급에 따라 가격과 시장의 규모가 같이 변할 수 있다는 것을 각자 해석해봐야 합니다.

경제를 공부한다는 것은 결국 '내 해석'을 단단히 하는 것입니다. 경제가 어려운 이유 중 하나는 중요한 요소가 각각 따로 움직이지 않고 연관되어 움직이기 때문입니다. 경제를 이해하는 힘은 이 요소들 간의 연관관계를 잘 파악한 후 영향을 가늠하는 능력입니다. 뉴스에서 중요하게 다루는 기사가 나오면 수요와 공급 측면에서 해석하고 시장에 좋은 일인지 나쁜 일인지 추측해보세요. 기사가 조금은 달리 보일 겁니다.

• 수요(demand) 물건이나 서비스를 살 수 있는 능력을 가진 욕구
• 공급(supply) 정해진 가격에 물건이나 서비스를 제공하는 일

금리는 돈이 시중에 많이 풀릴지 아니면 희소해질지 알 수 있는 신호등과 같습니다. 기준금리를 내리면 시중에 돈이 늘어나고 기준금리를 올리면 시중에 돈이 마릅니다. 사업을 하지 않더라도 일반인 역시 금리의 영향을 많이 받습니다. 대표적인 것이 주택담보대출 금리와 마이너스 통장으로 대표되는 신용대출입니다. 금리도 수요와 공급의 법칙에 따라 움직입니다. 돈을 많이 가지고 있는 사람이라면 금리가 오르는 것이 불리하지 않지만, 돈이 필요한 사람은 금리가 내리는 것이 좋습니다.

2장

금리는 경제상황을 알려주는 신호등

한 나라의 경제 신호등, 기준금리

▮ **정의** 한국은행 기준금리는 한국은행이 금융기관과 환매조건부증권(RP) 매매, 자금 조정 예금 및 대출 등의 거래를 할 때 기준이 되는 정책금리로 간단히 '기준금 리'(base rate)라고도 합니다. 한국은행 금융통화위원회는 물가 동향, 국내외 경 제 상황, 금융시장 여건 등을 종합적으로 고려해 연 8회 기준금리를 결정합니다. 이렇게 결정된 기준금리는 초단기금리인 콜금리에 즉시 영향을 미치고 장단기 시장금리, 예금과 대출금리 등의 변동으로 이어져 궁극적으로는 실물경제 활동 에 영향을 미치게 됩니다.

▮ **해석** 금리는 돈 사용료라고 볼 수 있습니다. 금리가 올랐다는 말은 돈을 쓰기 어려워 시중에 돈이 마른다는 의미이고, 금리가 내린다는 말은 돈을 쉽게 쓸 수 있어 시 중에 돈이 풀린다고 생각할 수 있습니다. 돈이 풀리면 경기가 좋아지고 돈이 마 르면 경기가 진정됩니다.

금리는 이자율이라고도 합니다. 기준금리는 한국은행 금융통화 위원회에서 1년에 여덟 차례 결정합니다. 여기서 중요하게 봐야 하 는 단어는 '기준'과 '한국은행'입니다. 학교 다닐 때 누군가 손을 들 어 기준을 잡으면 그 기준에 맞춰 오와 열이 맞춰지는 경험을 한 적 이 있을 겁니다. 기준금리는 일반적으로 경험하는 각종 금리의 기준 이 되므로 중요합니다. 기준을 멋대로 잡아서는 안 될 만큼 중요하 기에 우리나라에서는 한국은행 금융통화위원회에서 결정합니다.

금리가 중요한 이유는 시장경제체제에서 가장 중요한 돈의 흐름을 통제할 수 있기 때문입니다. 금리는 돈을 사용할 때 내야 하는 사용료와 같습니다. 돈이라는 재화를 사용하는 가격(=금리)이 낮아지면 수요가 늘어납니다. 반대로 가격이 높아지면 수요는 줄어들게 됩니다. 이 부분이 중요하므로 금리 변화를 챙겨봐야 합니다.

수요가 늘면 시중에 돈이 많이 풀리게 됩니다. 돈이 많이 풀리면 '돈이 돈다'는 말처럼 경기가 좋아질 가능성이 높아집니다. 돈 사용료가 싸지므로 돈이 필요한 사람은 좀더 쉽게 돈을 빌리게 됩니다. 기업에서는 돈을 빌려 공장을 짓고 설비를 갖추게 되어 사람을 더 많이 고용하게 됩니다. 고용이 늘어나면 취업이 늘어나는 것이니 소비도 늘어나게 됩니다. 단순히 소비뿐만 아니라 가계 역시 투자할 여력이 생겨납니다. 그래서 주식이나 부동산 가격도 움직일 가능성이 높아집니다. 이렇게 경기가 좋아지는 일만 생긴다면 굳이 금리를 조절할 필요 없이 항상 낮게 유지하면 되겠지만 현실은 그렇지 않습니다.

시중에 돈이 많이 풀려 경기가 좋아지는 것은 좋았는데 돈이 너무 많아지면 물가가 올라갑니다. 시중에 물건은 그대로인데 돈만 늘어나면 당연히 물건 가격이 오릅니다. 물가가 너무 올라가면 소비가 위축되고 심하면 인플레이션 위험까지 있습니다. 자산 가격도 거품이 생길지 모릅니다. 경기가 과열되었다는 표현을 쓰는 상황이 되는 겁니다. 이때 한국은행에서는 금리를 높입니다. 금리를 높이면 시중의 돈이 줄어듭니다. 사람들이 돈을 적게 빌리고 은행에 저금하는 것이 위험한 투자보다 유리하기 때문에 돈을 덜 쓰게 됩니다. 물가나 거품을 걷어내는 효과로 금리를 활용하는 겁니다. 기준금리가 올라가면 전체적으로 시중의 돈이 줄어들어 경기가 진정됩니다.

이런 이유로 한국은행의 금리는 경기의 신호등이라고 할 수 있습니다. 금리를 낮춘다는 것은 초록 신호를 줘서 경기 주체들이 속도를 내면서 달리게 해주는 것이고 금리를 높인다는 것은 빨간 신호등으로 자동차가 달리는 속도를 제한하는 겁니다. 신호등을 보지 않고 운전하는 것은 위험한 일입니다. 항상 신호등인 기준금리의 방향을 체크하며 달려야 합니다.

금리를 볼 때 한국은행에서 발표하는 우리나라 금리만 봐서는 안 됩니다. 한 나라의 경제는 세계와 연결되어 있습니다. 따라서 전 세계 시장의 흐름을 주도하는 미국의 기준금리 역시 매우 중요한 요소가 됩니다.

가장 간단하게 미국의 기준금리보다 우리나라의 기준금리가 낮으면 우리나라에 투자했던 자금들이 빠져나가 미국으로 이동합니다. 우리나라 시장에서 돈이 줄어들어 결국 경제에 안 좋은 영향을 주게 됩니다. 그래서 미국이 기준금리를 올렸다는 또는 올릴 것 같다는 소식이 들리면 일반적으로 우리나라 역시 기준금리가 올라갈 거라고 예상합니다. 미국 금리는 신호등 이전의 신호등이라고 볼 수 있습니다. 참고로, 미국에서 기준금리를 올리려면 **양적 완화**를 멈추는 **테이퍼링**이 선행되어야 합니다.

미국의 금리를 결정하는 중앙은행의 역할을 미국에서는 연방준비제도(줄여서 '연준')에서 합니다. 연준의 결정을 미리 엿볼 수 있는 것이 미국 연방공개시장위원회(FOMC; Federal Open Market Committee)

의 의사록입니다. 미국 연방준비제도이사회(FRB) 이사 7명과 뉴욕 연방은행 총재 외에 11명의 연방은행 총재 중 4명이 1년씩 교대로 위원이 되는 FOMC에서는 경기전망을 검토하고 통화 공급량이나 단기금리 등의 목표권을 설정하는 얘기를 나누는데, 이때 나눈 얘기를 1개월 뒤 공표하게 되어 있습니다. 뉴스에서 FOMC라는 말이 나오면 앞으로 글로벌 경제의 흐름이 어떻게 되겠구나 하는 것을 가늠할 수 있습니다.

• **양적 완화** 중앙은행이 직접 시장에 돈을 공급하는 행위
• **테이퍼링(tapering)** 양적 완화 규모를 점차 줄여가는 일

내가 마주치는 금리

▌정의 기준금리는 대출금리를 결정할 때 기준으로 삼는 금리입니다. 가산금리는 대출 기준금리에 더해서 받는 것으로 업무원가, 법적 비용, 위험 프리미엄, 목표이익률, 가감조정금리 등이 포함됩니다. 우대금리는 우수고객 등에게 가산금리를 일부 낮춰서 낮은 금리로 이용할 수 있는 것을 말합니다.

▌해석 실제 개인이 체감하는 금리는 대출금리와 예금금리가 있으며 이를 보통 '시중금리'라고 합니다. 시중금리는 기준금리에 가산금리를 더해 적용받습니다. 시중금리는 은행마다, 고객마다, 상품마다 다르지만 기준금리의 인상·인하 방향과 일치합니다. 특히 우리나라는 주택담보대출 비율이 높아 금리변동에 민감할 수밖에 없습니다.

기준금리에 따라 전체 경기가 바뀐다고 했습니다. 기준금리를 낮추면 돈이 풀리면서 전체적으로 경기가 호황이 되고, 기준금리를 높이면 돈이 마르면서 전체적으로 경기가 진정 국면으로 들어가게 됩니다. 실제로 개인은 기준금리를 직접 경험하기 어렵습니다. 왜냐하면 기준금리로 거래를 하는 개인은 없기 때문입니다. 개인은 시중은행으로 대표되는 금융회사를 통해 금리를 체감하게 됩니다.

대출금리는 '대출금리=1)기준금리+2)가산금리 - 3)우대금리'로 결정됩니다. 가장 쉽게 **주택담보대출**을 생각해보겠습니다. 은행에서 말하는 대출금리는 1)과 2)를 더한 금리를 말합니다. 가산금리는 은행이 수익을 얻으려고 얹은 금리입니다. 은행으로서는 대출이라는 업무활동에 따른 대가를 받아야 하므로 더 높은 금리를 받게 됩니다. 기준금리가 오르면 1)이 오르는 것이라서 당연히 전체 대출금리가 오르고, 기준금리가 내려가면 1)이 내려가면서 대출금리도 낮아지는 구조가 됩니다.

은행에서 대출할 때 '급여통장을 우리 은행계좌로 하시면…' '우리 은행 카드로 월 얼마를 사용하시면…' '우리 은행의 청약통장이나 적금을 가입하시면…' 같은 권유를 받는 경우가 있습니다. 이런 권유는 '**우대금리**'를 적용해 대출하는 사람들이 체감하는 금리를 낮추려는 것입니다. 금리 변동에 따른 영향은 대출원금의 크기에 따라 달라지는데, 이는 투자에서도 똑같습니다.

예를 들어 이자율이 5%라고 할 때 1억 원을 빌렸다면 500만 원을 매년 갚아야 합니다. 그리고 이자율이 1% 올랐다면 500만 원이 아니라 600만 원을 갚아야 하니 부담이 늘어납니다. 5억 원을 빌렸다고 가정하면 대출금리가 5%일 때는 2,500만 원을, 6%로 1%가 오르면 500만 원이 추가되어 3천만 원을 갚아야 하니 상당히 부담스러워집니다. 그래서 기준금리가 오를 것 같다는 뉴스가 나오면 제일 먼저 우리나라 가계부채가 너무 높아서 경제에 악영향을 미칠 거라고 미디어에서 떠드는 겁니다.

기준금리가 0.5% 오른다고 해도 금융권의 가산금리가 더해지면 그 효과는 0.5%보다 더 높게 나타납니다. 그리고 대출에는 가계대출만 있는 게 아니라 기업대출도 있어 경제에 영향을 더 미치게 되므로 기준금리 변동은 중요하게 봐야 합니다.

대출할 때 자주 듣는 금리 관련 단어로 변동금리와 고정금리가 있습니다. 고정금리는 말 그대로 내가 갚아야 하는 대출 이자율이 고정되어 변하지 않는 것입니다. 5% 고정금리로 대출했다면, 예를 들어 한국은행의 기준금리가 5%를 넘어 시중금리가 10%가 되더라도 5% 이자율을 그대로 유지합니다. 고정금리 상품은 이자가 외부 상황과 관계없이 그대로여서 돈을 관리하는 쪽에서는 매우 속 편한 상품입니다.

그럼 다들 고정금리 상품을 선택하지 변동금리 상품을 선택하지 않을 것 같잖아요? 그런데 실제로는 변동금리를 선택하는 비중이 더 높은데, 그 이유는 두 가지입니다. 첫째, 아주 특별한 상황이 아니면 변동금리가 고정금리보다 낮습니다. 이자를 한 푼이라도 줄여야 하니 0.XX%라도 낮은 상품이 매력적으로 보입니다. 둘째, 금리는 높아지기도 하지만 낮아지기도 합니다. 시중금리가 낮아지면 변동금리 상품도 같이 금리가 낮아져 이자를 덜 내도 되지만, 고정금리 상품은 아무리 금리가 낮아져도 똑같은 이자를 내야 합니다.

원론적으로는 대출을 이용하는 동안 금리가 많이 오를 것 같으면 고정금리가 유리하고, 금리가 그대로 유지되거나 낮아질 것 같으면 변동금리가 유리합니다. 하지만 더 중요한 사항이 있습니다. 가계대출에서 가장 큰 비중을 차지하는 주택담보대출은 고정금리 상품이라도 일정 기간만 고정이고 이후에는 변동금리로 바뀝니다. 현실적으로 처음부터 끝까지 수십 년간 계속 고정금리인 상품은 없다고 보는 게 맞습니다.

이번에는 돈을 빌려주는 쪽에서 생각해보겠습니다. 일반인이 돈을 빌려주는 경우가 바로 '저금'입니다. 우리가 은행에 '저금'이라는 이름으로 돈을 빌려주면, 은행은 그 돈을 모아 '대출'이라는 상품으로 다른 사람에게 빌려주는 구조가 됩니다. 우리가 저금하고 은행에서 받는 이자가 은행 쪽에서는 대출금리와 비슷한 겁니다. 기준금리가 오르면 은행의 예금이나 적금금리도 오릅니다. 그래서 대출이 적고 저금이 많은 사람에게는 기준금리가 오르는 것이 그렇게 나쁜 일이 아닙니다.

• **주택담보대출** 대출자의 주택을 은행에 담보로 맡기는 조건으로 대출받는 상품. 담보란 돈을 빌린 사람이 갚지 못하면 돈을 빌려준 사람이 손해 보지 않도록 제공하는 수단을 뜻한다.
• **우대금리** 조건에 맞는 고객에게 대출금리 일부를 할인해서 적용하는 금리

금리가 오르거나 내리면
경기는 어떻게 될까

▎**정의** 금리가 오르면 투자가 줄어들고 주식시장과 부동산 시장이 하락하며 소비가 줄
어들고 저금이 늘어나서 전체 경기는 진정 또는 하락합니다. 반대로 금리가 내려
가면 투자가 늘어나고 주식시장과 부동산 시장이 상승하며 소비가 늘어나 경기
가 살아납니다.

▎**해석** 금리가 오를 때는 집 구매나 주식투자를 다시 고민하고, 금리가 내려갈 때는 부
동산 구매나 주식투자를 공격적으로 하는 것이 일반적입니다.

　기준금리가 오르면 저금한 사람들이 행복해진다는 것 말고 시장
에서 어떤 일이 일어날까요? 기준금리가 오르면 **시중금리**가 같이 올
라가니 돈을 빌려서 새로운 일을 하려는 계획을 미루게 됩니다. 기
업들은 공장을 새로 짓거나 생산설비를 더 도입하려는 투자 계획을
미루게 됩니다. 공장이나 설비가 늘어나지 않으니 사람도 새로 뽑지
않게 됩니다.

　예금금리가 높아지니 안정적인 수익을 낼 수 있는 예금이나 채

권 등 안전상품으로 돈이 몰리고, 돈을 잃을 가능성이 있는 투자 상품인 주식이나 펀드 쪽에서는 돈이 빠져나갑니다. 부동산을 자기 돈으로만 구입하는 사람은 거의 없으니 대출금리가 올라서 부동산을 사려고 돈을 빌리는 사람도 줄어듭니다. 이쯤 되면 일반인도 소비를 줄이게 되어 시장 전체에 돈이 줄어들면서 경기가 하락하게 됩니다.

금리가 내리면 반대 상황이 됩니다. 설비를 늘리거나 공장을 새로 지으면 돈을 더 벌 것 같으니 기업에서는 고민을 덜하고 돈을 빌립니다. 대출 이자가 적으니 충분히 감내할 수 있다고 판단해 돈을 빌려 투자하는 겁니다. 설비도 마련했으니 사람도 더 뽑습니다. 예금을 많이 한 사람은 금리가 내리니 이자가 너무 적어 보입니다. 기업들이 투자를 많이 한다니 기업 수익이 늘어나 주가가 오를 것 같아 돈을 잃을 위험이 없지는 않지만, 주식이나 펀드에 투자하는 것이 더 낫겠다는 판단이 듭니다.

기업이 설비에 투자하고 주식시장에 투자하려는 돈이 모이면서 주식시장이 상승합니다. 이자를 감당할 수 있을 듯하니 약간 무리해서라도 부동산을 구입하려는 사람이 늘어납니다. 사려는 사람이 늘어나니 부동산 가격이 오릅니다. 주변에 돈이 돌면서 경기가 좋아진다는 신호가 보이니 사람들도 소비를 늘립니다. 기업의 투자와 가계의 소비가 늘어나면서 돈이 도니 경기가 상승하게 됩니다.

이렇게 얘기하니 경기가 한 방향으로만 흐를 것 같지만 그렇지 않습니다. 인생도 그렇지만 경기에도 사이클이 있어서 좋을 때와 나쁠 때가 번갈아 옵니다. 왜 이렇게 되는지 생각해보겠습니다.

금리가 오르면 기업이 돈을 빌리지 않아서 경기가 하락한다고 했습니다. 돈은 계속 움직이고 흘러야 합니다. 금리가 높아서 기업들이 돈을 빌리지 않으니 은행 등 금융권에서는 잠자고 있는 돈이 늘어납니다. 은행에서는 돈을 가지고만 있으면 이자가 생기지 않습니다. 돈을 누군가에게 빌려주고 이자를 받아야 돈이 생깁니다.

은행에서는 금리가 높아서 아무도 이자를 100원 내고 빌려가지 않는 것보다는, 누군가에게 이자를 80원만 받고 빌려주는 것이 낫습니다. 뭔가 미심쩍고 돈을 빌려주면 떼일 것 같아서 안 빌려줬던 기업들의 리스트도 다시 살펴봅니다. 그중 가장 덜 위험해 보이는 기업부터 조금 낮은 금리로 돈을 빌려줍니다. 이런 식으로 기업들이 대출을 받아서 투자가 늘어나면 생산량도 늘어나서 사람을 더 고용합니다. 고용된 사람이 늘어나니 돈을 쓸 사람도 늘어나는 선순환 고리가 만들어지면서 경제가 살아납니다.

경제가 살아나니 이제 계속 좋은 상태가 될까요? 경제가 좋아지니 기업들은 돈이 더 많이 필요해집니다. 이렇게 경기가 좋을 때 공장도 짓고 사람도 뽑아야 하니까요. 은행에서는 그동안 이자 50원에 돈을 빌려주었는데 어떤 기업이 이자로 70원을 줄 테니 자기에게 돈을 빌려달라고 합니다. 당연히 은행은 이자 70원에 돈을 빌려줍니다. 은행은 더 높은 금리라도 돈이 필요하다며 빌리러 오는 기업들에 점점 더 높은 금리로 돈을 빌려주게 됩니다.

기업들은 어느 정도까지는 이자를 많이 내도 돈을 빌리는 게 나았지만 금리가 너무 오르면 차라리 돈을 빌리지 않는 게 낫다는 생각이 듭니다. 돈을 빌리지 않으니 추가 투자도 멈추고, 만드는 상품도 줄이고, 사람을 뽑는 것도 줄이게 됩니다. 돈을 버는 사람들이 줄

어드니 소비도 줄어드는 악순환 고리가 만들어지면서 경기가 하락
하게 됩니다.

금리와 경기의 관계는 외우려고 하지 말고 이런 상황이 되면 이
렇게 되지 않을까 하고 머릿속에서 생각해보는 것이 필요합니다. 경
제는 공식대로 움직이기도 하지만 공식대로 움직이지 않기도 하기
때문입니다.

- **시중금리** 기준금리에 가산금리를 더한 것으로 실제 은행에서 대출자에게 적용하는
  금리
- **경기** 한 나라 경제의 총체적 활동 수준. 즉 경제상태

종합주가지수와 시가총액의 의미, 금리와 주식시장의 관계, 해외 주식시장과 우리나라 주식시장의 관계 등 외부 환경, 계좌개설 방법, 주식 매매, 주식을 사고팔 때 참고해야 하는 종목 차트, 재무제표, PER 등 직접 투자할 때 알아둬야 할 주요 지표에 대해 설명합니다. 또 투자 종목을 고를 때 도움이 되는 ETF, 배당주, 가치주, 성장주, 투자 기간을 정리하고 주식시장에 종목이 등재되고 사고파는 주체에 따라 나뉘는 상장의 의미, 유/무상 증자, 선물, 옵션, 레버리지를 활용한 인버스 등을 간략하게 소개합니다.

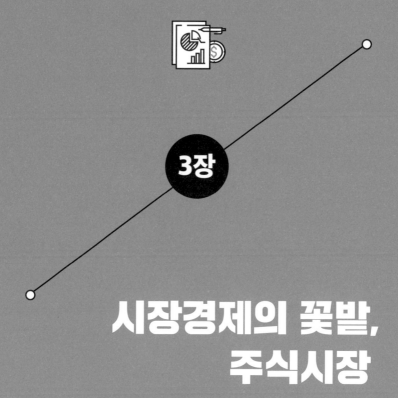

3장

시장경제의 꽃밭,
주식시장

코스피는 들어보았지만
종합주가지수는?

▌정의 주식시장에 상장된 기업의 전체 주가를 1980년 1월 4일의 주가를 100으로 놓고 비교한 지수로 (비교시점의 시가총액/기준시점의 시가총액)×100으로 산출합니다.

▌해석 종합주가지수는 우리나라 주식시장의 크기를 보여줍니다. 종합주가지수가 오른다는 것은 주식시장이 커진다는 것으로 경기가 좋다는 뜻이고, 종합주가지수가 내려간다는 것은 경기가 나빠진다는 뜻입니다. 종합주가지수 3000은 1980년 대비 주식시장이 30배 커졌다는 뜻으로 우리나라 경기가 그만큼 성장했다고 볼 수 있습니다.

　　뉴스에 자주 등장하는 지표로 '사상 최고치' 또는 '올해 최저치'처럼 뭔가 기준이 되는 지표는 분명 존재합니다. 종합주가지수(KOSPI; Korea Composite Stock Price Index)는 우리나라 주식시장의 규모를 말합니다.

　　먼저 산출 수식을 보면, 1980년 주식시장의 시가총액을 100으로 보았을 때 현재 주식시장의 시가총액이 몇 배가 되는지를 산출합니다. 두 배가 되었다면 200, 10배가 되었다면 1000이 됩니다. 2022년

5월 10일 기준 2600선이니 1980년보다 약 26배 커졌다고 볼 수 있습니다.

주식시장의 규모가 커진다는 것은 상장 기업들의 시가총액이 커졌다는 말이기도 합니다. 기업의 시가총액은 발행주식수와 주가를 곱한 숫자입니다. 결국 시가총액이 커졌다는 것은 개별 기업들의 가치가 올랐다는 말입니다. 주가가 오르는 일반적인 경우를 생각해보면 기업의 실적이 좋아진 것입니다. 기업이 성장한다는 것은 기업의 매출이 늘어 수익이 늘어나면서 투자와 고용도 늘었다는 말입니다. 기업의 수익이 늘면 근로자 수가 늘고 근로자 수입이 늘면서 세금도 많이 내니 국가의 세금 수입도 늘게 됩니다. 이렇듯 기업과 가계와 정부의 돈이 늘었다는 것은 경제가 성장하고 경기가 좋아졌다는 것입니다.

종합주가지수가 오르면 경기가 좋아지는 것이고 종합주가지수가 내리면 경기가 나빠지는 것이라고 해석해도 아주 틀린 말은 아닙니다. 다만, 주가지수는 매일매일 바뀌기 때문에 하루는 좋아지고 하루는 나빠진다고 보는 것은 무리이며 전체 추세로 보는 것이 더 적합합니다.

반대의 경우도 있습니다. 기업의 실적이 좋지 않거나 전체적으로 불황이 닥치면 주가는 하락합니다. 대표적으로 우리나라가 외환위기를 겪은 1990년대 후반과 글로벌 금융위기가 덮친 2000년대 후반에 주가는 급락했습니다.

경기를 판단하는 데는 하루하루의 주가 지표보다 추세를 보는 것이 더 도움이 됩니다. 주가는 하루 동안에도 계속 오르락내리락하므로 어느 정도 변동은 일상적인 일입니다. 그리고 주식시장의 민감도는 실물경제보다 훨씬 강해서 체감하는 경기와 일정 정도 차이가 납니다. 왜냐하면 주식투자를 하는 사람은 오늘 실적이 좋아서 주식을 사기보다는 앞으로 실적이 좋아질 듯해서 주식을 사기 때문입니다. 앞으로 실적이 좋아질 듯하다는 사람이 많아지면 주가는 오르고, 실적이 나빠질 듯하다고 생각해서 팔려는 사람이 늘면 주가는 떨어집니다. 그러니 오늘 주가가 오르내리는 것으로 오늘의 경기를 판단하면 안 됩니다.

주가가 오른다고 해서 무조건 좋은 것은 아닙니다. '갈 곳 없는 돈이 몰리는 주식시장' 같은 기사가 대표적인 경우입니다. 이를 보통 '**유동성** 장세'라고 합니다. 특별히 기업이나 시장에 좋을 만한 일이 없는데 주가가 오르는 일이 있습니다. 금리가 낮은 상황이 오래 계속되고 일부 국가에서 양적 완화라는 말로 돈을 시중에 많이 공급했습니다.

이렇게 많아진 돈이 생산설비, 기술혁신, 개발 등 뭔가 생산적인 곳으로 흘러가야 하는데 마땅히 투자할 곳이 없으면 주식시장으로 몰립니다. 이 돈이 주가를 끌어올리는 겁니다. 이렇게 실체 없이 가격이 올라가는 경우를 '자산에 **거품**이 많다'고 표현합니다. 주가가 올랐다고 해서 갑자기 경기가 좋아지는 것을 느끼기도 어렵고 주가가 내렸다고 해서 갑자기 사는 게 힘들어지지도 않지만 결국 영향을 미치는 것은 맞습니다.

우리나라 코스피 지수를 변동시키는 것은 또 있습니다. 바로 미국의 주식시장입니다. 한국 경제는 세계 경제와 긴밀하게 연결되어 있고, 세계 경제에서 가장 큰 영향력을 미치는 곳은 미국입니다. 결국 미국의 주식시장 지표에 따라 코스피 지수도 영향을 받습니다. 미국의 주식시장 지표는 다우지수와 S&P500이 대표적입니다. 다우지수는 다우존스사에서 선정한 주식 30개를 표본으로 해서 시장가격을 산출한 지수입니다. S&P500은 미국의 신용평가기관 스탠더드앤드푸어스에서 작성한 지수로, 500개 기업 시가총액을 기준으로 비교합니다.

· **유동성** 자산을 현금으로 전환할 수 있는 정도를 나타내는 경제학 용어이지만 기사에서는 주로 뚜렷한 사용 목적 없는 큰 규모의 자금을 일컬음
· **거품(경제)** 실물가치보다 과대 반영된 것

주가와
금리의 관계

▌ **정의**   금리가 내리면 기업의 투자가 늘고, 실적이 오르고, 소비가 늘어 주가가 오릅니다. 금리가 오르면 기업의 투자가 줄고, 실적이 줄고, 가계저축이 늘어 주가가 떨어집니다.

▌ **해석**   일반적으로 주가와 금리는 반대로 움직입니다. 금리가 높으면 불확실한 주식시장보다 확정적인 이익을 주는 예금으로 돈이 몰리면서 주가가 내려가고, 금리가 낮으면 더 높은 수익을 기대할 수 있는 주식시장으로 자금이 몰려서 주가가 오르게 됩니다.

　주식시장의 주가와 금리를 다루겠습니다. 일반적으로 금리와 주가는 반대로 움직입니다. 금리가 싼 상황이라면 기업에서는 이자 부담이 줄어 돈을 좀더 많이 편하게 쓸 수 있습니다. 기업은 수익을 내려고 돈을 빌려다 투자를 합니다. 투자를 해서 생산이 늘어야 수익이 늘어나게 되니까요. 당연히 투자에는 근로자를 늘리는 것도 포함됩니다. 기업의 이익이 늘어 실적이 좋아지면 회사 가치가 오릅니다. 주식시장에서 주가는 회사의 가치와 같다고 볼 수 있습니다. 결과적으로 주가는 오릅니다.

가계라고 하는 일반 투자자 처지에서 생각해보겠습니다. 금리가 낮다는 것은 예금을 해도 안정적으로 손에 쥘 수 있는 이자가 매우 적다는 뜻입니다. 그래서 예금해두기보다 돈을 더 많이 빌려서 부동산에 투자하거나 주식투자에 나서는 것이 일부 손해를 보더라도 더 나은 선택이 될 수 있습니다. 돈이 주식시장으로 몰리면 수요가 늘어나는 것이니 주가가 오르게 됩니다.

반대의 경우를 생각해보겠습니다. 금리가 높으면 기업에서는 이자를 많이 부담해야 하니 가급적 돈이 많이 들어가는 투자를 보류하게 됩니다. 투자를 보류하니 미래가 불투명해집니다. 미래가 불투명하니 회사 가치가 높아질 리 없고, 회사 가치를 반영하는 주가는 떨어지게 됩니다. 가계도 마찬가지입니다. 금리가 높으면 투자 위험이 있는 주식에 투자하는 것보다 예금으로 돌리는 것이 더 낫습니다. 투자는 기회를 보고 하는 것인데 기업이 투자를 줄여 불확실한 상황이 된다면 투자할 때 잃을 가능성이 높아지기 때문입니다.

금리로만 움직이던 과거와 달리 요즘은 돈의 양으로만 움직이는 경우도 있습니다. 선진국부터 경기를 살리기 위해 금리를 낮추는 것이 어려워지자 양적 완화 정책을 펼치고 있습니다. 양적 완화는 시장에 돈을 직접 공급하는 일입니다. 금리를 낮추는 것을 돈이 풀린다고 했다면 양적 완화는 돈을 뿌린다고 할 정도입니다. 지금은 금리가 매우 낮은데다 코로나19 때문에 전체 경기가 좋지 않지만 주식시장은 역대 최고치를 기록하고 있습니다. 이 경우 돈이 너무 많이 남아돌면서 주식시장으로 돈이 몰릴 가능성이 높습니다. 실제로 기업의 가치보다는 투자자의 투자 행태에 따라 실적이나 실물경기와 상관없이 주가가 움직이게 됩니다. 일반인에게는 지금 경기가 전혀 좋은 것 같지 않은데 주식시장은 계속 성장하는 이상한 일이 벌어지는 것이죠. 하지만 완전히 문제가 있다고 볼 수도 없습니다. 코로나19 백신 접종률이 높아지면서 경기가 살아날 거라고 볼 수도 있으니까요.

해석은 각자 해야 합니다. 보통 돈이 늘어나 주가가 올랐을 때는 기업의 실적이 뒷받침되지 않기 때문에 갑자기 주가가 하락할 수 있습니다. 돈을 많이 투자한 기관이나 외국인 또는 일반 투자자 중 큰손 등이 '충분히 챙겼다'고 판단하는 순간 주식을 팔기 시작합니다. 많은 물량이 주식시장에 한꺼번에 풀리면서 주가가 하락하면 **개미**들도 놀라서 같이 팔면서 주가는 하락하게 됩니다.

이런 장은 보통 두 단계를 거칩니다. 첫째는 돈을 번 사람들이 나오면서 '나도 투자해야겠다'는 판단이 들면 더 많은 돈이 몰려 주가는 더 오릅니다. 둘째는 분명히 주가가 하락하는 단계입니다. 주가는 언젠가는 실물경제와 같은 방향으로 움직이게 되어 있습니다. 하지만 언제가 진정한 하락단계인지는 알 수 없습니다. 지금 당장일 수도 있고 2년 뒤일 수도 있습니다. 무책임한 말이 아니라 돈으로 움직이는 장세에서는 이론이나 데이터에 근거한 판단보다 사람들의 심리에 따라 움직이는 일이 더 많기 때문입니다.

우리나라 증시는 지금 첫째 단계를 지나 둘째 단계에 들어간 상황입니다. 보통 때와 가장 다른 투자 집단은 '**동학개미**'입니다. 그전에 개미투자자라는 말이 있었는데 개미투자자는 무조건 피해자였습니다. 개미들이 기관이나 외국인과 싸운다는 것은 상상할 수도 없었고 시장을 움직이는 힘에서 개미들은 당연히 제외되었습니다. 하지만 최근 우리나라에서는 개미들이 시장을 움직이는 일이 일어났습니다. 앞으로도 그럴지는 모르겠습니다. 우리나라는 최근 세계은행에서 선진국으로 인정받았습니다. 외국인이 인정해주는 것과 실적은 일치하지 않습니다. 우리나라 주가는 높지만 이것이 언제 하락할지는 모릅니다. 적당한 시점에 수익을 챙기고 물러나야 하는지 주의해서 봐야 할 때입니다.

- **개미**(투자자) 소액의 자금으로 투자하는 다수의 개인 투자자를 표현하는 말
- **동학개미** 동학농민혁명 당시 일반인으로 구성된 동학군이 정규군을 이긴 것처럼 주식시장에서 개미투자자가 외국인이나 기관의 힘을 누르고 시장을 이끌어가는 것을 빗대는 말. 그에 비해 서학개미는 나라 주식에서 벗어나 미국 등 선진국 주식시장에 직접 투자하는 일반 투자자들을 뜻함

계좌 트는 법:
HTS, MTS

■ **정의** HTS: 온라인(PC)으로 주식거래를 할 수 있는 홈 트레이딩 시스템(Home Trading System)의 약자입니다.
MTS: 모바일(스마트폰)로 주식거래를 할 수 있는 모바일 트레이딩 시스템(Mobile Trading System)의 약자입니다.

■ **해석** 주식거래에서 가장 기본적인 것이 증권사 앱(App)인 MTS입니다. 주식투자를 하려면 먼저 App을 깔고 계좌개설을 한 뒤 투자금을 계좌에 넣어야 합니다.

주식투자를 하는 첫 번째 단계는 App 설치와 계좌개설입니다. 이는 한번 해보면 이런 것도 설명해야 하나 싶을 정도로 쉽지만, 주식투자를 한 번도 해보지 않은 사람에게는 어디서부터 해야 하는지 하나도 모를 만큼 어려운 일이기도 합니다. 마치 전철이나 버스를 타보지 않은 어린아이가 버스나 전철을 어떻게 타야 하는지 묻는 것과 비슷합니다. 해보지 않은 사람은 모든 것이 낯설기 때문에 물어볼 것이 많지만 한 번이라도 해본 사람에게는 더 설명할 것조차 없어 '그냥 해봐!'라는 말 외에 딱히 해줄 말이 없는 것도 사실입니다.

그리고 주식계좌를 만드는 것을 글로 설명하기보다 직접 경험해 보는 게 가장 쉽고, 빠르고, 까먹지 않는 방법입니다. 자세한 내용은 인터넷에 많이 나와 있으니, 여기서는 아주 간단하고 쉬운 방법으로 설명하고 넘어가겠습니다. 가장 중요한 것은 직접 해보는 겁니다. 누가 계좌를 개설해주면 좋겠다며 이것까지 맡길 요량이라면 주식투자, 아니 투자 자체를 하지 않는 것이 좋습니다.

요즘 주식계좌를 만드는 방법은 모바일 앱으로 하는 것이 가장 쉽고 간단합니다. 적당한 증권사의 앱을 내려받아 **비대면 개설**로 하면 됩니다. 비대면 개설에 필요한 것은 본인 신분증과 번거로운 몇 단계 절차뿐입니다. 그럼 첫 번째 질문이 나올 겁니다. 어떤 증권사에서 만들면 좋을까요?

증권사마다 경쟁이 심하다보니 수수료가 수시로 바뀌고 혜택도 계속 변하기 때문에 특정업체를 지정하기는 어렵습니다. 검색을 해보거나 주위 사람들이 가장 많이 하는 증권사의 앱을 설치하면 됩니다. 가장 많이 거래하는 증권사는 보통 '수수료'가 가장 싸거나 여러 가지 혜택을 주는 곳입니다. 수수료는 주식거래를 할 때마다 증권사에서 거래하도록 도와준 명목으로 가져가는 일정 금액을 말합니다.

최근에는 국내 주식거래 시 수수료를 받지 않는 곳도 적지 않습니다. 결론적으로 '국내 주식거래 수수료 무료'라는 곳을 고르면 됩니다. 그런데 수수료 무료의 조건이 다 다릅니다. 보통 '국내 주식거래' 'MTS'로 거래하는 경우에만 해당합니다. 초보라면 기능이 다양해도 활용하기 어려우니 일단 수수료가 적은 곳으로 선택하기 바랍니다. 덧붙이면, 국내 상품이라도 주식거래가 아니라면 수수료를 낼 수 있습니다. 증권계좌를 만들면 주식거래만 하는 것이 아니라 여러 가지 펀드나 선물도 거래할 수 있습니다. 우리나라 증권계좌에서 해외 주식도 거래할 수 있습니다. 해외 주식을 거래할 때는 수수료를 내야 합니다.

계좌를 만들고 나면 이런저런 옵션이 나올 수 있습니다. 예를 들어 CMA 계좌를 만들지, 종합매매계좌를 만들지 등을 물어볼 수 있습니다. 주식거래를 하려면 '종합매매계좌'를 만들어야 합니다. 보통 자연스럽게 같은 이름의 CMA 계좌도 만들어집니다. CMA 계좌는 증권사에서 운용하는, 은행의 보통예금 통장과 비슷한 거라고 보면 됩니다. 은행의 보통예금 통장과 비슷하게 CMA 계좌로 카드를 연동해서 쓸 수 있고 돈을 이체하거나 이체받을 수도 있습니다. 보통예금 통장처럼 이자도 붙습니다.

이와 다른 점은, 은행의 보통예금 통장은 예금자보호법에 따라 원금과 이자 포함 은행별로 5천만 원까지 나라에서 보호해주지만 CMA 통장은 법의 보호를 받지 못합니다. 그럼 불안한 것 아니냐고 할지 모르겠지만, 그런 걱정은 너무 하지 않아도 됩니다. CMA를 운용하는 증권사들은 정부에서 관리하므로 개인의 돈이 사라질 만큼 부실한 곳은 없다고 보면 됩니다.

위험이 있으면 기회도 있겠죠? CMA 통장의 이자는 보통예금 통장의 이자보다 많습니다. 2000년대 초반에는 은행예금보다 월등히 높은 이자를 줬고, 1년이 아니라 하루만 맡겨도 이자를 준다는 장점으로 상당히 많은 사람을 끌어모았지만 요즘은 워낙 일반화해서 차이가 많이 나지는 않습니다. 그래도 보통 은행의 보통저축 계좌의 이자보다는 높습니다.

어떤 계좌까지 만들지 감이 안 잡히면 '종합매매계좌'까지만 만들고 나서 차근차근 늘리면 됩니다. 해외 주식투자를 하려면 외환계좌를 만들어야 하고, 매매하기 위한 동의 절차도 거쳐야 합니다. 펀드나 다른 상품도 마찬가지라고 보면 됩니다.

주식계좌를 만들고 나면 그 계좌로 주식투자를 위한 투자금을 송금해야 됩니다. 이를 '예수금'이라고 하는데, 은행의 예금이라고 보면 됩니다. 예수금이 있어야 주식을 살 수 있습니다. 주식을 사고 싶은데 돈이 없을 때 '신용거래'라는 것도 제공합니다. 쉽게 말하면 증권사에서 '돈을 빌려주고' 빌려준 돈으로 주식을 사도록 하는 기능입니다. 하지만 초보자는 절대 이용할 생각도 하지 말아야 합니다. 주식투자를 위해 계좌 만드는 법을 배우는 사람이 돈을 빌려 주식투자를 한다는 것은 소가 웃을 일입니다.

- **비대면 개설** 계좌를 개설할 때 직접 증권사나 지점을 방문해서 사람과 사람끼리 대면하지 않고 앱으로 만드는 것
- **MTS** Mobile Trading System의 약자이며, 일반적으로 주식거래를 할 수 있는 증권사 앱

주가에서
시가총액

▌**정의** 주가: 개별 주식의 시장 가격입니다.
시가총액: 주식시장에 상장된 모든 주식의 시가에 발행된 주식수를 곱한 금액입니다.

▌**해석** 주가는 현재 거래되는 특정 회사의 1주당 가격을 말합니다. 내가 산 가격보다 오르면 이득이고, 내가 산 가격보다 낮아지면 손해입니다. 시가총액은 기업과 주식시장의 크기입니다. 시가총액이 클수록 주식시장에서 영향력이 큰 기업입니다. 우리나라의 시가총액 기준 1등 기업은 삼성전자입니다.

주가는 현재 거래되는 가격입니다. 주식투자를 하면 가장 많이 보고 가장 민감하게 체크하는 것이 주가입니다. 주가는 항상 변합니다. 주가에 따라 손실과 이득이 달라지므로 초보 투자자일수록 주가가 변할 때 신경을 더 많이 쓰게 됩니다. 초보 투자자일수록 주가는 항상 올라야 한다고 생각하기 쉽습니다.

주식투자는 궁극적으로 수익을 내야 한다지만 나눠서 생각하면 주가 변동과 관련해서 관리해야 하는 것은 두 가지가 있습니다. 첫째는 수익을 늘리는 측면이고, 둘째는 손실을 줄이는 측면입니다. 수익을 늘리려면 내가 산 가격보다 높은 가격에 팔면 됩니다. 내가 산 가격보다 얼마나 많이 높아질 때 팔아야 하는지 아는 것이 수익을 늘리는 측면에서 결정할 사항입니다. 반대로 손실을 줄이는 것은 내가 산 가격보다 떨어지기 전에 파는 것입니다. 또는 손실을 최소한으로 작게 해서 파는 것입니다. 이론적으로 그렇다는 것이지 아무도 정확한 그때를 알지 못합니다.

결국 중요한 것은 '주가가 오를 것인가?' '얼마나 오를 것인가?' '언제까지 오를 것인가?' 판단하는 일입니다. 이 부분이 수익을 늘리기 위해 주가를 바라보는 시각입니다. 주가가 오를 거라고 판단한 데는 지금 주가가 낮다는 전제가 있어야 합니다. 그리고 얼마나 오를지는 기회비용 이야기입니다.

예를 들어 A라는 회사 주식을 사서 주당 1천 원씩 올랐는데, 같은 기간에 B라는 회사는 주당 2천 원 올랐다면 손해를 본 것은 아니지만, 더 많은 수익을 낼 수 있는 기회를 놓친 것이기도 합니다. 언제 오르는지도 중요합니다. 뉴스에서 빈번하게 나오는 '20년 전 삼성전자 주식을 샀다면 지금은 몇 배 수익을 냈을 것이다'라는 말은 재미있을지 몰라도 영양가 없는 얘기입니다. 마치 고등학교 때 내가 공부를 잘해서 명문대에 들어갔다면 지금 사회적 지위가 어떻게 되어 있을 거라고 말하는 것과 비슷합니다.

손실을 줄이려면 주가를 보는 훈련도 해야 합니다. 분명히 '오를 것'이라는 기대를 가지고 주식을 사겠지만 이것이 항상 맞지는 않습니다. 떨어질 때 일시적인지, 아니면 장기간이 될지 판단해야 합니다. 또한 떨어지는 폭이 어느 정도 될지도 판단해야 합니다. 주가를 체크하고 본다는 것은 두 가지 측면에서 생각한다는 뜻입니다.

주가를 판단할 때 도움이 되는 것이 시가총액입니다. 어떤 기업이 시장에서 괜찮은 평가를 받는지 아닌지를 판단할 때 시가총액을 봅니다. 시가총액을 이해하기 위해 **GDP** 개념을 잠시 빌려오겠습니다. GDP는 한 나라 밥그릇의 크기라고 이해하면 됩니다. 밥그릇이 크면 클수록 더 살기 좋은 나라라고 볼 수 있습니다. 시가총액은 GDP와 비슷합니다. 시가총액이 크면 클수록 사업을 더 잘하는 회사라고 볼 수 있습니다.

그럼 주가는 무엇일까요? 주가는 인당 GDP와 비슷합니다. 한 나라 밥그릇을 그 나라 국민 수로 나누면 한 사람당 먹을 수 있는 밥그릇 수가 나옵니다. 중동의 석유 부자 나라와 우리나라를 비교해보면 인당 GDP는 중동의 산유국이 높지만 전체 GDP는 우리나라가 높습니다. 개별 주가가 높더라도 전체 크기가 뒤따르지 않으면 시장에서 매력도는 떨어집니다.

주식시장에서 주가도 비슷합니다. 개별 주가가 높은지 낮은지를 알려면 시가총액을 보아야 합니다. 한 나라의 GDP를 보면서 그 나라 경제력이 높은지 낮은지 가늠하는 것처럼 시가총액을 보고 그 기업의 시장 영향력을 판단할 수 있습니다.

그러니 보통 시가총액이 큰 기업의 개별 주가가 높을 수 있지만 개별 주가가 높다고 해서 시가총액이 큰 것은 아닙니다.

뉴스에서 시가총액을 이야기할 때는 보통 두 가지 의미입니다. 하나는 한 기업의 상황이고 다른 하나는 한 나라 주식시장의 크기를 말하는 겁니다. 코스피가 하락해 시가총액이 줄었다는 것은 전체 주식시장을 의미하는 말이고, 특정 기업 주가가 상승하면서 시총 순위가 올랐다는 것은 한 기업 이야기입니다.

- **GDP** 국내총생산(GDP; Gross Domestic Product)은 한 나라의 경계 안에서 가계, 기업, 정부 등 모든 경제주체가 보통 1년 동안 생산한 부가가치를 더한 것
- **주식시장** 주식이 거래되는 시장으로 주식시장 규모는 종합주가지수, 시가총액, 거래액 등으로 표현

매도와
매수

▌ 정의　　매도: 주식을 파는 것입니다.
　　　　　　매수: 주식을 사는 것입니다.

▌ 해석　　매도·매수는 주식거래의 4칙연산과 같습니다. 매도와 매수라는 단어가 헷갈린다
　　　　　　면 아직 주식거래가 익숙하지 않은 겁니다. 자주 경험해서 익숙해지는 것이 최선
　　　　　　입니다.

　　매도와 매수의 정의는 어렵지 않지만 낯선데, 그 이유는 초보이기 때문입니다. 제가 운영중인 브런치에서 많은 사람이 꾸준히 찾는 콘텐츠가 매수와 매도의 뜻입니다.

　　매도는 파는(sell) 것이고 매수는 사는(buy) 것입니다. 다른 설명은 필요하지 않습니다. 단어가 익숙해질 때까지 경험하면 됩니다. 매도와 매수를 모른다면 +와 −라는 기호를 보고 더하기와 빼기라고 하면 이해하지만 플러스(Plus)와 마이너스(Minus)라고 하면 쉽게

이해하지 못하는 것과 같습니다. 매도와 매수는 산수에서 4칙연산과 같이 기초에 속하는 개념입니다. 그러니 이해하기 어려우면 익숙해질 때까지 외우면 됩니다. 보자마자 뜻이 생각날 만큼 경험하는 것이 가장 좋은 방법입니다. 헷갈린다면 경험이 부족한 것일 뿐입니다.

매도·매수에서 파생한 용어도 많습니다. 주식을 잘하려면 손절을 잘해야 한다는 말을 많이 합니다. 손절은 '손해(損)를 잘라냈다(切)', 즉 손실을 확정지었다는 뜻입니다. 누구나 손해를 싫어하기 때문에 주가가 떨어지면 주식을 파는 대신 더 많이 사서 **물타기**를 하거나 오를 때까지 버티려고 합니다. 그러다 주가가 더 떨어지면 손실폭이 커집니다. 손절은 눈 딱 감고 '매도'해서 손실을 확정짓는 것입니다.

'손절했다'는 말은 '손해보고 매도했다(팔았다)'는 뜻이지만 더 중요한 의미는 '손해를 확정지었기 때문에 손해가 더는 커지지 않는다'는 것입니다. 손절의 반대는 '익절했다'로 이득을 보고 팔았다는 뜻입니다. 주식투자는 손절을 얼마나 잘하느냐에 달렸다고 해도 지나친 말이 아닙니다.

매수와 관련된 단어로는 '풀매' '추매'가 있습니다. 풀매는 'Full 매수'를 말합니다. Full 매도로도 쓰이지만 매수에 더 많이 사용합니다. Full은 자기 자본조달 능력의 100%를 활용했다는 의미입니다. 자본조달에서 내 자본만 생각하는 사람도 있고, 남의 돈을 빌리는 신용거래를 포함하는 사람도 있지만 '올인'에 가까운 매수 결정을 했다는 말로 이해할 수 있습니다.

추가매수의 줄임말인 '추매'도 많이 쓰입니다. 주식을 구매하고 나서 추가로 더 구매하는 것이죠. 보통 숨겨진 기회를 찾아냈거나 아쉬움이 남았을 때로 볼 수 있습니다. 추매가 계속되다가 모든 돈을 다 넣는다면 풀매가 되겠죠.

매도·매수와 관련한 주식시장의 격언도 많습니다. '매수는 기술, 매도는 예술'이라는 말은 매도가 매수보다 어렵다는 뜻입니다. 손해를 보거나 손해를 인정하기 싫어하는 사람의 본성 때문이 아닌가 합니다. 아무튼 주식투자에서는 매도시점이 더 중요합니다.

'매도하지 않은 수익은 실제 수익이 아니다'라는 것도 매도 이야기입니다. 주식투자를 하고 주가가 오르기 시작하면 계좌에 수익이 찍힙니다. 10%, 20% 수준이 아니라 100%, 200%가 나는 경우도 있습니다. 100만 원을 투자했는데 100% 수익이 나면 200만 원이 된 것입니다. 하지만 매도를 하지 않았다면 이 숫자는 허상입니다. 매도 시점에 수익이 확정되므로 매도해서 실제 수익이 돈이 되지 않으면 가능성일 뿐입니다. 매도해서 수익이 확정되더라도 후회하는 경우를 많이 봅니다. 매도하고 나서 주가가 더 오르는 일이 빈번하기 때문입니다.

'소문에 사서 뉴스에 팔라'는 말도 많이 합니다. 소문이 돌기 시작할 때는 아직 주가가 오르기 전이고, 뉴스에 나온다면 이미 주가가 다 올랐기 때문에 팔아야 한다는 의미입니다. 100% 맞을 리는 없지만 공감을 많이 받는 말입니다. 그래서 큰 수익에 욕심 내는 사람일수록 어디서 들었는지 모르는 수많은 소문을 이야기합니다. 소문이 사실이 되는 경우도 많지만 단지 루머로 끝나는 경우도 많습니다.

주식에 관심을 갖고 인터넷을 보면 정말 엄청난 소문이 돌아다니는 것을 알게 됩니다. 그렇지만 스스로 판단하고 투자해야 합니다. 뉴스에 나왔다고 해서 항상 끝물은 아니지만 뉴스에 나오면 더는 정보 격차가 없는 상황이 되었다고 볼 수 있습니다. 뉴스에 나와 모든 상황이 알려진 것은 안정적이어서 변동이 적다는 의미도 됩니다. 뉴스에 나왔다면 이미 주가에는 모든 호재와 악재가 반영되었다고 보는 것이 일반적입니다.

'무릎에 사서 어깨에 팔아라'라는 말도 유명합니다. 저점에서 오를 때 사서 고점에서 저점으로 내려갈 때 팔라는 뜻입니다. 말은 쉽지만 언제가 저점이고 언제가 고점인지는 아무도 모릅니다. 이 말의 의미는 '과도한 욕심을 부리지 말고 적당한 수준에서 만족해라'라고 해석하면 무리가 없습니다. 팔고 나서 주가가 오른다고 아쉬워하지 말고 사고 나서 주가가 떨어진다고 신경 쓰지 말라는 말입니다.

• 물타기 내가 산 가격보다 주가가 떨어지면 오히려 주식을 더 사서 주식의 평균 매수 가격을 낮추는 것. 주가가 오르면 큰 이익을 보지만 주가가 더 떨어지면 더 큰 손해를 보는 구조

주가 차트
보는 법

▌정의 캔들차트: 일정 기간의 주가 움직임을 표현한 막대 모양의 그래프로 봉(棒)차트로 불립니다. 가격 변화를 한눈에 볼 수 있고 사고 파는 사람들의 기세를 볼 수 있어 기술적 분석의 가장 기본자료로 여겨집니다.

▌해석 차트만 봐도 현재 가격이 오르고 내리는 정도나 강도를 파악할 수 있습니다. 구체적인 숫자를 살펴보지 않더라도 한눈에 해당 종목의 주가 흐름을 파악하는 데 적합하기 때문에 초보자에게는 빨리 익숙해지는 것이 필요합니다.

캔들차트 또는 봉차트라고 하는 것부터 설명하겠습니다. 주가가 **시초가**보다 높아지면 빨간색으로 표시되고, 시초가보다 낮아지면 파란색으로 표시됩니다. 그리고 그날 가장 높은 가격이 선(꼬리라고도 합니다)으로 표시되는 고가가 되고, 그날 마지막 가격은 **종가**라고 합니다. 주가가 내렸다면 가장 낮은 가격이 선으로 표시되는 저가가 되고 마지막 가격은 종가가 됩니다. 주가가 오르는 것은 양봉이라고 하고 주가가 떨어지면 음봉이라고 합니다.

가격으로 예를 들어보겠습니다. 시초가가 5만 원이었던 주가가 5만 5천 원까지 오른 후 5만 3천 원에 마감되었다면 빨간색이며 양봉이라고 하는 차트가 됩니다. 선으로 나타내는 고가는 5만 5천 원, 종가는 5만 3천 원에 표시됩니다. 반대로 시초가가 5만 원이었는데 4만 5천 원까지 떨어졌다가 4만 8천 원에 마감되었다면 파란색 음봉이 되고 선으로 나타내는 저가는 4만 5천 원, 종가는 4만 8천 원에 표시됩니다. 장 마감이 되지 않았다면 시가는 **고가**나 **저가** 그리고 종가 사이 어딘가에 있게 됩니다. 차트만 보면서도 주가 변화를 감지할 수 있는 겁니다.

봉차트의 길이도 중요합니다. 주가가 시초가보다 많이 움직인다면 봉 길이가 길어집니다. 우리나라 주식시장에서는 상승이나 하락에 제한이 있어서 30% 이상은 변동되지 않습니다. 봉 길이가 길어지는 것은 그만큼 주가 변동이 크다는 것을 뜻합니다.

양봉과 음봉이 하루 변화를 보여준다면 이동평균선은 일정 기간의 추세를 파악하기에 적합합니다. 일정 기간 평균가격인 이동평균선보다 현재 주가가 높다면 그 기간 주가가 오르고 있다는 뜻이고, 이동평균선보다 낮다면 주가가 떨어지고 있다고 해석할 수 있습니다. 일정 기간이라고 했지만 이동평균선은 주로 5일, 10일, 60일, 120일, 200일을 사용합니다. 그중 상대적으로 기간이 짧은 5일, 10일, 20일은 단기로 구분합니다.

현재 주가가 이동평균선보다 위에 있고 이동평균선이 상승하는 추세라면 차트 분석상 기술적으로 상승추세라고 할 수 있습니다. 반대로 단기 이동평균선보다 주가가 낮고 이동평균선이 하락하는 추

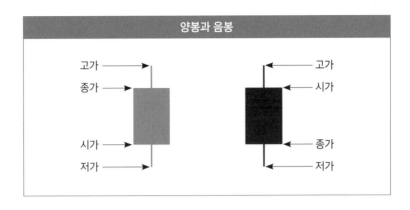

양봉과 음봉

고가
종가
시가
저가

고가
시가
종가
저가

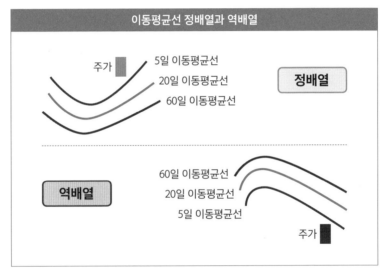

이동평균선 정배열과 역배열

주가
5일 이동평균선
20일 이동평균선
60일 이동평균선
정배열

역배열
60일 이동평균선
20일 이동평균선
5일 이동평균선
주가

세라면 기술적으로 이 주가는 하락추세라고 할 수 있습니다.

시가가 가장 위에 있고 그다음 5일, 10일, 60일처럼 최근 이동평균선이 위쪽에 있는 경우를 정배열이라 하는데, 이는 주가와 이동평균선이 꾸준하게 상승하는 상황으로 앞으로도 주가가 오를 가능성이 높은 패턴으로 볼 수 있습니다. 반대로 현재 주가가 가장 낮고 단기 이동평균선이 그다음 낮고 장기·중기 이동평균선이 가장 높은 것을 역배열이라고 합니다. 이런 상황은 주가가 꾸준히 하락하는 국면으로 앞으로도 주가는 내릴 가능성이 높은 패턴입니다.

정배열이나 역배열처럼 추세가 계속되는 것이 아니라 단기 이동평균선이 장기 이동평균선보다 높아지면서 뚫고 나오는 상황을 골든크로스라고 하며, 주가가 상승하는 강한 신호로 해석됩니다. 반대로 단기 이동평균선이 장기 이동평균선보다 낮아지면서 하락하는 상황을 데드크로스라고 하며 주가가 하락세로 바뀌는 신호로 해석합니다.

하루하루의 변화를 표시하는 것을 일봉, 주간단위 변화를 보여주는 것을 주봉, 월간단위 변화를 보여주는 것을 월봉이라고 합니다. 일봉은 단기 추세를, 월봉은 장기 추세를 가늠할 수 있습니다.

지금까지 다룬 내용이 어렵다면 MTS 화면에서 관심 있는 회사의 주가를 분단위, 일단위, 월단위 등으로 변환하면서 흐름을 보는 것도 꽤 재미있습니다. 주가 흐름은 한 기업의 성장과 쇠락을 보여주는 사진첩과 같습니다. 정말 잘생긴 연예인은 어렸을 때 사진에서도 빛이 나지만, 성인이 되면서 어렸을 때보다 훨씬 못나게 변하거나 입이 벌어질 정도로 뛰어난 외모로 바뀌는 경우도 있습니다. 차트가 과거를 가지고 미래를 예측하는 데 매우 유용하고 필요한 도구인 것은 맞지만 차트만 보고 맹신하는 것도 추천하지 않습니다.

- **시초가** 주식시장이 시작될 때 주가
- **종가** 주식시장이 마감될 때 주가
- **고가** 주식시장이 열려 있는 동안 가장 높을 때 주가
- **저가** 주식시장이 열려 있는 동안 가장 낮을 때 주가

코스피, 코스닥/
S&P500, 다우지수

▌정의 코스피: 우리나라 종합주가지수로 1980년 1월 4일의 시가총액을 100으로 놓고
현재의 시가총액과 비교해서 나타낸 지수입니다.
S&P500: 미국의 스탠더드앤드푸어스가 선정한 500종목을 대상으로 작성해 발
표하는 지수입니다.
다우지수: 미국의 다우존스사가 선정한 주식 30개를 표본으로 시장가격을 평균
산출하는 방식으로 만든 지수입니다.

▌해석 각 나라의 주식시장을 대표하는 지수들은 시장 현황을 가장 잘 보여주는 지표
라고 할 수 있습니다. 주식투자를 한다면 반드시 체크해야 하는 지표입니다. 우
리나라는 코스피(KOSIPI)와 코스닥(KOSDAQ), 미국은 S&P500과 다우지수,
나스닥(NASDAQ)지수를 보면 됩니다.

항상 변하는 것이 있다면 언제가 좋은 것인지 나쁜 것인지 알기
어렵습니다. 만약 좋고 나쁨을 알 수 있다고 해도 어느 정도나 좋은
것인지 나쁜 것인지 알기 어려울 겁니다. 이럴 때 가장 좋은 방법은
하나의 '기준'을 놓고 비교하는 겁니다. 기준점과 지금을 비교하면
기준보다 커졌는지 작아졌는지 누구나 알 수 있습니다. 주식시장이
좋은지 나쁜지 가장 알기 쉬운 방법이 바로 '시장을 대표하는 기준
지수'를 살펴보는 것입니다. 우리나라에는 코스피(지수) 또는 종합주

가지수가 있고, 전 세계 주식시장의 대표주자인 미국 증시를 대표하는 지수는 S&P500과 다우지수입니다.

코스피 지수는 1980년 우리나라 주식시장의 시가총액을 100으로 놓고 현재의 시가총액과 비교하는 것입니다. 최근 종합주가지수가 2600 정도이면 1980년 시가총액보다 26배 커졌다는 의미입니다. 사실, 종합주가지수가 기준연도보다 얼마나 커졌는지보다는 바로 전날 또는 1년 전, 3개월 전과 비교해서 어떤지 알아보는 것이 더 의미가 있습니다.

종합주가지수가 오른다면 호황, 종합주가지수가 내려간다면 불황이라고 단순하게 평가할 수 있습니다. 물론, 종합주가지수는 전체 시장을 하나의 기준으로 보는 것이라서 한계는 있습니다. 마치 여름이면 덥고 겨울이면 춥다고 말하는 것과 비슷합니다. 겨울이라도 두꺼운 외투를 입기에는 덥거나 여름이라도 긴소매를 챙겨야 하는 지역이 있는 것처럼 종합주가지수와 상관없이 개별 기업들의 주가가 각자 움직이기도 합니다.

우리나라 주식시장은 해외 주식시장과 밀접하게 연결되어 있습니다. 일반적으로 미국시장이 좋으면 같이 좋고 미국시장이 나쁘면 같이 나쁩니다. 100% 똑같이 움직이지는 않지만 전체 흐름은 같습니다. 여름이면 아무리 기온이 내려가도 얼음이 얼지는 않고, 겨울이면 아무리 따뜻해도 열사병에 걸리는 사람이 생기지 않는 것과 마찬가지입니다.

해외시장 중 가장 중요한 곳은 미국시장입니다. 미국은 경제력으로 세계에서 가장 중요한 나라이기 때문입니다. 우리나라의 종합주가지수처럼 사용되는 지표가 미국에는 두 가지 있습니다.

첫째는 미국의 스탠더드앤드푸어스라는 신용평가회사가 선정한 500개 종목을 대상으로 작성해서 발표하는 지수입니다. 기업 규모나 산업 대표성 등을 감안해서 공업주 400종목, 운수주 20종목, 공공주 40종목, 금융주 40종목의 그룹별 지수가 있고 이 그룹을 종합한 것이 S&P500입니다. 둘째는 다우존스사가 가장 신용 있고 안정된 주식 30개를 표본으로 시장가격을 평균해 산출하는 다우지수입니다. 겨우 30개밖에 안 되고 시가총액이 아니라 주가평균방식으로 계산하므로 시장을 대표하기에는 부족하다는 의견도 있지만 미국을 대표하는 주가지수임은 분명합니다.

지수를 안다고 해서 시장을 제대로 안다고 할 수는 없습니다. 게다가 시장을 대표하는 지수로 개별기업의 주가를 그대로 연결하기에도 무리가 있지만 전체 시장 분위기를 모르면서 개별 주식투자를 한다는 것도 받아들이기 힘든 말입니다.

주식시장의 지수와 관련해서 자주 등장하는 용어를 함께 알아두면 현재 주식시장을 이해하는 데 도움이 될 수 있습니다. 시황은 시장상황의 줄임말입니다. '시황이 어떤지 알아보겠습니다'는 주식시장상황이 어떤지 알아보겠다는 말입니다. 강세와 약세라는 말도 자주 등장합니다. 지수가 전날 대비 많이 오른다면 강세장이라고 합니다. 강한 기세라고 해석해도 되겠죠. 반대로 전날 대비 지수가 떨어지거나 변동이 거의 없다면 약세장이라고 합니다. 오를지 내릴지 잘 모르는 때는 혼조세라고 합니다. 혼란스럽다는 말입니다.

펀더멘털이라는 말도 자주 등장합니다. 펀더멘털은 한 나라의 가장 기본이 되는 성장률, 물가상승률, 실업률, 경상수지 등의 주요 거시경제지표를 말합니다. 일반적인 용어로 변환한다면 한 나라의 '기초체력'이라고 해도 됩니다. 주식시장이 하락해도 '펀더멘털의 변화가 없어서'라고 설명한다면 몸이 아픈 것 같지만 기초체력이 튼튼하니 곧 건강해지는 것처럼 주식시장의 하락이 일시적이라 곧 회복될 거라는 의미입니다.

일반 기업을 대상으로 해서는 보통 '밸류에이션'이라는 단어를 사용합니다. 밸류에이션은 기업의 매출, 이익, 현금흐름 등으로 적정주가를 평가하는 것을 말합니다. 밸류에이션은 일종의 '시험 성적표'라고 보면 됩니다. 이외에도 어닝 서프라이즈와 어닝 쇼크가 있습니다. 미국 기업에서는 분기마다 실적을 발표합니다. 우리나라도 이제는 분기별 실적 발표가 일반화했다고 볼 수 있습니다. 분기마다 발표되는 실적이 기대치보다 높으면 '어닝 서프라이즈', 실적이 기대치보다 낮으면 '어닝 쇼크'라고 합니다. 기대치는 보통 증권사에서 정하는 예상 실적을 뜻하는데, 증권사의 평균 예상 실적치를 '컨센서스'라고 합니다.

종합주가지수는 주식투자라는 시장에 들어가는 출입문 비밀번호라고 생각하면 됩니다.

- **코스닥(지수)** 프로야구 2군시장과 유사. 미국 나스닥 모델을 따른 것으로 코스닥에 상장된 기업의 종합주가지수
- **나스닥(지수)** 미국에서 먼저 시작된 제도로 벤처기업을 위한 시장. 신생 기업을 위한 시장이지만 애플, 아마존 등 이미 거인이 된 기업들도 상장되어 있는 거대 시장

상장지수펀드인
ETF

┃ 정의   ETF(Exchange Traded Fund)는 상장지수펀드로, 펀드인데 주식처럼 거래할 수
       있도록 만든 상품을 말합니다. 주식과 달리 하나가 아닌 여러 주식을 주제별로
       묶어 특정 업종이나 지수 등에 투자하도록 만들어져 있습니다.

┃ 해석   최근 관심이 큰 투자 상품으로 개별 회사가 아닌 특정 시장이나 특정 영역에 투
       자하기에 적합한 상품이며, 주식 초보자가 시도하기에 적합합니다. 예를 들어 펀
       드처럼 전문가에게 전부 맡기지 않고 미국의 IT업종에 투자하는 것이 가능합니
       다. 그 대신 ETF 중 인버스나 곱버스 같은 상품은 피하는 것이 좋습니다.

　ETF는 펀드지만 주식처럼 주식시장에서 거래할 수 있는 상품입
니다. 간접투자라는 펀드의 장점과 매매가 편리하다는 주식의 장점
을 합해 개별 종목에 대한 이해도가 높지 않은 초보자가 투자하기에
적합한 상품입니다.

　장점부터 살펴보면, 개별 종목이 아닌 업종이나 시장에 투자할
수 있습니다. 예를 들어 우리나라 코스피 지수와 연동된 상품(예로
KODEX200)에 투자할 수 있습니다. 종합주가지수가 오르면 상품 가

격이 오르고 내리면 같이 하락하는 구조입니다.

개별 기업을 잘 모르더라도 우리나라 시장 자체가 좋아질지 나빠질지 큰 흐름을 파악하는 수준의 초보자가 시험적으로 투자하기에 적합합니다. 우리나라 시장뿐만 아니라 IT업종 또는 친환경 전기차가 미래에 주력이 될 것으로 확신한다면 이차전지를 만드는 업종에 투자할 수도 있습니다.

인버스라는 말도 들어보았을 겁니다. 상식적으로 주가가 올라야 이익을 보는데 인버스 상품은 반대로 움직이도록 만들어진 상품입니다. 주가가 하락하면 수익을 보고, 주가가 오르면 손해를 보는 구조입니다. 앞으로 우리나라 주식시장이 하락할 게 분명하다는 판단이 들면 인버스 상품에 투자하면 됩니다. 이외에도 상상할 수 있는 대부분이 이미 ETF 상품으로 만들어져 있어 평소 잘 알고 있는 업종에 투자하기 좋습니다.

상품 선택권이 넓다는 장점 외에 수수료가 일반 펀드보다 매우 저렴합니다. 보통 펀드라면 운용보수를 2~3% 줘야 하지만 ETF는 0.2% 정도로 저렴합니다. 주식은 매도할 때 주식거래세를 내야 하지만 ETF에는 거래세를 내지 않아도 됩니다. 펀드를 **환매**할 때 현금화해서 내 계좌로 돈이 들어올 때까지 약 1주일이 걸리지만, ETF는 주식과 마찬가지로 **2영업일**이면 현금화가 가능하다는 것도 장점입니다.

반면 단점도 있습니다. 국내 주식형 ETF가 아닌 채권형이나 해외ETF는 매매차익이 발생할 때 소득세를 내야 합니다. 15.4% 소득세로 끝나는 것이 아니라 연간 금융소득이 2천만 원을 넘어가면

종합과세 대상이 됩니다.

최근에는 미국에서 **배당**을 많이 하는 주식을 모아놓은 미국 **배당주** ETF가 인기가 많습니다. 미국 배당주 ETF의 장점은 매매차익도 있지만 배당을 많이 하는 기업의 주식으로 구성되어 낮은 예금금리보다 높은 배당수익을 얻을 수 있습니다. 그 대신 해외 주식이기 때문에 환율 변동에 따른 **환차익**을 얻기도 하지만 **환차손**을 볼 수도 있습니다.

주식투자를 처음 한다면 우리나라 코스피 지수를 추종(따르도록 설계된)하는 ETF를 몇 주 사는 것으로 시작하는 것을 추천합니다. 삼성전자가 좋다는데, 네이버와 카카오가 좋다는데 정도의 정보밖에 없는 초보자라면 우리나라 시장 자체가 좋아질지 나빠질지를 가늠하는 상품을 매수해서 주식시장의 맛을 보는 것이 적합하기 때문입니다. ETF 상품 역시 적립식 펀드처럼 투자하는 것도 가능하니 월급을 받을 때마다 조금씩 매수하는 것도 좋은 전략입니다.

코스피를 추종하는 ETF를 매수해서 가지고 있으면 우리나라 경제를 바라보는 시각이 달라질 겁니다. 이제 경제가 나빠진다거나 코스피가 오른다는 것이 남 얘기가 아니라 바로 내 이익과 직결되기 때문입니다. 코스피 지수를 추종하는 ETF는 하나의 상품만 있지 않습니다.

이 상품은 자산운용사에서 만들기 때문에 동일한 지수라도 자산운용사 상품에 따라 주식가격이 다릅니다. 그러니 투자금 규모에 따라 적당한 상품을 고르면 됩니다. 대표 상품으로는 삼성자산운용이 만든 KODEX200과 미래에셋자산운용이 만든 TIGER200이 있습니다.

마지막으로 코스피를 추종하도록 만든 ETF 상품이라도 거의 같이 움직이지 100% 똑같은 비율로 오르거나 내리지는 않는다는 사실은 알아야 합니다.

- **환매** 펀드 계약을 해지하는 것. 펀드 계약을 해지하면 투자 원금과 그에 따른 수익 또는 손실이 반영된 금액을 돌려받음
- **영업일(working day)** 실제로 일하는 일자 기준. 중간에 일하지 않는 주말이나 공휴일이 있다면 해당 일자를 제외하고 숫자를 헤아림. 예를 들어 5영업일이라고 하면 일하는 날만 세서 5일이 될 때를 의미
- **종합과세** 한 사람을 기준으로 일정 금액이 넘어서면 그 사람 소득을 모두 더해 소득세율에 따라 세금을 부과하는 것. 소득이 클수록 세금을 많이 냄
- **배당/배당주** 기업의 성과가 발생할 때 주주에게 성과를 나눠주는 것을 '배당'이라 하고 배당을 많이 주는 기업의 주식을 특별히 '배당주'라고 함
- **환차익/환차손** 환율 변동에 따라 이득을 보는 경우를 환차익, 손해를 보는 경우를 환차손이라고 함

재무제표/
PER

▌정의   재무제표: 기업이 일정 기간 얼마나 이익을 남겼는지 또는 손해를 보았는지와 일정 시점에서 기업의 자산, 부채, 자본 등 재무상태는 어떤지를 나타내는 표입니다. 기업의 실적이나 미래를 추정하는 자료입니다.
        PER: 주가수익비율은 주가가 그 회사 1주당 수익의 몇 배가 되는지를 나타내는 지표로, 주가를 1주당 순이익(EPS; 당기순이익을 주식수로 나눈 값)으로 나눈 값입니다.

▌해석   재무제표는 회사의 전체 손익과 체력을 점검하는 공인된 '건강검진표'와 같습니다. 이중 PER는 현재 주가의 적정성을 판단하는 데 많이 사용되는 지표입니다.

　　재무제표는 일정 기간의 회사 살림살이를 기록해놓은 것으로 기업 성과를 분석할 때 중요한 기초자료입니다. 마치 직장인이 1년에 한 번 건강검진을 하고 검진내역을 받는 것과 마찬가지라고 보면 됩니다. 건강검진표에는 몸무게, 키, 혈압, 콜레스테롤 수치, 암 등 치명적인 질병의 감염 여부 등이 나와 전체적 몸 상태를 알 수 있는 것처럼 기업의 재무제표를 보면 이 기업의 매출이나 이익, 성과가 많이 난 부분과 위험요소 등을 파악할 수 있습니다. 개인의 건강검진표는 개인정보라 아무나 열람할 수 없지만, 상장사 재무제표는 항상 공시하게 되어 있고 '다트'라는 전자공시시스템에서 누구나 쉽게 확인할 수 있습니다.

재무제표는 자산과 부채의 증감을 보여주는 대차대조표, 매출과 손익의 구조를 보여주는 손익계산서, 수익을 어떻게 처리했는지에 대한 이익잉여금처분계산서 외에 주요 대주주의 변동이나 사업에 대한 의견 등이 있어서 특정 기업의 속살을 들여다보는 중요한 자료가 됩니다.

재무제표 역시 많은 것을 제대로 보려면 공부해야 하지만 간단히 매출과 매출이 나오는 구조를 파악하고, 실적 흐름이나 추세, 투자나 M&A 등 기업의 행보 등을 알 수 있으니 기업에 투자하려면 꼼꼼히 살펴보는 것이 좋습니다.

재무제표에 나오는 숫자를 기준으로 주식을 평가하는 방법도 있습니다. 그중 많이 사용되는 것 중 하나가 PER(퍼)입니다. 주가수익비율인 PER는 현재 주가를 순이익으로 나눈 값입니다. 특정 기업이 벌어들인 순이익 1원을 주식시장에서는 얼마로 평가하는지 나타낸다고 할 수 있습니다. 예를 들어 주가가 1만 원이고 전체 발행주식이 1천 주, 당기순이익은 100만 원이라고 하면 PER=주가(1만 원)/1주당 수익률(1천 원)=10이 됩니다.

PER는 일일이 계산할 필요 없이 주식거래를 할 때 사용하는 MTS에서 쉽게 찾아볼 수 있습니다. PER는 특정기업이 얻은 순이익 1원을 주식시장에서는 얼마(=주가)로 평가하는지를 나타낸 수치로, 한 기업의 PER만 보는 것이 아니라 다른 기업들과 비교하는 기준이라는 의미가 있습니다.

PER의 공식상 순이익이 주식가격보다 클수록 PER는 낮게 나옵니다. PER가 낮으면 기업의 이익에 비해 주가가 저평가되었다고 볼 수 있습니다. 반대로 PER가 높으면 기업의 이익에 비해 주가가 고평가되었다고 해석합니다. 숫자상으로만 보면 PER가 낮은 주식은 상승할 여력이 있는 좋은 투자대상이라고 평가합니다. PER가 낮다, 높다는 기준이 정해진 것은 없지만 보통 10 이하면 낮은 PER라고 분류합니다.

투자할 때 이처럼 숫자와 데이터를 기초로 해서 여러 지표를 산출하고 평가하는 것은 장단점이 있습니다. 지표는 항상 과거의 일일 뿐입니다. 건강검진표에서 정상으로 나왔지만 갑자기 큰 병에 걸리기도 하고, 아주 안 좋은 지표를 받고서 잘 관리해 오히려 좋아지기도 하는 것처럼 참고자료로 의미가 있을 뿐 이 지표 하나만 봐서는 안 됩니다.

PER가 높은 경우는 주당순이익은 보통인데 주가가 높을 때와 주가는 보통인데 주당순이익이 낮을 때로 나눠볼 수 있습니다. 전자에는 일반적으로 말하는 '미래 먹거리' 사업에서 두각을 보이는 기업이 해당합니다. 지금은 잘 모르겠지만 앞으로 크게 성장할 거라고 평가한다는 뜻입니다. PER가 낮은 경우는 마찬가지로 주가가 낮거나 주당순이익이 높은 것으로 나눠볼 수 있습니다.

PER와 비슷한 개념으로 PBR가 있습니다. PER가 주당순이익으로 비교한 것이라면 PBR은 주당순자산으로 비교한 것입니다. 순자산은 기업을 청산할 때 받을 수 있는 가치를 뜻하는 것으로 1보다 낮다면 현재 주가가 청산가치보다 낮다는 뜻입니다.

재무제표와 주가를 활용한 여러 가지 분석기법은 계속 새로운 개념이 나오고 해석도 트렌드에 따라 변하는 일이 많습니다. 그러니 하나의 개념과 하나의 관점으로만 보려 하지 말고 계속 자신만의 기준을 세우는 것이 중요합니다.

• **다트(DART)** 금융감독원에서 운영하는 전자공시사이트로 모든 상장사의 재무제표를 확인할 수 있음

상장/
공모주청약

▌**정의** 상장: 주식시장에서 거래할 수 있는 품목(종목)으로 지정하는 일을 말합니다.

▌**해석** 상장회사, 상장 예정 등은 보통 주식시장의 호재로 평가되며 주식투자자들은 상장기업의 공모주 청약으로 수익을 기대하는 일이 많습니다. 공모주 청약을 하려면 증권계좌와 청약증거금이 필요합니다.

상장은 주식시장에서 거래할 자격을 갖춰 일반인도 투자할 수 있게 된다는 뜻입니다. 일반적으로 IPO(기업공개)라는 말과 동일하게 사용됩니다. IPO(Initial Public Offering)는 일반인도 주식을 사고팔도록 회사의 주식과 실적을 공개하는 것입니다. IPO를 한다는 것은 주식시장에 상장한다는 것과 동일하게 해석됩니다.

그럼 상장이 왜 중요하고 기업에 어떻게 도움이 되는지 알아보겠습니다. 기업은 계속 성장하려면 돈이 많이 필요합니다. 돈이 있어야 공장이나 설비를 더 많이 짓고, 빌린 돈을 갚고, 직원들 월급을 올릴 수 있습니다. 즉 자본주의 사회에서 기업 성장에 필수 요소가 바로 자금입니다.

자금을 많이 그리고 쉽게 얻는 가장 좋은 방법이 시장에서 직접 조달하는 것이고 그중 하나가 유상증자입니다. 주식을 시장에 공개한 후 투자자들에게 주식을 넘기면서 자금을 확보하는 겁니다. 은행에서 빌릴 수도 있지만, 은행에서 빌린 돈은 부채가 되지만 유상증자로 확보한 돈은 자본이 됩니다.

이뿐만 아니라 사업 자체에도 도움이 됩니다. 상장한다는 것은 가장 유명한 백화점이나 마트에 상품을 진열하고 판매할 자격을 얻는 것과 비슷합니다. 검증을 거친 제품이라는 자격을 얻게 되고, 돈을 가진 사람들이 움직이는 주식시장에서 자기 회사를 홍보할 수도 있습니다. 기업공개를 하면 회사 사정을 알려야 하니 부담도 되지만 잘하는 점을 적극 알리는 기회도 됩니다. 따라서 기업에 상장은 매우 중요한 이벤트이면서 호재가 됩니다.

투자자에게도 상장은 보통 호재가 됩니다. 긍정적 측면만 보면 성장가능성이 높은 기업이 있어도 상장되지 않으면 회사 주식을 구매하기 어렵지만, 상장되면 누구나 회사 주식을 거래할 수 있어 투자자에게는 좋은 투자 기회가 됩니다.

상장할 때 일반인에게 주식을 살 수 있는 기회를 주는 것을 공모주 청약이라고 합니다. 공모는 공개 모집한다는 뜻이고, 청약은 아파트 청약처럼 주식을 구매하겠다고 약속하는 것입니다. 기업은 상장하면서 자신들이 보유한 주식을 살 사람을 공개적으로 모집하고 투자자들은 상장사가 판매하는 주식을 사겠다고 신청하는 것이 공모주 청약입니다.

공모에서 상장까지 간단히 설명하겠습니다. 기업공개를 하려는 회사는 공모 주관사를 선정하고 공모가를 정합니다. 공모가는 공모주 청약 때 판매하는 주식의 가격입니다. 일반투자자가 가장 관심을 두는 것이 바로 공모가입니다. 검증된 회사가 주식을 상장해 주식시장에서 거래되면 주가가 공모가보다 더 높은 가격에 형성될 가능성이 높기 때문입니다. 그중에서도 인기가 높은 기업들은 경쟁률이 아주 치열합니다.

공모주 청약으로는 돈이 많다고 해서 주식을 사고 싶은 만큼 살 수 없습니다. 공개모집이니 청약한 사람들을 대상으로 주식을 배분하게 됩니다. 경쟁률이 높을수록 배정받는 주식수는 줄어드는 구조입니다. 그리고 청약할 수 있는 곳도 제한적입니다. 따라서 공모주 청약이 발표되면 미리 청약할 수 있는 금융사에 계좌를 만들어 청약금을 넣어야 합니다.

긍정적인 부분만 보면 청약해서 배정받은 뒤에 주가가 오르면 주식을 매도하거나 계속 보유하면서 투자수익을 얻을 수 있지만 모든 청약이 성공하는 것은 아닙니다. 그러니 기업이 상장하는 것은 일반적으로 호재라고 하지만 100%는 아니라는 사실을 염두에 두어야 합니다.

공모주 청약을 하는 사람들이 기대를 섞어 '따상'이라는 말을 합니다. 이는 시초가가 공모가보다 두 배로 형성된 다음 **상승제한폭**인 30%까지 오르는 것을 말합니다. 숫자로 표현하면 공모가 대비

160% 수익을 얻는 것입니다. 이런 기회는 흔하지 않지만 없는 것도 아니기 때문에 뉴스에서는 관심이 많은 기업의 상장 소식을 주요 소식으로 다루고, 공모주 청약 광풍이 부는 원인이 됩니다.

• **상승제한폭=주가변동 제한폭** 우리나라 주식시장에서는 하루에 변동할 수 있는 가격 제한폭이 30%여서 30% 이상 오르거나 내릴 수 없고, 해당 상황이 발생하면 정상적인 주식거래가 제한됨. 상승제한폭인 30%가 오른 가격은 상한가, 하락제한폭인 30%가 내린 가격은 하한가라고 함

배당/
배당주

▌정의 　배당: 기업이 일정 기간 영업활동을 해서 발생한 이익 중 일부를 주주들에게 나
눠주는 것을 말합니다.

▌해석 　주식투자로 수익을 내는 방법에는 시세차익과 배당수익이 있습니다. 배당수익
은 기업이 수익을 내면 주주들에게 돌려주는 것입니다. 대부분 우리나라 기업보
다 미국 기업이 배당수익을 많이 줘서 배당수익 목적으로 배당주에 투자하는 일
도 흔합니다.

　　주식투자를 할 때 이익을 얻는 방법은 두 가지입니다. 첫째는 가
장 흔한 방법으로 싸게 사서 비싸게 팔 때 생기는 시세차익입니다.
둘째는 배당이익을 챙기는 것으로, 투자한 기업에서 이익이 나면 회
사 주인인 주주들에게 이익을 배분하는데, 이때 배분받는 수익을 배
당이익이라고 합니다.

　　우리나라에는 배당수익을 목적으로 주식투자를 하는 사람이 별
로 없었습니다. 그 이유는 이익이 나더라도 배당하는 기업이 별로

없고, 확정적이지 않은 배당수익보다 확정 이자를 받는 은행 이자가 높으며, 기업의 성장속도가 빨라서 주가 변화에 따른 시세차익이 훨씬 컸기 때문입니다. 하지만 최근에는 우리나라 경제가 선진국형으로 진입하면서 엄청난 성장률을 기대하기 어렵고, 기준금리가 내려가면서 은행 이자도 낮아졌기 때문에 배당도 고려할 만한 투자상품이 되었습니다.

배당은 이자와 달라서 이자는 돈을 빌려준 대가로 사용료를 받는 것이지만 배당은 투자한 후 벌어들인 성과를 투자금액에 따라 나누는 것입니다. 이자는 확정적이어서 돈을 빌려주면 얼마의 이용료를 주겠다는 약정을 하고 빌려준 기간이 지나면 약속한 이자를 받습니다. 하지만 투자 성과를 나누는 배당은 확정적이지 않습니다.

먼저, 회사가 돈을 벌어 이익이 생겨야 나눠줄 수 있고, 이익이 크게 나면 배당금을 더 많이 줄 수 있지만 이익이 났더라도 그 이익을 미래에 더 큰 수익을 얻기 위해 배당하지 않고 재투자할 수도 있어 배당수익은 정해져 있지 않습니다. 정리하면 이자는 확정금액을 받는 것이고 배당은 성과에 대한 배분금액을 받는 것입니다. 이자나 배당 모두 금융상품에 대한 소득이므로 **소득세**를 내야 하는 점은 같습니다.

배당은 우리나라보다 주주의 권리나 이익에 더 민감한 미국에서 더 일반적입니다. 과거에는 미국 주식에 투자할 수 없었지만 '서학개미'가 있는 것처럼 미국 시장에서 미국 회사 주식에 직접 투자하는 것이 이제는 가능합니다. 그래서 미국 주식투자는 우리나라 경제 성장기의 기업들처럼 테슬라, 애플, 아마존같이 큰 폭으로 성장하는 기업들에 투자해서 주가 상승을 기대하는 투자와 꾸준히 배당하는 기업들의 주식을 구매해 배당수익을 기대하는 투자 두 가지로 나뉩니다.

배당받는 기간도 달라졌습니다. 우리나라 기업은 배당하는 회사도 적고 배당수익도 예금금리 대비 짭짤하다고 보기 어려운 수준이었습니다. 게다가 보통 1년에 한 번 배당하는 것이 일반적이었습니다. 미국 회사들은 보통 분기마다 배당합니다. 우리나라도 삼성전자는 분기배당을 하기도 하지만 미국 회사들처럼 분기배당을 하는 것이 일반적이지는 않습니다. 분기라고 해서 모두 3, 6, 9, 12월에 배당하는 것은 아니며 회사마다 1, 4, 7, 10월에 하는 곳도 있어서 포트폴리오를 잘만 구성하면 매달 배당수익을 받을 수 있습니다.

배당을 얼마나 해주는지 알려주는 지표가 배당성향입니다. 이는 기업의 연간 순이익에서 얼마를 배당으로 하는지를 비율로 표시한 것입니다. 배당성향이 20%라면 순이익이 100원 날 때 20원을 배당으로 지급한다는 말입니다. 물론, 수익금 20원을 배당해야 하는 주식 숫자로 나눠서 1주당 배당하므로 내가 몇 주를 가지고 있느냐에 따라 금액이 달라집니다.

최근 트렌드 중 하나는 미국의 배당주를 묶음으로 구성한 이른바 미국 배당주 ETF에 투자하는 것입니다. 미국 배당주 ETF에 투자하면 세 가지 측면에서 수익을 기대할 수 있습니다. ETF 가격 상승에 따른 시세차익, ETF에 구성된 회사들이 배당하는 배당수익, 환율 변동에 따른 환차익입니다.

모든 투자가 그렇듯 장점이 있다면 위험도 있습니다. 주가가 내려가면 배당수익이 생각보다 많지 않은 기회비용, 환율 변동에 따른 환차손이 있습니다. 많은 금액을 투자한다면 배당금액에 따라 발생하는 소득세와 금융소득이 연간 2천만 원 이상 생길 때 적용받는 종합과세 대상이 되어 세금을 많이 내야 합니다.

• **소득세** 소득이 생기면 내야 하는 세금. 근로소득은 소득금액에 따라 세율이 누진적으로 높아짐

레버리지/
인버스

▌ 정의   레버리지: 자산투자로 수익을 증대하려고 차입자본(부채)을 끌어다 자산매입에
　　　　 나서는 투자전략을 말합니다.
　　　　 인버스: 반대를 뜻합니다.

▌ 해석   레버리지는 빚을 이용한 투자 또는 1의 움직임에 2배 효과가 나도록 설계된 상품
　　　　 을 말합니다. 즉 내가 투자한 금액보다 더 큰 효과가 나오도록 만들어진 상품입
　　　　 니다. 수익이라면 투자금액보다 더 큰 이득을, 손실을 보게 되면 마찬가지로 투
　　　　 자금액보다 더 큰 손실을 보는 구조라서 초보 투자자는 주의해야 합니다.
　　　　 인버스는 상승해야 수익이 나는 것이 아니라 하락해야 수익이 나도록 설계된 상
　　　　 품으로 상승할 때 손해를 보고 하락할 때 수익을 얻습니다.

　　　레버리지는 일명 '지렛대 효과'라고 합니다. 지렛대의 원리는 내
가 들이는 힘보다 더 큰 효과를 내는 것입니다. 레버리지는 보통 내
힘인 내 자산뿐만 아니라 남의 힘인 부채를 활용해서 하는 투자전
략을 일컬었지만, 요즘 주식시장에서 흔히 사용되는 레버리지 상품
은 주가가 1이 움직일 때 효과는 2가 나도록 설계된 상품을 뜻합니
다. ETF를 예로 들면, KODEX200은 우리나라의 종합주가지수를 따
르도록 설계된 상품입니다. 우리나라 종합주가지수가 1% 오르면

KODEX200의 수익도 1%가 오르도록 되어 있습니다.

레버리지 상품은 우리나라 종합주가지수가 1% 오르면 수익이 1%가 아니라 2%가 나도록 만들어졌습니다. 오를 때만 생각하면 같은 비율로 오르도록 설계된 상품보다 2배로 오르도록 설계된 상품에 투자하는 것이 유리합니다. 하지만 하락할 때를 생각해보면 1%가 내릴 때 레버리지 상품은 2%가 하락합니다. 개인의 성향에 따라 투자하면 되지만 초보자라면 변동성이 큰 상품보다 크지 않은 상품에 투자하기를 권합니다.

인버스 상품은 말 그대로 '반대'라는 뜻입니다. ETF에서 간단히 설명했듯이 주가 움직임과 반대로 수익이 나도록 설계된 상품을 인버스라고 합니다. 예를 들어 KODEX 인버스는 종합주가지수가 1% 오르면 오히려 손실이 1% 나고 종합주가지수가 1% 내리면 이익이 1% 생기는 구조입니다. 주가가 오르면 이익이고, 주가가 떨어지면 손해라는 상식과 반대되는 것이죠. 그래서 분명히 하락장세가 될 거라는 확신이 들 때 잠시 활용하기에 좋은 상품이지 장기간으로 들고 있을 상품은 아닙니다.

장기로 보유하기에 좋지 않은 이유는, 오르면 손해가 나고 떨어지면 수익이 나는 이 상품이 선물(先物)을 활용해서 만들었기 때문입니다. 선물상품은 만기일이 올 때마다 기존에 보유했던 물량을 팔고 다시 구매해야 하는데, 이때 거래비용이 발생합니다. 거래비용은 투자자에게 그대로 전가되는 구조입니다. 또한 보통의 ETF보다 운용보수도 더 많이 줘야 해서 오래 보유할수록 꾸준하게 투자금이 녹아버리는 상황이 생깁니다.

레버리지와 인버스를 결합한 상품도 있습니다. 일명 '곱버스'라고 해서 '곱하기+인버스'의 줄임말입니다. 가격 움직임과 반대방향으로 수익이나 손해가 발생하는 구조인데 변동폭이 2배입니다. 이 상품의 장단점은 쉽게 상상할 수 있습니다. 예를 들어 종합주가지수를 반대로 추종하는 곱버스 상품에 투자했을 때 1% 하락하면 2% 투자수익을 기대할 수 있습니다. 예상과 반대로 주가가 내리지 않고 2% 상승한다면 투자손실은 2%가 아닌 4%가 됩니다. 게다가 인버스 상품은 장기로 보유할수록 투자금이 녹는다고 했는데 곱버스는 녹는 속도도 2배입니다.

초보자에게는 권하지 않지만 그래도 하고 싶다면 레버리지나 인버스는 전체 투자규모에서 일부만 하면 좋겠습니다. 잘 알지도 못하는데 기대한 것보다 2배 손실이 나면 정신적 충격이 커질 수밖에 없고, 기대에 부응해 2배 수익이 나더라도 실력보다 우연이라면 나중에 더 큰 손해를 보도록 유도하는 도박판 타짜의 달콤한 유혹이 될 수 있기 때문입니다.

단타매매/
장기투자

▌ **정의**   단타: 하루에도 수십, 수백 번 매매해 수익을 추구하는 전략입니다.
장투: 장기투자의 줄임말로 우량주나 성장주를 매입한 후 오랫동안 유지해 수익을 극대화하는 전략입니다.

▌ **해석**   단타와 장투 중 어느 것이 좋다고 하기는 어려우나 초보자에게는 장투를 권합니다. 단타를 하려면 가격과 상황을 끊임없이 살펴야 하는데 직장에서 주가 창을 보는 직원을 좋아할 리가 없기 때문입니다. 성향이나 전략에 따라 적절한 비율로 운용할 수는 있습니다.

단타매매는 짧은 기간 매매를 지속적으로 반복하는 기법입니다. 야구경기에서 말하는 단타와 비슷한 개념입니다. 장타나 홈런처럼 큰 점수를 내려고 하기보다 1루만 진출하는 것을 목표로 해서 반복하다보면 점수가 나는 것과 비슷합니다. 실제로 단타 위주로 하는 사람은 타격도 아니고 번트를 하는 것과 비슷할 정도입니다. 단타매매의 수익구조는 박리다매와 같습니다. 아주 적은 이익을 보더라도 판매 수량이나 횟수를 늘려 전체 수익을 극대화하는 전략입니다. 단타매매는 하루에도 수십 번, 수백 번 매매하면서 작은 규모의 이득을 모으는 전략입니다.

장기투자의 줄임말인 장투는 단타와 반대로 느긋하게 기다리며 이른바 '키워서 잡아먹기'라고 할 수 있습니다. 아주 크고 실하게 자랄 것 같은 병아리를 구매한 뒤 토실토실 살이 오를 때까지 잘 키워서 맛있게 잡아먹는 것입니다.

단타와 장투는 반대 성향으로 어느 것이 맞다고 보기 어렵습니다. 왜냐하면 단타가 아니라 초단타매매라고 하는 기법이 이미 주식시장에서는 많이 쓰이기 때문입니다. 프로그램으로 알고리즘을 짜서 일정한 조건이 발생하는 순간 1초에도 수백, 수천 번 거래를 일으키기도 합니다. 이런 식의 매매를 뜻하는 **스캘핑**이라는 말까지 있습니다.

보통 주식투자자라면 프로그래밍 매매보다는 수동으로 빈번하게 사고파는 전략을 구사하므로 전문적인 투자와 비교하기는 어렵습니다. 단타매매는 다수 거래로 적은 이익을 취하는 전략이라서 기업의 장기전략이나 성장과는 관련이 없습니다.

전업투자를 하는 사람들 중 단타매매를 구사하는 이들이 많은 이유는 시간이 많기 때문입니다. 주식 초보자들에게 권하지 않는 이유는 찰나를 찾아내고 그 순간 바로 실행해야 하는 타이밍 싸움을 하는 전략이라서 전업이 아닌 이상 실천하기 어렵기 때문입니다. 직장인이 단타매매 위주로 한다면 보통 하루, 길어야 1주일 이상 보유하지 않는 전략을 쓰는 사람일 수 있습니다.

장기투자는 기업의 성장성과 시장의 변동 추세를 보면서 투자하는 전략입니다. 더 오랜 시간 기업을 분석하고 시장 상황을 체크하고 무엇보다 장기간 보유해야 하므로 이 방법 역시 초보자들에게 쉽지는 않습니다. 충분한 시간을 들여 투자한들 모든 것을 맞출 수 없기 때문에 실패 확률은 늘 존재합니다. 그리고 누구도 통제할 수 없는 변수로 시장상황은 예측과 일치하지 않는 경우가 많습니다. 정확도를 높이려면 계속 공부해야 하고 트렌드를 따라야 하는 것입니다.

남들이 유명하다고 하는 삼성전자 주식을 샀지만 몇 년간 쳐다보지도 않는 것은 장기투자라고 하지 않습니다. 자기 생각과 노력이 전혀 들어가지 않기 때문에 과장해서 표현하면 1등이 자주 나오는 가게에서 로또를 사고 1등이 되기를 바라는 것과 비슷합니다. 사전에 삼성전자라는 회사와 회사의 상품을 충분히 분석한 후 몇 년간 쳐다보지 않는 전략이라면 장기투자라고 할 수 있습니다.

정답은 없지만 두 가지 중 하나를 고르라면 사회초년생에게는 장기투자를 권합니다. 이유는 처음 주식투자를 할수록 실적이 조금만 움직여도 어쩔 줄 몰라서 과하게 반응하는 일이 많기 때문입니다. 아무리 장기투자를 하라고 해도 막 시작한 사람은 자주 쳐다볼 수밖에 없습니다. 그리고 자주 쳐다보면 어떻게든 사거나 팔고 싶어서 신경 쓰게 되어 있습니다. 사놓고 까먹지 않는 이상 오래 가지고 있기 어려운 경우가 많습니다. 그래서 오래 보유하라고 하는 겁니다.

보통 장기 보유하라고 해도 금세 매매하게 됩니다. 반대로 주식투자에 관심이 없었지만 주위에서 하도 이야기하니 계좌를 만들고 매수까지 했다면 이들에게는 단타를 하라고 권하는 게 맞을 겁니다. 왜냐하면 이런 이들은 자기가 샀다는 것만 알지 언제 팔지에는 전혀 관심이 없기 때문입니다.

장기투자의 목적이 오래 보유하는 것이 아니라 궁극적으로 수익을 극대화하는 것이므로 적절한 시기에는 매도해야 합니다. 단타와 장투 중 어느 쪽이 더 맞고 우세한지 따지는 것보다 나에게 맞는 방법이 무엇인지 고민하는 것이 더 좋습니다.

• 스캘핑(scalping) 주식시장이나 선물시장에서 하루에도 수십, 수백 번씩 분·초 단위로 거래하면서 단기 차익을 얻는 초단타 매매 기법

가치주와 성장주
그리고 기타

▌ 정의   가치주: 현재 수익을 내는 우량주를 말합니다.
         성장주: 향후 큰 성장을 보일 것으로 기대하는 주식을 말합니다.
         테마주: 주로 정치적 이슈에 따라 변동성이 큰 주식을 말합니다.
         작전주: 성과와 상관없이 이익을 위해 움직이는 주식을 말합니다.

▌ 해석   특정 주식을 어떤 카테고리로 분류하는 엄격한 기준은 없습니다. 주식투자를 할
         때 비슷한 업종이나 속성별로 구분하는 것이 포트폴리오를 구성하기에 적합하
         고, 본인 성향에 따라 투자하는 데 용이하니까 분류하는 것입니다. 초보일수록
         변동성보다 안정성에 기준을 두는 것을 추천합니다.

주식투자를 시작하면 '가치주에 투자해야 한다' 또는 '성장주가
큰 수익을 기대할 수 있다'처럼 특정 종목이 아닌 카테고리로 나누
는 경우를 쉽게 접합니다. 이렇게 하는 것은 주식시장이 그만큼 다
양하기 때문입니다. 직장인에게 가장 어려우면서도 자주 직면하는
문제는 "점심에 뭐 먹지?"입니다. 이때 '짜장면' 또는 '설렁탕'을 먹자
고 하기도 하지만 보통 "한식, 일식, 중식, 이탈리아 음식 중 어떤 것
먹을래?"처럼 일단 범주화합니다. 그럼 그날 몸 상태와 분위기, 같이

먹는 사람들 수요에 따라 세부 메뉴가 정해집니다. 가치주와 성장주는 음식점을 한식, 중식, 일식으로 범주화하는 것처럼 주식을 범주화하는 것입니다. 그렇기에 누구는 가치주라고 분류하지만 누구는 성장주로 분류하더라도 이상한 것이 아닙니다. 라면은 보통 분식으로 분류하지만 일본라면은 굳이 따지면 일식이고 컵라면은 그냥 컵라면인 것처럼 말입니다.

가치주는 검증된 맛집, 성장주는 맛있을 것 같은데다 새로 문을 연 음식점으로 생각하면 쉽습니다. 가치주는 이미 검증된 회사의 주식입니다. 실적이나 성과를 어느 정도 기대할 수 있고, 대부분 그 기대 내외에서 움직입니다. 가치주에 해당하는 기업들이 보통 우리가 익숙한 업종과 회사들로 금융, 철강, 조선, 유통, 자동차 등이 여기에 속합니다. 가치주는 시장의 성과에 따라 기대만큼 움직이므로 경기가 좋아질 것 같으면 인기가 높아집니다. 경기가 좋아지면 검증된 기업일수록 좀더 많은 수익을 확실하게 돌려줄 거라고 기대할 수 있기 때문입니다.

반면 성장주는 현재 시점에는 알 수 없지만 미래에는 크게 될 거라고 보는 회사입니다. IT기반 신규 업종이 대표적이라고 할 수 있습니다. 카카오는 이미 엄청나게 성장했지만 2020년까지만 해도 성장주의 대표 격이라고 할 수 있었습니다. 이와 비슷한 사례가 외국에서는 메타버스로 한참 주목을 받고 있는 로블록스 같은 회사라고 할 수 있겠네요.

성장주는 긁지 않은 복권 같은 기업입니다. 복권은 대부분 긁었을 때 당첨될 확률이 낮지만 1등에 당첨되면 큰 수익을 얻습니다. 주식시장에서는 안정적인 가치주보다 리스크를 어느 정도 감수하더라도 보석 같은 성장주를 찾는 것을 더 좋아합니다.

주식을 시작하는 초보자라면 가치주에 투자해서 훈련하는 것이 좋습니다. 하지만 성장주의 매력도 포기할 수 없으니 일부는 진흙 속에 묻힌 진주를 찾아내는 마음으로 투자하는 것도 좋은 **포트폴리오**가 됩니다. 자기 성향상 리스크를 부담하기가 싫다면 가치주, 어느 정도 리스크는 괜찮다면 성장주 비중을 높이는 것도 하나의 전략입니다.

성장주와 가치주로 분류되었다고 해서 항상 같은 것은 아니어서 서로 자리를 바꾸기도 합니다. 앞에서 말한 카카오는 성장주에서 이제는 가치주로 보아야 하는 것이 맞지 않을까 합니다. 현대차도 지금은 가치주지만 전기차 시장에서 주도적인 기술이나 성과를 내기 시작한다면 대표적인 성장주로 분류할 수 있습니다.

가치주와 성장주 외에도 성격에 따른 분류는 많습니다. 배당주라고 하는 업종은 다른 회사보다 특별히 배당성향이 높은 곳을 말합니다. 경기 민감주, 경기 방어주도 있습니다. 경기 변동에 따라 실적이 민감하게 움직이는 회사이며, 주로 백화점 같은 유통업이 해당됩니다. 경기 방어주는 경기 변동과 상관없이 꾸준한 곳이며, 주로 식품 업종이 해당합니다. 아무리 경기가 나빠도 밥을 굶을 수는 없으니까요.

테마주도 있습니다. 특히 우리나라 정치 상황에 따라 자주 등장하는 분류로 대권주자들의 지지율에 따라 특정 후보 이름을 딴 XXX 테마주로 부릅니다. 테마주는 대개 트렌드와 상황논리에 따라 분류하므로 초보자에게는 적합하지 않습니다.

작전주도 있습니다. 작전주는 기업의 실제 성과나 가치와 상관없이 오로지 소수의 사람이 차익을 얻으려고 꾸며내는 주식입니다. 작전주의 특징은 특정 소문이나 루머와 함께 급격하게 주가가 오르고 진실이 드러나면서 주가가 폭락한다는 것입니다. 뒤에서 이를 조종한 사람들은 주가가 폭락하기 전에 주식을 털고 나오고 속은 사람들만 남아서 고스란히 손해를 떠안게 됩니다. 테마주는 초보자에게 적합하지 않다고 했지만 작전주는 소문을 듣더라도 투자하지 않는 것이 좋습니다. 작전주는 범죄행위입니다.

• 포트폴리오 위험을 줄이고 수익을 극대화하기 위해 여러 분야에 나눠서 투자하는 방법

유상증자/
무상증자

▋ 정의　유상증자: 신주를 발행하면서 인수자에게 대가를 받는 것입니다.
　　　　무상증자: 신주를 발행하지만 대가를 받지 않고 기존 주주들에게 나눠주는 것입니다.

▋ 해석　유상증자는 보통 악재, 무상증자는 보통 호재라고 합니다. 유상증자는 돈을 빌릴 여력이 부족해 기존 주주들에게 돈을 더 얻는다는 측면으로 보아 악재이지만, 무상증자는 돈을 충분히 벌어 기존 주주들에게 무상으로 주식을 더 나눠준다는 측면으로 보아 호재로 판단합니다. 장기적으로 자본의 증가는 기업에 좋은 일입니다.

　　　유상증자와 무상증자의 개념을 대략이라도 기억하려면 자본과 증자부터 알아야 합니다. 증자는 자본이 늘어나는 것입니다. 체중이 늘면 체중 증가이듯이 자본을 늘리면 '증자'입니다. 반대로 체중이 줄면 체중 감소이듯이 자본을 줄이면 '감자'입니다. 공짜로 점검해줄 때 무상 점검이라고 합니다. 자본을 늘리는 데 돈을 받지 않으면 '무상증자'가 되고 돈을 받으면 '유상증자'가 됩니다. 감자도 마찬가지로 유상감자와 무상감자가 있습니다. 왜 이런 걸 하는지, 하면 왜 좋은지는 모르더라도 '유상증자'나 '무상증자' 이야기가 나오면 머릿속에 자본이 늘어난다는 개념은 떠올라야 합니다.

유상증자는 보통 **악재**입니다. 왜 그런지 유상증자의 효과를 살펴보겠습니다. 자본을 늘리려면 발행주식을 늘리면 됩니다. 주식을 새로 발행하면서 이 주식을 주주들에게 줍니다. 여기까지가 증자입니다. 새로 발행한 주식을 주주들에게 넘길 때 돈을 받으면 유상증자입니다. 회사로서는 아무튼 '돈이 회사에 들어오는' 겁니다. 회사에 돈이 들어오니 좋은 게 아닌가요? 회사는 나쁠 것 없겠지만 주주들에게는 별로 좋은 이야기가 아닙니다.

주주와 회사의 관계는 부모·자식 관계와 비슷합니다. 돈을 대주는 부모가 주주, 돈을 받아서 열심히 사업하는 자식이 회사라고 생각해보겠습니다. 자녀가 열심히 사업해서 부모에게 맛있는 걸 사줄 줄 알았는데, 오히려 부모에게 와서 '또 도와 달라'고 얘기하는 것과 마찬가지 상황이 유상증자입니다.

회사에서 돈이 필요할 때 돈을 구하는 일반적인 방법이 세 가지 있습니다. 첫째는 모두 쉽게 생각하는 것처럼 금융권에서 돈을 빌리는 것입니다. 둘째는 채권을 발행하는 것입니다. 일정 기간이 지난 뒤 돈을 갚을 텐데 그때 이자를 보장하겠다는 증서가 채권입니다. 마지막이 유상증자로 주식을 넘기면서 기존 주주나 신규 주주에게 돈을 받는 것입니다. 기존 주주들로서는 별로 좋은 일이 아닌 겁니다. 부모를 또 찾아온 속 썩이는 자식을 생각하면 쉽습니다.

유상증자를 준비한다고 하면 시장에서는 악재가 됩니다. 얼마나 능력이 없으면 대출이나 채권발행이 아닌 유상증자를 하려고 할까 생각할 수 있기 때문입니다.

무상증자는 보통 **호재**라고 합니다. 유상증자는 돈이 필요해서 부모에게 손을 또 내미는 것과 비슷하다고 했습니다. 부모인 주주로서 무상증자를 생각해보면, 사업을 잘하는 자녀가 명절 때 찾아와서 그동안 밀어주셔서 감사하다며 새 자동차나 새집을 사주는 것과 비슷합니다. 새 자동차나 새집을 그냥 주는 행동이 '주식'을 공짜로 주주들에게 나눠주는 것이 됩니다. 주주로서는 매우 좋은 일이겠죠?

주식시장에서도 호재가 되는 이유는 이런 행동은 돈이 없으면 할 수 없기 때문입니다. 무상증자를 계획 중이라는 소문이 나면 분명 그 회사는 돈을 많이 번다는 신호라고 봅니다. 그래서 무상증자는 호재라고 합니다. 무상증자를 하는 이유는 주주에게 이익을 환원한다는 개념도 있지만 때로는 시장에서 거래되는 주식수를 늘리는 방법이기도 합니다. 회사로서는 시장에서 활발하게 유통될수록 더 많은 자금을 융통하기 편리합니다. 단기적으로 유상증자는 악재, 무상증자는 호재라고 하지만 장기적으로 보면 증자 자체는 기업에 도움이 되는 경우가 많습니다.

감자는 증자의 반대로 자본을 줄이는 일입니다. 자본주의 사회에서 자본을 줄이는 것은 별로 좋은 일이 아닙니다. 그래서 보통 유상감자나 무상감자 모두 악재로 봅니다. 그리고 감자는 대부분 자사주를 매입해서 소각하는 방법으로 시행합니다.

· **악재** 주가가 내릴 만한 나쁜(惡) 아이템(材)
· **호재** 주가가 오를 만한 좋은(好) 아이템(材)

선물거래/현물거래/
옵션

┃ 정의   선물: 미래의 시점에 특정 가격에 상품을 사고 파는 거래를 말합니다. 현물거래
의 반대말입니다.
옵션: 선물거래로 얻은 권리를 거래하는 것을 말합니다. 크게 콜옵션과 풋옵션이
있습니다.

┃ 해석   일반인은 투자하지 않는 상품입니다. 초보라면 투자에 충분히 익숙해지기 전까지
는 쳐다보지 않는 것이 좋습니다. 가장 큰 이유는 변동성이 매우 커서 순식간에 이
익을 보기도 하지만 순식간에 엄청난 손해를 볼 수도 있기 때문입니다.

　　선물거래의 반대말은 현물거래입니다. 현재의 물건이나 상품을
거래하기에 현물, 미래의 물건을 거래하기에 선물이라고 합니다. 이
것이 선물거래를 영어로 Futures라고 하는 이유입니다. 우리말로 바
꾼다면 선물거래보다 '미리 거래'라고 하는 게 나을 것 같습니다.

　　선물거래 대상은 물건, 상품, 금융자산 모두 가능합니다. 가장 이
해하기 쉬운 예는 농산물을 미리 약속하고 사는 것입니다. 기후변화
가 심해지는 요즘 농사 결과는 변동성이 커졌습니다. 특히 배추 생

산량이 평소와 다를 것 같다는 생각이 들었습니다. 그래서 배추를 생산하는 농장과 배추가 생산될 때 약속한 가격으로 사고팔기로 계약합니다.

참고로 선물거래는 3개월 단위로 합니다. 지금 배추가격이 5천 원인데 배추를 사려는 사람은 3개월 뒤 4천 원에 사겠다고 제안합니다. 농가로서는 4천 원보다 시세가 더 떨어질 것 같으면 4천 원에 팔겠다고 계약하겠죠. 3개월이 지나서 예측보다 배추 생산량이 더 많아서 배추가격이 3천 원이 되었다면 4천 원에 사겠다고 한 사람은 손해를 보고, 4천 원에 팔겠다고 한 사람은 이득을 보게 됩니다.

반대로 갑자기 한파가 몰아쳐 배추 출하량이 대폭 줄어들었다면 배추가격은 아마도 4천 원보다 훨씬 높은 6천 원 또는 1만 원까지 오를 겁니다. 약속한 4천 원보다 시중가격이 오르면 이번에는 4천 원에 사기로 한 사람은 이득을 보고, 4천 원에 팔기로 한 사람은 손해를 봅니다. 이처럼 선물거래는 미래에 특정 가격으로 거래하기로 계약하는 것입니다. 선물거래는 기한이 정해져 있어 만기가 되면 무조건 거래를 완료해야 합니다.

옵션은 선물거래와 비슷하지만 사거나 팔 권리를 말합니다. 이때 권리를 영어로 option이라고 해서 옵션이라는 말을 사용합니다. 다른 점은 선물계약을 하면 거래해야 하지만 옵션은 권리이므로 권리를 행사(계약대로 팔거나 사기)하거나 포기(거래하지 않음)하는 것이 가능합니다. 그럼 모두 옵션거래를 하면 될 것 같죠? 원하는 가격에 안되면 포기하고 거래하지 않으면 되니까요.

어떤 거래든 한쪽이 일방적으로 유리하지는 않습니다. 이런 식으로 권리를 가지고 있다가 유리한 대로 결정하면 되는 걸 방지하려고 옵션거래를 하기 위한 일종의 권리금을 주고받습니다. 만약 거래를 하지 않으면 권리금은 고스란히 날리게 됩니다. 일종의 예약금을 걸어놓고 계약했지만 계약을 취소하면 계약금을 하나도 돌려받지 못하는 것과 비슷하다고 할 수 있습니다.

옵션은 크게 두 가지로 나뉩니다. 특정 가격에 살 권리를 콜옵션이라고 합니다. 원하는 가격에 '콜'(call)할 수 있다고 이해하면 쉽습니다. 얼마 전 카카오택시의 '콜비' 논란이 있었습니다. 콜비는 'call+비용'의 줄임말로 다른 손님이 있더라도 나를 위해 오는 택시에 지급하는 비용입니다. 택시를 타는 손님은 비용을 더 내더라도 확실하게 탈 거래를 하는 겁니다. 택시를 불러서 타는 것처럼 '얼마 후 특정 가격으로 살 권리'를 콜옵션이라고 합니다. 거래에는 파는 것도 있으니 일정 기간이 지난 뒤 특정 가격으로 팔겠다고 거래하는 권리(옵션)를 풋(put)옵션이라고 합니다.

이를 요약하면, 사람들이 코스피 200이라는 지수를 놓고 거래하는데 코스피 200이 오를 것 같으면 그보다 싼 값에 '사겠다'(call)는 권리를 삽니다. 이것이 콜옵션 매수입니다. 반대로 그만큼 오르지 않을 것 같으면 사겠다는 사람에게 권리를 팝니다. 이것이 콜옵션 매도입니다.

반대로 코스피 200이 떨어질 것 같으면 하락 예상 가격보다 비싼 값에 '팔겠다'(put)는 권리를 삽니다. 이것이 풋옵션 매수입니다. 반대로 그만큼 떨어지지 않을 것 같으면 사겠다는 사람에게 권리를 팝니다. 이것이 풋옵션 매도입니다. 가격 상승에 배팅하는 것이 콜옵션 매수이고 가격 하락에 배팅하는 것이 풋옵션 매수입니다.

콜옵션을 매도하는 것은 가격이 상승하지 않을 거라고 보는 것이고, 풋옵션을 매도하는 것은 가격이 그만큼 떨어지지 않을 거라고 보는 것입니다. 코스피 200을 기초자산으로 하는 옵션거래는 1개월 단위로 만기가 돌아오므로 1개월마다 정산해야 합니다.

아무도 미래를 맞히지 못합니다. 선물거래는 불투명한 미래를 **헤징**하려고 개발한 상품이지만 주식시장에서는 헤징 목적보다 수익을 내려는 선수들의 전용상품 같다는 생각이 듭니다. 거기에 옵션상품까지 붙으면 일반인은 더 모르게 됩니다. 다만, 일반적으로 선물시장이 현물시장보다 먼저 반응한다는 것 정도만 알면 좋겠습니다.

예를 들어 한국의 경제상황이 전반적으로 좋지 않아 개별 기업의 실적도 안 좋을 것 같다면 먼저 선물가격이 움직이고, 그다음 주식시장이 움직이고, 마지막으로 기업의 실적이 정말 안 좋아지면 개인이 느끼는 경제불황이 옵니다. 좋아질 때도 마찬가지로 움직입니다. 선물가격 변동이 주식시장보다 먼저 움직이는 선행지수 역할을 한다는 것 정도만 알아두어도 초보자가 선물에 대한 지식을 얻었다고 봅니다.

• 헤징(hedging, 헤지) 가격변동에 따른 손실을 막기 위한 금융거래 행위

외국인/
기관/개인

▌**정의**　외국인: 투자금의 주인이 외국인인 경우입니다.
　　　　기관: 투자금의 주인이 기관(금융기관, 기금 등)인 경우입니다.
　　　　개인: 투자금의 주인이 일반 개인인 경우입니다.

▌**해석**　외국인과 기관의 움직임이 중요한 것은 투자금의 크기가 크고 일정한 방향성이 있어서 주식시장에 큰 영향을 미치기 때문입니다. 개인은 외국인이나 기관 대비 얻을 수 있는 정보가 적고 투자금 규모가 작아 흐름을 만들거나 주도하기 어렵습니다. 주식시장에서 외국인과 기관의 움직임을 봐야 하는 이유는 이들이 주식시장의 흐름을 만들기 때문입니다.

　　주식투자에서 많이 등장하는 단어가 외국인, 기관, 개인, 개미라는 말입니다. 여기서 외국인, 기관, 개인은 주식시장 투자자로 참여하는 주체를 크게 셋으로 나눈 것입니다. 외국인은 1992년 외국인에게 주식시장이 개방되면서 들어온 해외 자금을 뜻합니다. 돈의 주인이 외국인인 것이죠. 미국 월가뿐만 아니라 중국과 일본, 석유로 돈을 번 중동의 자금 외에 남미나 아프리카의 자금도 있습니다. 투자은행, 투자펀드, 연기금, 헤지펀드도 해당하고 우리나라 개미처럼 외국의 개인투자자도 포함됩니다. 외국인이라고 할 때는 주로 기관의 자금을 뜻합니다. 이들이 한국 주식시장의 자금 중 1/3 정도를 차지하고 있습니다. 외국인 자금의 특징은 소형주보다 대형주 그리고 삼성전자나 현대자동차처럼 잘 알려진 기업 중심으로 투자하는 경향이 강하다는 것입니다.

외국인은 한국 시장만 보는 게 아니라 수준이 비슷하다고 여기는 중국, 대만 등과 비교하면서 상대적으로 좋은 시장에 투자하므로 다른 나라 시장의 변화에 따라 우리 주식시장도 많은 영향을 받습니다. 또 상대적 관점에서 볼 때 유리한 시장의 조건을 따지므로 목표에 따라 지속적으로 매도하거나 매수하는 경향이 있습니다.

기관은 은행, 보험사, 증권사, 자산운용사 등 돈 주인이 우리나라인데 개인이 아닌 경우를 말합니다. 우리 국민의 노후 연금을 책임진다면서 의무적으로 떼어가는 국민연금을 운용하는 국민연금도 기관에 해당합니다. 기관은 장기투자보다 단기투자에 집중하는 경향이 있습니다. 국민연금은 조금 달라서 국민의 노후를 책임져야 하므로 큰 수익보다는 안정적인 수익을 창출하는 장기투자에 목표를 둡니다. 사모펀드 역시 기관으로 분류합니다.

외국인과 기관은 숫자로만 보면 개인보다 훨씬 적지만 운용 자금의 크기는 개인과 비교할 수 없을 만큼 거대합니다. 그렇기에 우리나라 주식시장을 움직이는 주체는 외국인과 기관으로 이 두 주체에 시장이 좌지우지되는 경향이 강했습니다. 최근 동학개미라는 말이 등장하기 전까지 주식시장은 외국인과 기관이라는 거대한 거인의 싸움터였고, 개미들은 항상 피해를 보는 처지에 있었습니다.

최근에는 개미투자자가 늘어나고 공매도 금지 등 외국인과 기관이 자주 사용하던 수단이 막히는 등 개인의 힘이 많이 커졌지만 외국인과 기관은 투자자금 크기는 물론 개인이 접근하기 어려운 정보, 투자 기법 등 다양한 무기를 내세워 여전히 개인보다 유리한 상황에 있는 것이 사실입니다. 개인의 정보력도 이전보다 많이 개선되었고 투자자금도 많이 유입되었으므로 무시할 만한 수준은 아닙니다.

그럼에도 개미는 집단으로 정보를 공유하며 운용하는 자금이 합쳐져 단일한 힘을 내는 세력이 아닙니다. 상의하지는 않았지만 '삼성전자는 망하지 않는다'는 공감대가 형성되면서 외국인과 기관의 매도세를 모두 받아내 삼성전자 주가를 올리는 일도 있었지만 이는 흔한 상황은 아닙니다. 주식시장에 막 뛰어든 초보자일수록 조심해야 합니다. 마치 MMORPG 게임을 막 시작해 경험도, 장비도 부실한 초보게이머와 비슷합니다. 주식시장이 상승할 때는 외국인이나 기관, 개미투자자의 차이가 별로 드러나지 않지만 주식시장이 하락할 때 둘의 차이는 명확하게 드러납니다.

초보자일수록 겸손한 마음으로 거인이 거래하는 경향이나 종목의 움직임을 살펴보고, 나보다 경험이 많은 개미의 행동도 잘 살펴봐야 합니다. 그래야 초보 개미의 생존력이 올라갑니다.

• **MMORPG** massive multiplayer online role playing game의 약자로 다중 이용자 온라인 롤플레잉 게임으로 번역함. 보통 다수 이용자가 접속해 각자 역할을 수행하며 전투 등으로 아이템을 획득하고 레벨을 올리는 게임

주거지를 넘어 자산으로도 의미가 있는 부동산에 대해 알아봅니다. 부동산 경기와 밀접한 건설, 금융 등 연관 산업과 경제적 영향 측면에서 부동산의 의미, 새 아파트를 분양받는 청약제도, 남의 집에서 집세를 내고 거주하는 다양한 방법과 이사할 때 놓치지 말아야 할 내용, 아파트를 가지고 있다면 민감할 수밖에 없는 부동산 관련 세금, 고가 부동산을 가지지 못한 사람들도 부동산을 소유할 수 있는 금융상품을 소개합니다. 그리고 언제나 말이 많은 부동산 정책 관련 내용을 다룹니다.

4장

국민의 쌈짓돈, 부동산

움직일 수 없는 자산인
부동산

▌ **정의**　부동산은 움직일 수 없는 자산으로 건물, 토지, 주택 등을 말합니다. 반대되는 개념인 동산은 현금과 같은 유동자산이 대표적입니다.

▌ **해석**　부동산에는 상가, 건물, 토지도 있지만 집, 그중에도 아파트라고 생각하면 뉴스를 이해하기 쉬워집니다. 우리나라 개인의 자산 중 75%가 부동산인 만큼 부동산은 특히 우리나라 경제 요소 중 매우 중요하고 민감한 사항입니다. 부동산 기사를 보고 부동산 시장을 판단할 때는 논리적으로만 해석되지 않는 경우가 많습니다. 부동산 기사를 볼 때는 사람들의 감정과 욕망, 배경 등 감성적 측면도 고려하면서 읽어야 합니다.

부동산은 움직일 수 없는 자산을 뜻하는 말이지만 회계 용어 관점에서 부동산을 생각하면 경제기사를 볼 때 이해하기 어렵습니다. 중년 이후 한국 사람에게 부동산은 평생을 일궈서 만들어놓은 내 재산이며 내가 사는 물리적 삶의 터전이므로 자기가 살아온 인생과도 같은 수준의 문제가 됩니다. 수치적으로는 우리나라 개인 자산의 약 75%가 부동산입니다. 부동산과 대비되는 개념인 동산은 움직일 수 있는 자산으로 가장 쉽게 현금을 생각하면 됩니다.

부동산이 인생과 엮여 있다는 말은 재건축을 기다리는 아파트 단지에 붙어 있는 현수막에도 잘 드러납니다. "뼈빠지게 고생해서 일군 집 한 채. 세금폭탄 웬 말이냐." 더 과격한 곳은 "목숨 걸고 절대 반대"를 붉은 글씨로 비장하게 써놓았습니다.

테크트리(tech tree)라는 게임에서 유래한 말이 있습니다. 게임을 이기거나 클리어하기 위해 발전시켜나가야 하는 단계별 행동으로 생각하면 됩니다. 우리나라 사람들의 전통적인 재산 증식 테크트리는 좋은 회사에 취직해서 월급을 받는 것으로 시작합니다. 전문직도 있지만 전문직은 소수에게만 열려 있으니 제외하겠습니다. 결혼하면서 월세든 전세든 일단 거주지를 마련합니다. 악착같이 절약하며 저금합니다. 저금한 돈에 대출을 끼워 집을 마련합니다. 집을 사고 난 다음에는 기회를 봐 세를 안고 사든(요즘 말로는 **갭투자**) 은행에서 대출을 더 받든 집을 넓히면서 이를 반복합니다.

어느새 아이들이 결혼하거나 독립하는 시기가 됩니다. 그때는 집을 줄여갑니다. 집을 팔아서 결혼하는 자녀들 비용에 보태고, 넓은 공간이 필요 없으니 작은 집으로 옮겨가며 노후에 먹고살 돈을 마련합니다. 이 방식이 전통적인 소시민의 삶이었습니다. 이때 중요한 믿음이 하나 생겨납니다. 바로 부동산 불패입니다. 부동산을 사면 망하지 않는다는 것뿐만 아니라 분명히 부동산 가격이 올라 목돈을 벌 수 있다는 믿음입니다.

최근에는 부동산보다 삼성전자 주식을 사놓았으면 돈을 더 많이 벌었을 거라고도 하고, 부동산이 더 오를 리 없다면서도 이 믿음을 흔드는 말이 나옵니다. 하지만 이것이 아직은 우리 사회를 관통하는 믿음이라고 생각합니다. 그러니 믿음 앞에서 정부 발표도 논리적 설명도 먹히지 않는 것입니다. 부동산 가격이 오를수록 사람들 믿음은 더 강화될 뿐입니다.

왜 이렇게 길게 설명할까요? 이 정도 상황인식은 있어야 부동산 관련 뉴스나 정보를 이해할 수 있기 때문입니다. 부동산만이 답이라는 말을 하려는 것도 아니고 부동산은 폭락할 거라는 말을 하려는 것도 아닙니다. 적어도 우리나라에서 부동산은 사람들 믿음과 결부된 민감한 주제입니다. 종교인 면전에서 신과 믿음은 거짓이라고 주장하는 것은 정답 여부를 떠나 매우 무례하고 상대방에게 모욕을 주는 행동입니다.

부동산도 이와 비슷합니다. 그러니 부동산 기사를 볼 때는 항상 시장 논리로만 생각해서는 안 되며 사람들 심리까지 읽어야 합니다. 모든 시장이 다 그렇지만 부동산 시장은 특히 사람들 심리와 믿음에 상당히 영향을 받습니다. 물론 부동산 시장과 연관된 기관이나 기업도 많지만, 이는 이 책에서 논할 영역이 아니라서 다루지 않겠습니다.

따라서 부동산 경기는 특히 시장의 심리를 읽어야 합니다. 주식 시장도 심리에 많이 흔들리지만 부동산보다는 덜한 것 같습니다. 부동산 정책이 자주 바뀌는 이유도 결국 사람들 믿음을 바꾸지 못하기 때문입니다. 사람들의 희망이 포함된 믿음은 부동산 가격의 지속적인 우상향입니다.

집이 없는 사람은 집값 안정을 바라지만, 그런 사람조차 집을 갖는 순간 집값 상승을 원하는 것이 일반적입니다. 결국 내가 어떻게든 집을 가지면 집값은 올라서 불안한 직장생활의 버팀목이 되고 불안한 노후의 해결책이 될 거라는 믿음이 강한 것이 우리나라 부동산 시장의 현실입니다.

부동산 가격과 관련해서는 수요와 공급, 외국과 비교 등 여러 근거에 따른 분석과 설명이 뒤따를 수 있습니다. 이 분석은 항상 참고해야 하지만 100% 믿어서는 안 되며 무엇보다 본인 판단이 중요합니다. 최근 논리적으로 설득되어 집을 사지 않은 사람보다 뚝심 있게 집을 가지고 버틴 사람이 이득을 보는 상황입니다.

그렇다고 집을 사야 한다고 주장하는 것은 절대 아닙니다. 부동산 거품이 꺼져 몰락한 일본 사례에서 보듯 믿음이 강한 시장일수록 떨어질 때는 손쓸 시간도 없이 곤두박질 칠 수 있기 때문입니다. 믿음에 기반했다는 사실은 부동산 세금 이야기가 나올 때마다 전혀 해당하지 않는 사람들조차 분노하는 걸 보면 알 수 있습니다.

부동산을 볼 때는 우리의 독특한 인사를 기억하면 좋습니다. "밥 먹었니?"로 대표되는 '밥' 관련 인사입니다. 부동산은 돈을 벌어줄 때는 자산이자 투자이지만 가격이 떨어질 때는 '길거리로 내쫓긴'처럼 생존 문제로 표현됩니다. 그래서 부동산은 말하기도 예측하기도 어렵고 조심스럽습니다. 부동산은 돈과 생존이 같이 묶인 독특한 요소입니다. 한쪽에 치우치면 부동산 시장을 제대로 보기 어렵고 판단하기 어려울 수 있으니 이성과 감정 모두 생각해야 합니다.

• 갭투자 집값 중 전세금을 제외하고 모자라는 금액(gap)만 투자해 집을 구매하는 방법

부동산과 관련된 산업

■ **정의**   부동산은 정부, 기업, 가계 모두와 밀접하게 연관된 시장입니다. 정부는 세수, 산업은 건설, 금융이 1차 영향을 받고, 가계는 대출·소비와 밀접하게 관련되어 있습니다.

■ **해석**   부동산은 정부 정책에 민감하게 반응합니다. 개인이라면 정부의 정책과 금융기관의 대출정책에 따라 변화가 크므로 주의 깊게 봐야 합니다. 또 개인의 상황에 따라 적용받는 기준이 달라지는 경우가 많으니 자기 조건을 잘 따져보고 대응해야 합니다. 뉴스에 나오는 이야기를 각 개인에게 그대로 적용하기 어려운 경우가 많습니다.

한 나라 경제는 크게 정부, 기업, 가계 세 축으로 돌아갑니다. 부동산 시장 역시 세 주체의 관점에서 보겠습니다.

정부는 부동산 시장이 활황이 되면 세금이 늘어납니다. 부동산을 살 때는 취득세와 등록세가 있고 팔 때는 양도세가 있습니다. 보유세·종합부동산세도 있습니다. 부동산 경기가 침체하면 이런 세금이 줄어듭니다.

기업은 재건축·재개발 사업이 늘어나면 늘어날수록 1차로 건설사가 수혜를 받습니다. 큰 단지는 재건축으로 조 단위 돈이 움직입니다. 아파트를 지을 때 건설사만 해당하는 것은 아닙니다. 건축자재를 납품하는 업체도 같이 수혜를 받습니다. 가장 쉽게 콘크리트와 철골이 떠오릅니다. 조금 더 생각해보면 엘리베이터, 내장재, 주차시스템, 전기, 수도, 난방도 있습니다. 가전으로 확장하면 빌트인 가전업체와 네트워크 업체가 있습니다. 사람이 많이 몰리면 당연히 편의시설이나 상업시설도 같이 생기게 됩니다.

큰 기업에서 이른바 자영업자나 소상공인으로 부르는 산업으로 내려가보겠습니다. 단지가 생기면 당연히 생활 편의시설이 필요합니다. 학교와 학원이 생기고 편의점과 빵집은 필수입니다. 규모가 크면 대규모 상업시설도 같이 생깁니다. 자영업자 기준이라면 상업건물에 각종 가게가 빼곡하게 들어섭니다. 이 모든 거래를 도와줄 부동산중개업소도 필요합니다. 반찬가게, 음식점도 들어오고 관리사무소도 있습니다. 관리사무소에서는 경비업체, 청소업체, 수선업체도 관리할 겁니다. 사람들이 많아지면 많아질수록 경제규모가 커집니다.

가장 중요한 돈 이야기를 뺄 수 없겠죠? 건설사에서 사업할 때 자기 돈으로 모든 걸 하지는 않습니다. 기업 역시 대출을 일으켜야 합니다. 새집에 입주하는 사람도 자기 돈만으로 아파트를 사서 들어가지 않으니 대출이 필요합니다. 자그마한 사업을 하려는 사람도 목돈이 필요할 테니 돈을 구하려고 합니다. 이 모든 돈은 쉽게 은행으로 대표되는 금융권에서 빌려줍니다. 부동산 경기는 결국 금융산업과 밀접하게 연결될 수밖에 없습니다. 경기가 잘 돌아가야 사람들이 빌린 돈을 갚을 수 있습니다. 큰 개발을 한 곳에서 경제가 잘 돌아가지 않으면 이곳에 돈을 빌려준 금융사도 큰 타격을 입을 수밖에 없습니다.

이번에는 범위를 약간 넓혀보겠습니다. 이렇게 중요한 일이다보니 정부, 기업, 사람들이 모두 힘 겨루기를 하는 차원으로 변하게 됩니다. 대표적인 것이 정부 정책입니다. 특히 부동산은 입지가 중요하다고 하잖아요. 그러니 '어느 지역을 개발할 것이다'는 것이 매우 중요한 일이 됩니다.

지역 개발 못지않은 것이 도로나 역으로 대표되는 교통입니다. 우리나라는 특히 수도권 집중도가 높습니다. 부동산 가격은 수도권 접근성에 비례한다고 해도 될 정도입니다. 이제 정부에서 발표하는 GTX나 도로, 전철역이 중요하다는 것을 충분히 추측할 수 있습니다. 굳이 다룰 마음은 없지만 말하지 않는 것이 더 이상하니 짧게 언급하고 넘어갈 문제는 정경유착입니다.

결국 개발과 관련된 정책은 정부 또는 정부기관에서 하다보니 미리 알면 매우 큰 이익을 얻게 됩니다. 당연히 정보를 얻기 위한 로비나 불법적인 일이 벌어집니다. 대표적인 것이 LH사건입니다. 그렇다고 정치뉴스까지 찾아봐야 한다는 건 아닙니다. 부동산은 그만큼 큰 범위, 작은 범위 가리지 않고 연관된 것이 많다는 걸 알아야 한다는 뜻입니다.

또 하나 중요한 이야기는 특정 지역, 지역단위에 따라 매우 다르다는 것입니다. 전체 규모로는 작을지 몰라도 해당 지역에서 사는 사람들에게는 매우 큰 단위의 돈이 움직입니다.

글로벌 경제 단위로 키워보겠습니다. 부동산의 특징은 뭉칫돈이 움직이는 시장이라는 것입니다. 개인 관점에서도 큰 돈이 움직이고 기업 단위로도 큰 돈이 움직입니다. 그러다보니 돈이 풀리면 전체적으로 부동산 시장이 커집니다. 돈이 마르면 부동산 시장부터 영향을 받는 경우가 많습니다. 세계 경제가 연결되어 있으니 미국이나 세계 경제에 따라 우리나라 돈의 양도 영향을 받습니다.

10여 년 전 세계적인 경기침체 역시 미국의 부동산 시장에서 시작했습니다. 미국의 주택 관련 모기지채권 사건이 터지면서 큰 금융사들이 무너졌고 미국 경기가 침체되었습니다. 미국 경기침체의 영향으로 미국 경기가 흔들리니 모든 나라 경제에도 안 좋은 영향을 주었고 우리나라도 마찬가지였습니다. 당시 주택 가격은 하락했습니다.

부동산에 관심 있는 '부린이들'이 던지는 "그래서 앞으로 집값이 올라요? 내려요?"는 결국 아무도 대답할 수 없는 질문이며, 스스로 판단해야 하는 제일 어려운 질문입니다. 그 대신 조금만 관심을 가지면 얻을 수 있는 정보는 쌓아두지도 못할 만큼 많습니다.

부동산 초보가 챙겨야 할 가장 중요한 정보는 첫째, 정부 정책 및 발표(세금, 대출, 분양 관련, 개발 관련)입니다. 그다음은 앞에서 얘기했던 중요한 경제 관련 요소를 계속 챙기며 향후 경기와 사람들 심리를 예측하는 일입니다. 무엇을 챙길까요? 호재와 악재를 구분해야 합니다. 호재는 앞으로 사람이나 돈이 몰릴 것 같은 것이고, 악재는 앞으로 사람이나 돈이 막힐 것 같은 경우입니다.

재건축을 하면 사람이나 돈이 몰리겠죠? 새로 공사가 이뤄지고 더 많은 가구가 생기는 거니까요. 역이 생기고 도로가 뚫리면 사람이 몰리겠죠? 둘 다 대표적인 호재입니다. 세금을 엄청나게 올리면 나갈 돈이 늘어나니 사람들이 돈을 안 쓰려고 하겠지요. 재건축 기준을 높이면 시간이 더 걸립니다. 그럼 그동안 사업이 중단되니 악재입니다.

• **부린이** 부동산+어린이의 합성어로 부동산을 막 시작한 초보자

주택청약/
청약제도

▎정의 주택청약제도: 청약예금에 가입하고 일정 기간 돈을 내서 일정한 조건을 갖춘
　　　　사람에게 신규 분양하는 아파트에 청약할 자격을 주는 제도입니다.

▎해석 새로 분양되는 아파트를 구매할 때는 청약을 활용하는 것이 일반적입니다. 청약
　　　　제도는 시장상황이나 사회환경에 따라 수시로 변경되므로 자신의 상황과 조건
　　　　을 상세히 따져봐야 합니다. 현재 집을 가지고 있지 않으면서 새로 분양되는 아
　　　　파트를 사려고 한다면 묻지도 따지지도 말고 청약저축부터 가입해야 합니다.

　　돈이 돈을 버는 구조에서 아파트는 핵심 상품 역할을 합니다. 뉴
스에 서울의 아파트로 대표되는 집값이 오른다는 내용이 빈번하고
중요하게 등장하는 이유 역시 가장 대표적인 상품이기 때문입니다.
건물이나 토지는 관련된 사람이 주택보다 현저히 적으며, 주택 중에
서도 상품으로서 역할을 하는 것이 아파트입니다. 보통 동일 지역의
빌라가 아파트보다 가격이 높지 않은 이유는 아파트만큼 상품으로
서 가치가 떨어지기 때문이기도 합니다.

아파트의 상품 가치는 대표적으로 두 가지가 있습니다. 첫째는 환금성입니다. 돈으로 쉽게 바꿀 수 있다는 뜻입니다. 아무리 좋은 땅이나 집도 매매하기가 쉽지 않으면 환금성이 떨어집니다. 아파트는 부동산이 침체된 시기에도 급매로 가격을 낮추면 팔릴 가능성이 높습니다.

둘째는 규격화입니다. 포털에서 아파트 시세를 보면 어느 지역, 어느 단지, 어느 아파트의 크기별 시세가 나옵니다. 직접 가지 않더라도 대략 어느 지역의 어느 정도 넓이 아파트라면 얼마짜리라는 것을 추정할 수 있습니다. 반면, 주택이나 빌라는 아파트 대비 얼마가 적정가인지 알기 어렵습니다. 이렇게 아파트는 빈번하게 사고팔 수 있는 규격화된 상품과 같습니다.

아파트를 구매하는 방법은 두 가지입니다. 신규 **분양**되는 아파트에 청약해서 구매하는 방법과 이미 분양이 완료된 아파트를 구매하는 방법입니다. 이중에서도 청약제도는 신규 아파트 분양에 해당하는 제도입니다. 신규 분양하는 아파트는 집주인이 없어 분양가라고 하는 액수만 내면 누구나 살 수 있습니다. 또한 분양가는 정책 측면에서 통제되는 경우가 많습니다.

분양가상한제는 같은 지역의 아파트 가격과 비교했을 때 높은 가격을 받지 못하도록 정책적으로 관리하는 것입니다. 만약 신규 아파트를 구매할 수 있다면 기존의 아파트 가격만큼 오르는 것이 거의 확정적이니 분양가가 낮은 아파트를 사는 것으로 상대적으로 쉽게 돈을 벌 기회를 얻는 것입니다. 이렇게 누구나 거의 확실하게 돈을 벌 기회가 있다면 모두 신규 분양을 받으려고 할 겁니다.

문제는 모두에게 판매할 만큼 아파트가 넉넉하지 않다는 것입니다. 그래서 제한적인 자산을 좀더 공정하게 배분하려고 도입한 제도가 청약제도입니다. 오로지 가격으로만 판매한다면 돈이 많은 사람은 계속 돈을 벌 기회를 갖게 되지만 돈이 없는 사람은 집을 마련할 기회를 얻지 못하게 됩니다. 그래서 정부에서는 집이 없는 사람들 중심으로 주택을 먼저 배정받도록 제도화한 겁니다.

집이 없다면 먼저 청약통장에 가입해야 합니다. 과거에는 아파트의 성격에 따라 청약부금, 청약예금, 청약적금 등으로 나뉘었지만 이제는 '청약저축'으로 통합되었습니다. 새로 분양되는 아파트를 사고 싶은 무주택자라면 청약저축 가입은 선택이 아니라 필수입니다.

청약저축에 가입했다고 해서 끝나는 것이 아닙니다. 청약저축에 가입한 후에는 입금 금액이 많고 가입기간이 오래되었을수록 당첨에 유리하므로 관리가 필요합니다. 인기가 높은 지역에서 신규 분양되는 아파트는 공급보다 수요가 넘치므로 청약통장이 있는 사람들 중에서도 기준을 만들어 당첨 확률을 달리합니다.

예를 들어 청약통장을 가진 가구주 나이, 가입기간, 무주택 기간, 부양가족 수 등에 따라 점수를 매겨 더 오래 가입했거나 부양가족이 많을수록 점수를 더 많이 줍니다. 이렇게 청약자에게 점수를 더 주는 제도를 청약가점제라고 합니다. 청약가점제는 상대적으로 집이 필요한 실수요자에게 아파트를 우선 공급하겠다는 취지의 제도입니다. 특별공급은 신혼부부 등 일정 자격을 갖춘 사람을 위한 신규 분양 공급물량으로, 줄여서 특공이라고 합니다.

청약제도나 가점을 일일이 설명하기는 어렵습니다. 위에서 말한 조건 외에 다양한 기준에 따라 부여되는 가점이 달라지기 때문입니다. 또한 청약제도는 워낙 민감하고 부동산 경기와 관련이 크기 때문에 정부에 따라, 시기에 따라 수시로 바뀝니다. 그래서 신규 아파트를 분양받으려면 청약저축에 가입한 후에도 적절한 관리가 필요합니다.

지금 사회 초년생이고 나중에 새 아파트를 사고 싶다면 먼저 청약통장을 만들어야 합니다. 청약저축에 가입해서 청약통장을 가지고 있다면 한 달에 최소 10만 원 이상을 꾸준하게 납부해야 합니다. 그 이유는 납입금액의 20%까지 소득공제가 되면서 공공부문 아파트 분양에서는 월 10만 원까지 인정해주기 때문입니다. 민간아파트만 노린다면 월 불입금액을 높여도 되지만 사회 초년생은 쉽게 월 10만 원을 납입한다고 생각하면 좋습니다. 그다음은 원하는 분양 공고가 나올 때까지 꾸준히 납입하면서 가입기간을 늘리고 청약 조건에 맞는 금액이 쌓일 때까지 잊지 않고 납입해야 합니다.

이 책 독자들의 특성상 신혼부부 특공 자격을 조금 더 설명하겠습니다. 결혼한 지 7년이 지나지 않아야 하고 **전용면적** 85m^2 이하만 가능하며 혼인기간에 주택을 소유해서는 안 됩니다. 청약통장은 가입기간 6개월 이상에 기준 금액 이상의 예치금이 있어야 합니다. 그리고 소득수준도 중요합니다. 도시근로자 월평균 소득 대비 100~120% 수준이 되어야 합니다. 맞벌이는 조금 높아서 120~160%까지 됩니다.

복잡한데요, 그만큼 아파트가 우리나라에서 미치는 영향이 크기 때문이라고 생각하면 됩니다. 아파트를 사는 것은 그만큼 많이 신경 써야 하는 일이니 청약하기 전에 꼭 본인의 자격과 가점을 점검해야 합니다. 실수로라도 잘못 기재하는 순간 당첨되어도 취소되고 일정 기간 청약 자격을 박탈당할 수 있기 때문입니다.

- **(주택)분양** 주택 사업자가 수요자에게 주택을 판매하는 것
- **전용면적** 실제 개별 세대가 사용할 수 있는 공간의 면적. 예) 계단, 주차장은 공용면적

월세/전세/
매매

▌**정의**　전세: 보증금을 임대인에게 맡기고 집을 임차한 뒤 계약기간이 끝나면 보증금을 돌려받는 주택임대차 종류를 말합니다.

월세: 임차인이 임대인에게 월단위로 집세를 내는 임대차 방식으로 보통은 일정 금액을 보증금으로 냅니다.

반전세: 일반적인 전세보다 낮은 금액을 보증금으로 맡기고 일정 정도의 월세를 내는 방식으로 주택을 임차하는 계약을 말합니다.

▌**해석**　전세는 점점 줄어드는 추세이나 여전히 많이 이용되는 방식으로, 주택을 구매할 만큼 큰돈은 없지만 월세로 나가는 돈을 줄이려는 사람들이 선호하는 방식입니다. 전세금은 계약이 끝나면 돌려받을 수 있어 집을 사기 전에 당연히 거쳐가는 단계로 여겨지기도 했습니다. 전세가는 보통 매매가와 비교해서 비율을 나타내며 50~80%까지 시장상황에 따라 달라집니다.

　　집을 사고파는 매매 이야기는 앞에서 했으니 이번에는 다른 방식의 거주를 알아보겠습니다. 타인이 소유한 집에서 살려면 비용을 내야 합니다. 전 세계적으로 가장 흔한 방법은 다달이 월세를 내는 방식입니다. 월세를 내는 구조는 계약을 하고 매월 얼마를 이용료로 집주인에게 주는 것입니다. 이때 우리나라에서는 보통 '보증금' 명목으로 월세의 1년치 정도 금액을 받습니다. 보증금을 내지 않겠다고 하면 집주인은 별로 좋아하지 않을 겁니다. 그 이유는 **세입자**가 월세를 내지 않을 때 1차로 보증금에서 차감하기 때문입니다. 한두 달 월세가 밀려도 총액이 보증금 범위에 있다면 집주인은 손해를 보지 않을 수 있습니다.

보증금은 맡겨놓은 돈이라서 월세 계약이 끝나고 이사 갈 때 집주인에게서 돌려받습니다. 공인중개소에 가보면 1000/70, 2000/150 이런 식으로 표기해놓은 것을 쉽게 볼 수 있습니다. 앞의 큰 숫자가 보증금이고 뒤의 작은 숫자가 다달이 내야 하는 월세입니다. 월세는 집을 빌리는 비용이므로 전기료나 수도요금 등 관리비는 세입자가 부담해야 합니다.

우리나라에만 있다고 하는 전세는 월세와 달리 보증금만 있으면 됩니다. 보통 집값의 50~60%에 해당하는 목돈을 집주인에게 주고 계약 기간에는 집주인에게 별도 이용료를 내지 않습니다. 세입자는 추가로 들어갈 돈이 없어서 선호하고, 집주인은 목돈을 받아서 활용할 수 있어서 싫어하지 않습니다. 계약이 끝나면 보증금은 집주인에게서 전액 돌려받습니다.

이렇게만 보면 전세는 큰 문제가 없을 듯하지만 전세 관련 문제가 많이 생깁니다. 정부의 부동산 정책 중 전세 관련 정책은 꼭 들어가는 경우가 많습니다.

최근 불거진 임대차 3법의 골자만 보면 첫째, 계약갱신청구권으로, 세입자가 더 살고 싶다면 집주인이 직접 빌려준 집에 들어와 살겠다는 등의 특별한 이유가 아니면 기존 세입자와 계약을 무조건 1회 연장해야 합니다. 둘째, 전월세상한제로, 전세와 월세 모두 계약을 갱신할 때는 기존 금액에서 5% 이상을 올리지 못하도록 했습니다. 셋째, 전월세신고제로, 계약을 하면 30일 안에 신고해서 계약 내용을 알려야 합니다.

계약갱신청구권은 기존 계약자가 더 살고 싶으면 나가지 않아도 되도록 주거 안정성을 지원하는 목적입니다. 전세계약은 2년 단위로 맺으므로 계약갱신청구권을 행사하면 4년간은 이사 가지 않고 살 권리를 세입자가 갖게 됩니다.

전월세상한제는 법에 따라 2년간 연장 계약을 할 때 집주인이 터무니 없이 높은 가격을 불러 계약갱신을 하지 않는 것을 방지하려는 목적입니다. 전월세신고제는 집주인이 들어와서 살겠다고 해놓고는 다른 사람에게 세를 주는 것을 막고 임대소득을 파악하려는 목적입니다.

특히 우리나라에서 전세가 문제되는 것은 집값 상승과 관련이 있습니다. 집주인은 대부분 전세금으로 목돈을 받은 후 다른 곳에 투자하거나 빚을 갚는 데 씁니다. 집값이 오를 때라면 전세금을 돌려줘야 하는 시기에 새로운 세입자를 구하거나 세입자를 구하지 못해도 집을 팔면 전세금을 줄 수 있지만, 집값이 떨어질 때라면 전세금이 낮아져 돌려줘야 할 금액을 더 마련해야 하고, 최악의 경우 집을 팔아도 전세금을 돌려주지 못하는 일이 생깁니다.

전세금은 보통 집값의 50% 수준에서 형성되었으나 최근에는 70~80% 수준까지 육박하는 경우도 있고, 드물지만 전세가격이 매매가보다 높게 형성되는 경우도 있습니다.

전세금은 세입자에게는 큰돈이기 때문에 전세금을 구하는 것이나 돌려받는 데 어려움이 생기지 않도록 정부에서는 여러 가지 정책을 마련합니다. 돈을 구할 때 대표 정책이 '전세자금대출'이고, 전세금을 돌려받을 때 문제 없도록 하는 대표 정책이 '전세보증보험'제도입니다.

- **임대(인)** 계약에 따라 돈을 받고 주택을 빌려주는 것(사람)
- **임차(인)** 계약에 따라 돈을 주고 주택을 빌리는 것(사람)
- **세입자** 집주인에게 세를 내고 사는 사람

이사하기/
전입신고

정의 전입신고: 이사해서 새로 살게 된 거주지의 관할관청에 신고하는 일입니다.
특약사항: 일반적인 표준계약 외에 특별히 상호 협의해서 추가하는 사항입니다.
중개수수료: 부동산 등의 매매나 임대차 계약에서 공인중개사에게 주는 보수입니다.
등기부등본: 등기와 관련된 원본 사항을 똑같이 복사한 문서입니다.

해석 이사할 일이 생기면 일반적으로 부동산중개소를 이용합니다. 부동산중개소를 이용하면 물건을 더 잘 알 수 있고 표준계약서에 따라 기본적인 문제를 방어할 수 있습니다. 하지만 법에 따른 중개수수료를 내야 하고 부동산중개소에서 100% 책임을 지지는 않으므로 당사자 역시 주의해야 합니다. 현실적으로 사기 등의 피해를 완전히 없앨 수는 없지만 노력에 따라 상당한 수준으로 막을 수 있습니다.

집을 구할 때 보통 부동산중개업소에서 매물을 소개받아 직접 둘러보고 나서 계약을 합니다. 계약할 때 계약금, 이후 잔금을 지급하며, 계약한 날짜에 이사하면서 실제로 거주가 시작됩니다. 이 과정을 임대차 중심으로 설명하겠습니다.

앱을 이용하든 포털의 정보를 이용하든 대부분 공인중개사를 만나 매물을 살펴본 후 마음에 들면 집주인과 협의해 계약서를 씁니다. 이때 계약서는 부동산중개사협회의 표준계약서를 사용합니다.

따라서 공인중개사를 잘못 만나지 않는 이상 표준계약서에 나온 대로 계약하는 것이 일반적입니다.

계약서를 작성할 때 특히 주의할 사항은 집주인이 맞는지를 확인하는 일입니다. 등기부등본상의 집주인과 계약서를 작성하고 날인(계약서에 도장을 찍는)하는 사람이 같은 사람인지 확인해야 합니다. 공인중개사는 거의 이 과정을 중간에서 잘 설명하며 계약서 작성을 도와줍니다.

등기부등본 사본을 그 자리에서 출력해 집주인 신분증을 대조해서 확인하는 단계를 일반적으로 거칩니다. 혹시 집주인이 아니라 다른 사람이 계약하러 왔다면 '위임장' 등 추가 보완장치를 요구해야 합니다. 예를 들어 남편 명의로 된 집의 계약을 부인이 와서 한다면 법적 대리인 자격이 있는지 확인해야 합니다. 기본적으로 두 사람이 부부인지 증명할 서류도 필요합니다.

등기부등본은 '등기'와 관련된 원본사항을 같은 내용으로 복사(=등사)한 서류를 말합니다. 등기는 국가기관에서 부동산의 소유·권리관계를 등재하는 것입니다. 즉 등기부등본은 실제 부동산 소유자와 해당 부동산의 권리관계가 나와 있는 문서입니다. 계약할 때 공인중개사가 등기부등본을 확인해주는 것이 일반적이니 만약 등본을 보여주지 않는다면 요청해야 합니다.

특약사항은 표준계약서에 포함되지 않는 내용을 계약 당사자가 협의해 추가하는 것입니다. 이 부분을 과도하게 요구하는 것도 문제가 되지만 요구하는 내용을 주저하는 것도 문제가 됩니다. 표준계약서 외에 찜찜한 부분이 있으면 특약을 활용하는 것도 필요합니다.

이렇게 똑같은 계약서를 총 3부 작성해서 집주인, 세입자, 공인중개소가 각각 사인한 뒤 1부씩 가집니다. 이 계약서를 들고 주민센터에 가서 전입신고를 해야 합니다. 전입신고는 해당 거주지에 이사와서 살게 되었다는 사실을 관청에 신고하는 일입니다. 굳이 관청에 신고하는 번거로운 일을 할 필요가 있을까 싶을 텐데 전입신고는 매우 중요한 일이므로 놓치면 안 됩니다. 세입자의 권리를 전입신고 날짜를 기준으로 관청에서 인정해줍니다. 관청에서 인정받아야 계약에 문제가 생겼을 때 법적으로 집주인에게 대항할 수 있고, 문제가 생겨서 살고 있는 집이 경매로 넘어가더라도 보증금을 돌려받을 수 있는 권리가 생깁니다.

요즘은 주민센터에 직접 가지 않고 인터넷으로도 전입신고를 할 수 있지만 처음 계약이라면 주민센터에 직접 가는 것이 좋습니다. 인터넷으로 모든 것을 할 수 있는 시대라도 직접 사람과 사람이 만나 일처리를 하면 편리성은 떨어져도 다른 무형의 경험을 얻게 됩니다. 전입신고를 정상적으로 했다고 해서 위험을 완전히 없앨 수 있는 것은 아니지만 일부를 제외하면 반드시 필요한 일이니 주민센터 방문을 추천합니다.

이사 당일에는 많은 일을 해야 합니다. 보통 잔금이라고 하는 큰 금액을 집주인에게 줘야 하고, 이삿짐을 옮겨야 하고, 전입신고를 해야 하고, 공인중개사에게 **중개수수료**를 줘야 합니다. 중개수수료는 법에서 정해놓은 상한선이 있습니다. 상한선이 있다는 것은 필요 이상으로 많이 주지 않아도 된다는 말입니다.

중개수수료는 거래 물건과 거래가격에 따라 비율로 정해져 있고 비율은 거주지 관청 홈페이지에서 찾아볼 수 있습니다. 거래가격에 따른 비율이다보니 집값이 오를수록 중개수수료도 올라서 중개수수료율이 조정되기도 했습니다.

요즘은 거의 현금을 가지고 다니지 않고 모바일 뱅킹으로 송금합니다. 이때 개인마다 송금한도에 제한이 있으니 미리 확인해야 합니다. 송금을 완료했거나 중개수수료를 냈다면 공인중개사에게 영수증을 받아야 합니다.

• **중개수수료** 공인중개사에게 지급하는 부동산거래 수수료. '복비'라고도 함

부동산 관련 세금: 취득세, 양도소득세

▍정의　취득세: 부동산을 취득할 때 내는 세금을 부동산거래세 또는 부동산취득세라고 합니다. 전에는 등록세가 분리되어 있었지만 지금은 취득세로 통합되었습니다. 양도세: 부동산을 팔 때 차익이 생기면 그 차익에 따라 내야 하는 세금입니다.

▍해석　부동산을 소유한다는 것은 우리나라에서 큰 자산을 갖게 된다는 의미이지만 동시에 자산소유에 따른 세금을 낼 의무도 생깁니다. 부동산 세금은 크게 살 때, 가지고 있을 때, 팔 때 발생합니다. 특히 부동산을 살 때는 집값 외에 세금과 부대비용으로 집값의 5~10%가 더 필요합니다. 부동산 세금의 액수가 크다면 스스로 판단하기보다 전문가와 상의하는 것이 좋습니다.

　　부동산을 소유한다는 것은 큰 자산을 갖게 되었다는 뜻입니다. 납세 의무가 있는 우리나라에서 큰 자산을 가지게 되면 그만큼 납세 부담도 커지니 세금에 관심을 두어야 합니다. 부동산과 관련해서는 살 때, 가지고 있을 때, 팔 때 각각 세금이 발생합니다. 이번에는 부동산을 사고팔 때 발생하는 대표적인 세금을 알아보겠습니다.

　　부동산을 살 때는 집값 말고 세금 관련 비용도 생각보다 많이 발생합니다. 보통 세금이 거래금액에 연동되다보니 집값이 높을수록 세금도 많이 내야 합니다. 그래서 정부에서는 부동산 관련 세금의 세율을 조정해 부동산 경기를 조절하기도 합니다. 부동산 경기가 과열되면 세금을 늘리고, 부동산 경기가 너무 떨어지면 일시적으로 세금을 면제하는 등 상황에 따라 정부 정책이 바뀌기 때문에 어떨 때 세금이 발생하는지 설명하겠습니다.

부동산을 살 때는 취득세가 발생합니다. 취득세는 자산을 취득하면 내야 하는 세금입니다. 취득세는 보통 취득가액(=매매가)의 1~3%를 냅니다. 예를 들어 10억 원짜리 집을 산다면 3천만 원을 세금으로 내야 하니 만만치 않은 금액입니다.

취득세는 산 가격, 다주택자 여부, 부동산 관련 특별 관리지역(=조정지역)에 따라 세율이 달라집니다. 그리고 지방교육세 등이 일부 추가됩니다. 세금을 얼마 내야 할지 위택스 사이트나 부동산 관련 사이트에서 제공하는 계산기를 활용해도 되지만 정확한 금액은 가능한 한 전문가에게 확인하는 것이 좋습니다.

양도세는 부동산을 팔 때 발생하는 세금입니다. 공식 명칭은 양도소득세입니다. 부동산을 양도(판매)하면서 생긴 소득에 부과하는 세금이기 때문입니다. 2년 넘게 거주했고 집이 한 채밖에 없으면 양도가액(집을 판 가격)에서 취득가액(집을 산 가격)을 뺀 금액에서 필요경비를 제외한 금액을 양도차익으로 보고 소득세율에 따라 부과합니다.

소득세율은 대표적인 누진세로 소득금액이 크면 클수록 누진적으로 더 많은 세금을 내야 합니다. 소득세율은 과세표준(세금을 매기는 기준이 되는 가격)에 따라 6~45%까지 다양합니다.

실제 양도세 계산은 산가격 – 판가격으로 정해지지 않습니다. 산가격인 취득가액에는 취득세, 법무사·공인중개사 수수료도 포함됩니다. 비용으로 인정해서 추가로 줄여주는 항목에는 공인중개사 수수료, 자본적 지출항목(바닥설치, 시스템 에어콘 설치 비용 등)도 포함됩니다. 이러한 비용을 인정받으려면 증빙자료가 필요하니 영수증 등을 꼭 챙겨두어야 합니다.

양도세는 이렇게 끝나는 것이 아니라 양도차익에서 장기간 집을 보유한 경우 장기보유공제를 해줍니다. 한 집에서 오래 살수록 양도세를 줄여준다는 말입니다. 반대로 2년 이내에 팔면 세금을 더 내야 하고 다주택자도 양도세가 **중과**됩니다. 각자 상황에 따라 달라서 이 부분은 사례에 맞게 각각 계산해야 합니다.

취득세와 양도세를 정책적으로 이용하는 부분을 아는 것이 중요합니다. 뉴스에서는 왜 취득세와 양도세를 자주 다룰까요? 바로 부동산 경기를 조절할 수 있는 기능 때문입니다. 부동산 거래가 잘 안 될 때 취득세를 내리면 조금이나마 거래가 활발해집니다. 정부에서 양도세를 인상한다면 다주택자에게 집을 빨리 팔라고 경고하는 것입니다. 즉, 양도세가 많이 오르기 전에 빨리 주택을 팔라는 의미입니다.

시장이 정부 의도대로 흘러가기도 하지만 보통 시장은 정부 의도와 상관없이 어떻게든 이익을 극대화하는 방향으로 흐르게 되어 있습니다. 양도세를 강화하면 할수록 집이 있는 사람들은 팔지 않고 버티거나 자녀에게 **증여**하는 우회로를 찾습니다. 또 정부가 바뀌어 부동산 세금 정책이 변할 때까지 기다리는 방법도 있습니다.

부동산을 가지고 있지 않다면 딴 세상 이야기처럼 들리겠지만 자산이 부동산뿐이라면 사람들은 절박하게 대응합니다. 그래서 부동산은 참 어려운 문제입니다.

• **중과(세)** 세금을 무겁게(重) 매기는 것
• **증여** 살아 있을 때 다른 사람에게 무상으로 재산을 주는 것. 증여받는 사람은 증여세를 내야 함

부동산 관련 세금:
보유세(재산세+종합부동산세)

▌정의   보유세: 토지·주택 등을 보유한 사람이 내는 세금으로 재산세와 종합부동산세
를 합쳐서 일컫는 말입니다. 재산세 과세표준은 공시가격의 60±20% 수준으
로 결정되며, 매년 공시가격에 따라 달라집니다.
종합부동산세: 과세기준일(매년 6월 1일) 현재 주택과 토지를 유형별로 구분하
여 사람별로 합산한 금액이 공제금액을 초과하는 경우 초과분에 과세하는 세금
입니다.

▌해석   종합부동산세는 논란이 많은 세금 중 하나입니다. 정부에서 인정하는 자산가가
되었다는 뜻일 만큼 소수에게 부과되지만 현재 소득수준과 상관없이 보유 자산
을 기준으로 과세하므로 소득 없이 자산만 있는 은퇴자를 중심으로 반발이 많기
도 합니다.

부동산을 가지고 있는 동안에도 세금이 발생하는데, 이를 합쳐서
보유세라고 합니다. 보유세는 자산이 있는 모든 사람에게 부과되는
재산세와 상대적으로 고가 부동산에만 부과되는 종합부동산세로 나
눕니다.

재산세는 매년 6월 1일 현재 부동산 주인에게 부동산 소재 관할
시군구에서 공시지가에 따라 책정된 총액을 두 차례로 나눠 부과합
니다. 공시지가는 재산세를 내야 하는 기준이 되는 부동산 가격입니

다. 재산세와 관련되어 사람들이 많이 이야기하는 부분이 공시지가와 현실가격(보통 실거래가)의 차이입니다. 보통 공시지가는 **실거래가** 대비 70% 정도입니다. 그런데 공시지가를 실거래가와 차이가 적도록 현실화하는 정책을 실시하면 결국 부동산 소유자는 세금을 더 내게 됩니다.

종합부동산세(종부세)는 재산세와 마찬가지로 매년 6월 1일 현재 소유자에게 부과하되, 매년 12월에 부과하므로 종부세 관련 뉴스는 연말에 많이 나옵니다. 종부세는 매우 복잡하지만 간략화하면 공시지가 기준 6억 원을 초과하는 주택을 소유한 사람에게 초과된 금액에 부과합니다. 1가구 1주택자는 6억 원 초과분에서 9억 원 초과분으로 내야 하는 대상 기준이 완화됩니다. 1주택자의 종부세율은 초과 금액 기준 0.6%에서 3%를 내야 합니다. 조정지역의 2~3주택자는 1.2%에서 6%로 1주택자에 비해 2배를 내게 됩니다. 이 외에도 종부세를 내는 기준은 상황에 따라 다르므로 종부세를 더 알고 싶으면 자료를 찾아보는 게 좋습니다.

종부세와 관련된 이슈는 여러 가지가 있습니다. 그중 일부 사례만 살펴보겠습니다. 실제로 종부세가 부담이 되는가 안 되는가 하는 문제입니다. 별 부담이 되지 않는다는 사람들의 논리는 10억 원 정도 부동산을 소유한 사람에게 부과되는 종부세 액수 자체가 매우 적다는 것입니다.

공시지가가 7억 원이고 시가가 10억 원이라고 해보겠습니다. 이경우 종부세는 공시지가 7억 원에서 기준인 6억 원을 초과하는 1억 원의 0.6%를 내야 하므로 계산해보면 60만 원이 나옵니다. 실제로 재산을 10억 원 가진 사람이 1년에 세금 60만 원을 내지 못한다는 것은 과장이라는 게 이 주장의 핵심입니다.

반면 종부세가 매우 부담되며 현실을 반영하지 못한 제도라고 주장하는 사람들은 은퇴해서 소득이 없는 사람들 사례를 많이 듭니다. 예를 들어 은퇴해서 소득이 없는 사람이 가진 재산이 아파트 한 채뿐이고, 가격이 오른 것은 은퇴자와 상관없는 일이라면 왜 투기와 상관없는 사람이 부가 세금을 내야 하냐는 주장입니다.

우리나라에는 분명 양쪽 의견에 각각 해당하는 사람들이 있지만 사회 초년생은 어느 쪽이 맞는지 고민하기보다 종부세 대상이 될 만큼 재산을 모으는 데 집중하면 좋겠습니다. 자신이 종부세 대상이 아닌데 해당 이슈에 몰입하는 것은 실질적인 일과는 거리가 있어 보이기 때문입니다. 그리고 부모에게서 물려받지 않고 자기 노력으로 종부세를 내는 상황이 되었다면 종부세를 내야 할 만큼 정부가 인정하는 자산가가 된 데 먼저 감사하고 그때부터 치열하게 종부세 논쟁에 뛰어들어도 늦지 않다고 생각합니다.

- **공시지가** 정부에서 발표하는 토지나 주택의 가격. 대부분 시세 대비 낮게 책정함
- **실거래가** 실제 매매계약서에 명기된 금액으로 신고된 가격

부동산 투자신탁인
리츠

▌정의 리츠: 부동산 투자신탁이라는 뜻으로 부동산이나 부동산 관련 자본이나 지분에 투자한 후 수익을 투자자에게 배당하는 것을 말합니다. 주식시장에 상장해 사고파는 것이 상대적으로 쉽습니다.

▌해석 돈이 없는데 건물주가 되고 싶을 때, 부동산 시장에 소액으로 투자하고 싶을 때 고려할 수 있는 상품입니다. 최근 관련 법률이 정비되면서 수요가 늘어나고 있지만 여전히 많은 사람이 찾는 상품은 아닙니다. 리츠는 투자 상품을 다양화하는 포트폴리오 구성 측면에서 바라보는 것이 좋습니다.

부동산에 관심이 많아지다보면 건물주가 되고 싶은 생각도 하게 됩니다. 하지만 주택도 사기 어려운 현실에 건물을 구매하기는 더욱 어려운 일인데, 이때 대안으로 제시하는 상품이 리츠입니다.

리츠(Reits)는 Real Estate Investment Trusts의 약자로 우리말로는 부동산 투자신탁이라고 합니다. 사람들의 자금을 모아서 부동산이나 부동산 관련 상품에 투자하고 수익이 나면 투자자들에게 수익을 배분하는 구조입니다. 더 쉽게 설명하면 돈을 모아서 건물을 사고 임대를 준 후 임대수익이 생기면 투자자들에게 돌려주는 겁니다.

이런 구조라서 건물을 통째로 살 수 없더라도 실제 건물 소유주로 임대수익을 얻을 수 있으므로 대부분 건물주가 되는 방법이라고 소개합니다. 삼성전자 주식 한 주를 사면서 '내가 삼성의 주인이다'라고 말하는 것과 비슷합니다.

리츠는 '건물주가 되는 방법'보다 투자 포트폴리오에 부동산 상품을 구성하는 방법으로 생각해보는 것이 좋습니다. 부동산 경기가 좋아질 것으로 판단될 때 부동산 물건 자체를 구매할 여력이 안 되는 사람들도 부동산 경기 호황의 수혜를 볼 수 있기 때문입니다.

리츠의 속성은 부동산 투자이지만 방식은 주식투자와 같아 투자하기가 쉽다는 것이 장점입니다. 주식시장에 상장되어 있으나 주식시장과 같이 움직이는 것이 아니라 부동산 시장과 같이 움직입니다. 상품 속성이 부동산이기 때문입니다.

리츠는 주식시장이 오르거나 내리지 않을 때도 부동산 경기에 따라 오르내릴 수 있어 다양한 상품 구성 관점의 대안투자가 가능합니다. 또한 배당가능이익의 90%를 의무적으로 주주들에게 배당하도록 되어 있어 상대적으로 높은 수익률을 기대할 수 있습니다. 부동산 시장이 활성화한다는 판단이 들 때 자금이 많지 않더라도 부동산 시장의 성장 효과를 누릴 수 있습니다.

모든 상품이나 투자가 그렇듯 리츠에도 단점은 있습니다. 부동산 시장이 좋을 때는 괜찮은 수익률을 얻을 수 있지만 부동산 시장이 안 좋아서 **공실**이 나거나 임대료가 떨어지면 수익률도 안 좋아집니다. 부동산 개발사업에 투자하는 리츠는 해당 개발사업이 어떤 이유로 지연되면 역시 수익은 안 좋아집니다. 부동산 개발사업은 계획대로 진행되지 않는 일이 많습니다.

마지막으로 리츠가 주식시장에 상장되었다고 해도 다른 업종에 비해 선택 폭이 넓지는 않습니다. 리츠가 성장하고 늘어나고 있어도 우리나라 주식시장에 상장된 종목 수는 매우 적습니다.

초보 투자자라면 리츠를 우선순위에 놓기보다는 포트폴리오를 구성해 위험을 분산하는 목적으로 고려하는 것을 추천합니다. 하지만 꼭 건물주가 되고 싶다면 리츠에 투자해서 대리만족을 얻는 것도 나쁘지 않은 방법입니다.

• **공실** 비어 있는 방이나 집. 기사에서 공실은 임대되지 않은 부동산을 말함

부동산 정책과
부동산 시장

▌정의   대부분 정부에서는 부동산을 주요 항목으로 관리하면서 여러 정책을 발표합니다. 정책에 따라 부동산 시장에는 많은 변화가 생깁니다.

▌해석   정부 정책은 크게 부동산 시장을 활성화하려고 규제를 완화하는 방향과 부동산 시장의 과열을 진정시키려고 규제를 강화하는 두 방향으로 나뉩니다. 부동산 정책의 방향에 따라 실제 부동산 시장이 크게 변하므로 정부 정책 방향을 살펴보는 것은 필수적입니다. 다만 정부의 정책 방향과 시장의 방향이 항상 일치하지는 않습니다. 결국 정부 정책에 시장이 어떻게 반응할지 예측하는 것이 필요합니다.

     부동산 정책은 모든 정부에서 중요하게 다루며 크게 두 가지로 나뉩니다. 부동산 경기가 안 좋을 때는 부동산을 부양하려고 규제를 완화하는 방향으로, 부동산이 과열이라고 판단될 때는 부동산을 진정시키려고 규제를 강화하는 방향으로 발표합니다. 두 방향 모두 정부의 지향점은 부동산 안정화입니다. 과열되지도 그렇다고 침체되지도 않도록 하는 것이 정부 정책의 목표나 현재 시장에 대한 각 정부의 판단 기조에 따라 완화 또는 강화로 나뉩니다.

부동산 정책과 관련해서는 일반적인 내용을 중심으로 설명하겠습니다. 세부 내용은 뉴스나 인터넷에서 지속적으로 업데이트하면 좋습니다.

부동산 규제 완화 정책은 보통 매매를 활성화해 부동산 경기를 부양하려는 것이 목적입니다. 정책은 크게 공급 측면, 세금 측면, 대출 측면으로 구성됩니다.

먼저 공급 측면에서 볼 때 부동산 물량을 늘리는 것은 동일하나 방법은 약간 다릅니다. 부동산 규제 완화 정책에서 물량 공급은 재건축을 쉽게 하거나 재개발을 쉽게 하는 방식으로 하는 경우가 많습니다. 규제로 묶여 있던 지역의 조건을 풀어준다는 의미입니다.

세금 측면으로는 집을 살 때 내는 취득세를 낮추거나 집을 팔 때 내는 양도세를 완화하는 것입니다. 세금이 줄어들면 상대적으로 비용이 줄고 줄어든 비용은 고스란히 매매자가 수익으로 챙길 수 있어 매매를 활성화하는 효과가 있습니다.

대출 측면에서는 아파트가 고가의 상품이라 필수적으로 수반되는 대출을 쉽게 하도록 만드는 것입니다. 대출금리를 낮추거나 LTV, DSR 등의 조건을 완화해 대출받을 수 있는 총액을 늘려줘 집을 살 여력이 가능하도록 하는 겁니다. 별도로 관리하는 조정지역이 변동되기도 합니다. 이런 정책을 펼치면 어찌 되었든 부동산 경기가 살아나고 결국 부동산 가격이 상승합니다.

부동산 규제 강화 정책은 투기를 막아 집값 폭등을 잡으려는 목적이 주가 됩니다. 공급 측면에서는 공공주택 공급 물량을 늘리거나 임대 물량을 늘려서 상대적으로 돈이 없는 계층의 주택 부족 현상을 해소하려고 합니다. 재건축이나 재개발에서 조합원 기준을 강화하거나 신규 분양을 받을 자격을 강화해 실수요자에게 더 많은 부동산이 공급되도록 유도합니다.

세금은 취득세를 높이거나 보유세를 올려 실거주 주택 외의 물량을 시장에 내놓아 가격이 안정되도록 유도합니다. 양도세도 높여 투기로 수익을 챙기지 못하게 합니다. 또한 대출 조건을 까다롭게 해서 대출을 레버리지 삼아 투기를 하지 않도록 합니다. 조정지역을 확대하거나 조건을 더 강화합니다. 이런 정책을 펼치면 어찌 되었든 부동산 경기는 주춤하게 됩니다.

전체적인 경제침체로 집값이 하락하거나 상승이 주춤하는 일은 종종 있지만 안타깝게도 부동산 가격 안정화를 꾀하는 정부 의도대로 집값이 잡힌 적은 별로 없습니다. 이런 현상은 우리나라 부동산의 위상이 남다르기 때문에 나타난다고 봅니다.

'우리는 길을 찾을 것이다'라는 말처럼 정부 정책에 작은 구멍만 보여도 사람들은 귀신같이 반응해서 이익을 위해 움직입니다. 대표적인 것이 풍선의 한 부분을 누르면 풍선이 납작해지는 것이 아니라 반대편이 부풀어 오르는 현상으로 설명하는 '풍선효과'입니다. 이는 부동산 관련 기사에서 자주 등장하는 표현으로, 규제를 피해 평소 문제없던 지역의 집값이 오르는 현상입니다. 이외에 정부 의도와 상관없는 부작용이 생기는 사례도 심심치 않게 볼 수 있습니다.

부동산 정책은 앞으로도 계속 나올 테니 부동산 정책의 방향을 예측하는 것도 필요합니다. 정부의 정책 방향을 예측하는 실마리는 뉴스입니다. 뉴스에 많이 등장하는 이야기는 어떻게든 정책에 반영

될 가능성이 높습니다. 정책이 나온 후 반응하는 것도 중요하지만 정책을 예측해서 반응하는 것이 더 좋습니다. 주식과 달리 부동산은 아무래도 사거나 파는 데 시간이 더 많이 소요되기 때문입니다.

- LTV(Loan to Value Ratio, 주택담보대출비율) 담보물 가치의 어느 정도까지 빌릴 수 있는지 정해진 비율. 비율이 높아질수록 더 많은 대출 가능
- DSR(Debt to Service Ratio, 총부채원리금상환비율) 모든 대출의 원리금 합계를 연간소득으로 나눈 비율로 DSR 비율이 낮아질수록 빌릴 수 있는 금액은 줄어듦

우리나라 경제는 세계 경제와 밀접하게 연결되어 있습니다. 우리나라 경제에 특히 영향을 많이 미치는 나라와 경제 요소를 알아봅니다. 전 세계 금융 중심지이자 영향력이 가장 큰 미국과 지리적으로 가장 가까우면서 세계 경제 2대 국가인 중국, 경제공동체로 영향력을 발휘하는 EU, 아세안, OPEC+가 대표적인 국가 또는 경제블록입니다. 현대 산업의 가장 중요한 원자재인 원유, 전 세계 경제 방향을 좌지우지하는 미국의 금융정책, 경제가 불확실할수록 오래전부터 안전자산 역할을 해온 금까지 경제 시각을 넓혀봅니다.

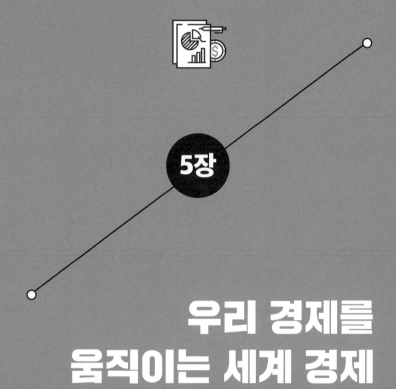

5장

우리 경제를
움직이는 세계 경제

천조국의 위엄,
미국

▌**정의**   미국은 세계 최대 경제대국이자 우리나라의 주요 수출 대상국이며, 세계 제1의
군사강국이자 기술 강국입니다.

▌**해석**   우리나라와 미국의 관계는 한미동맹이라는 군사적 관계 외에 경제적으로도 뗄
수 없을 만큼 관계가 깊습니다. 우리나라 경제 변동 요인 중 많은 부분이 미국과
관련되어 있어 미국 관련 기사는 눈여겨봐야 합니다. 특히 미국의 금융정책, 대
외정책(전쟁, 무역 갈등 등)과 IT 관련 기업(애플, 아마존, 구글 등)의 기사에 등장
하는 요소는 결국 한국 경제에 민감한 영향을 주기 때문에 중요합니다.

　　미국을 제대로 알아야 한다는 얘기는 많이 합니다. 사실 사람들
은 미국을 잘 압니다. 미국에 여행을 다녀온 사람도 있고 할리우드
영화도 아주 잘 압니다. 미국의 OTT 서비스를 이용하고 우리나라
동영상 플랫폼의 최강자인 유튜브 역시 미국 회사입니다. 이번에는
경제에 관심이 있는 사람이 미국에 대해 알아야 할 것 중심으로 얘
기해보겠습니다.

　　먼저 미국의 금융정책을 알아야 합니다. 앞에서도 얘기했지만 미

국 연준이 금리를 어떻게 운용하느냐에 따라 전 세계 금융시장이 흔들리므로 연준 발표 내용을 체크해야 합니다. 미국이 양적 완화를 언제 중단하고 테이퍼링에 언제 진입할지, 금리를 언제 올릴지가 중요합니다. 미국의 금리가 오르면 우리나라 금리 역시 올라갈 수밖에 없기 때문입니다. 그리고 미국 금리는 우리나라뿐만 아니라 전 세계 경제에 영향을 미칩니다.

미국 증시가 오르는 중인지 내리는 중인지 알면 좋습니다. 두 나라 금융이나 증시가 같이 움직이는 것을 동조화(커플링)라 하고 독자적으로 움직이는 경우를 탈동조화라고 합니다. 뉴스에서 더 크게 나오는 것은 탈동조화입니다. 일상적으로 일어나지 않는 일이라는 뜻이죠. 일반적으로 미국 증시와 한국 증시도 전체 흐름은 같이 움직입니다. 미국 증시 상황을 보여주는 S&P500과 다우지수 움직임도 체크하는 것이 좋습니다.

미국 대외정책 중 '긴장 고조'라는 말이 나오면 잘 봐야 합니다. 미국이 전쟁에 돌입하는 경우도 있고, 전쟁 이전에 갈등이 고조되며 무역 흐름이 악영향을 받는 경우도 있습니다. 매몰찬 이야기이긴 하지만 아프리카에 있는 나라와 중동에 있는 나라 중 경제적으로 더 중요한 나라는 중동에 있는 나라입니다. 그 이유는 '원유'라는 가장 중요한 원자재가 생산되는 주요 지역이기 때문입니다. 그래서 2000년대 초반 두 차례에 걸친 걸프전쟁이 중요했고, 현재는 미국과 이란의 핵협상이 중요합니다.

전쟁 가능성이 높아지거나 긴장이 고조되면 원유 공급망이 흔들리면서 유가를 불안정하게 만들어 경제에 악영향을 줍니다. 최근 뜨

거운 지역은 대만입니다. 미국과 중국이 힘 겨루기를 하기 때문입니다. 미국과 중국은 경제 패권과 세계 패권을 두고 갈등하고 있고, 앞으로도 꽤 오랫동안 미·중 갈등은 지속될 가능성이 높습니다. 우리나라로서는 최대 수출국 1, 2위 나라의 다툼이므로 민감하게 두고 봐야 합니다. 그리고 북한이 있습니다. 경제적으로 북한과 전쟁하는 것이 좋을까요, 경제를 개방하는 것이 좋을까요? 물으나마나 후자입니다. 어떻게 평화적으로 경제를 개방할지 찾아내기가 어려울 뿐입니다.

미국 IT회사 이야기도 잘 봐야 합니다. 현재 전 세계에서 기술을 주도하는 곳이 미국인데 그 이유는 두 가지 정도입니다. 첫째, 구글과 애플, 페이스북, 아마존으로 대표되는 서비스를 생각해보세요. 우리 삶을 엄청나게 변화시킨 것들입니다. 우리나라 기준으로 유튜브 영상을 보고 페이스북이나 인스타그램에서 열심히 '좋아요'를 누릅니다. 우리나라에서 점유율은 낮지만 아이폰으로 대표되는 스마트폰, 전자상거래와 물류의 역사를 만들어가는 아마존은 미래에 우리나라에도 닥칠 것들을 알게 해줍니다.

스마트폰의 일상화는 이미 경험하고 있습니다. 아마존으로 대표되는 쇼핑은 개인의 해외시장 직구매를 상징합니다. 많은 분이 아마존, **알리** 등 해외 시장에서 구매합니다. 우리나라 사람이 해외에서 구매하듯이 외국인이 우리나라에서 구매할 가능성도 높아졌습니다.

테슬라는 단순한 전기자동차가 아니라 움직이는 IT기기라고 봐도 될 정도입니다. 최근에는 메타버스라는 이름의 가상공간이 화두가 되었습니다. 비트코인 역시 미국에서 시작했습니다. 위에 열거

한 서비스나 기기들은 해외 기업들의 직접 진출로 경험할 수도 있고, 우리나라 기업이 유사한 제품으로 대응할 수도 있습니다. 결론은, 미국을 보면 우리나라에서 어떤 일이 벌어질지 알게 됩니다. 둘째, 이제는 직접 투자할 수 있기 때문입니다. 미국 주식에 바로 투자할 수 있으니 마치 우리나라 기업을 보듯이 관찰하고 주식을 매매하며 투자 상품을 다양화할 수 있습니다.

미국 대통령선거가 중요한 이유는 미국 대통령이 앞서 얘기한 모든 것에 영향을 주기 때문입니다. 미국의 대통령선거 방식이나 후보자들에 대해 아는 것도 재미있고 도움이 되지만 굳이 알아야 할 우선순위에서는 조금 뒤로 미뤄도 됩니다. 오히려 어느 당 출신으로 어떤 성향의 정책을 펼칠지 알아보는 것이 더 도움이 됩니다.

• **알리** 중국의 아마존 같은 1위 쇼핑사이트 알리바바의 줄임말

천년의 이웃,
중국

▎**정의**　중국은 미국과 더불어 G2를 구성하고 있습니다. 우리나라의 1위 수출대상국이며, 북한 리스크를 컨트롤할 수 있는 지리적 위치와 군사력을 보유하고 있습니다.

▎**해석**　미국 못지않게 챙겨봐야 할 나라가 중국입니다. 중국의 정치체제상 가장 중요한 포인트는 중국 정치의 변화에 따른 정책입니다. 중국의 경제규모나 산업도 중요하지만 그 모든 것을 바꿀 수 있는 것이 공산당입니다. 중국 지도자의 생각과 관점은 중국의 향후 행보를 예측할 수 있는 중요한 정보입니다.

　　중국이 우리나라와 붙어 있는 거대한 나라인 걸 모르는 사람은 없을 겁니다. 우리나라 사람들은 종종 우리가 대륙에 있다는 사실을 잊곤 합니다. 우리나라에서는 기차를 타고 유럽을 갈 수 있습니다. 북한이 개방되어 통행이 자유롭다면 버스나 기차, 자전거나 도보로 중국과 러시아를 갈 수 있음을 생각해봐야 합니다. 지금은 누리지 못하지만 대륙과 연결되어 있는 장점이 향후 분명히 드러날 겁니다.

　　중국을 알아야 하는 이유는 옆에 붙어 있는 나라이기도 하지만 미국과 맞먹을 만큼 경제적으로 큰 나라이기 때문입니다. 중국 증시에 관심이 있으면 미국 증시처럼 챙겨봐도 되지만 미국 증시만큼 개인이 투자하기에 적합한 시장은 아니라고 봅니다.

중국 기업 중 알리바바나 텐센트, 틱톡처럼 엄청난 매출을 올리고 이용자가 많은 기업도 있지만 구글이나 아마존, 유튜브처럼 신경 써야 할 정도는 아닌 것 같습니다. 그 이유는 중국의 정치체제 때문입니다. 중국은 공산당의 절대권력으로 유지되고 성장하는 나라입니다. 공산주의 정치체제가 '좋다, 나쁘다'를 지금 따질 필요는 없습니다. 다만 정치체제를 알아야 설명되는 일이 많아서 정치와 정책 관련 뉴스를 보는 것이 낫다는 얘기입니다.

우리나라에 사드 미사일이 배치되기 전까지 중국 시장에서는 한류 콘텐츠 가격이 나날이 올랐습니다. 중국과 교류도 늘어나서 더욱 확대될 거라는 기대감이 커졌습니다. 하지만 중국 정부의 '한한령' 지침 하나로 중국에서 공식적인 한류 열풍은 사라졌습니다. 지금도 중국에는 중국만의 서비스가 많습니다. 트위터가 아니라 웨이보, 유튜브가 아니라 틱톡, 왓츠앱이나 페북 메신저가 아니라 위챗 등 글로벌 시장과 별도로 움직이는 서비스가 많습니다. 그 이유는 중국 정부의 정책 때문입니다. 중국 시장이 워낙 거대해서 전 세계와 구별되는 서비스로도 엄청난 규모를 유지할 수 있습니다.

중국에 대응하면서 견제할 수 있는 나라는 미국이 유일합니다. 미국과 중국은 힘겨루기를 하고 있습니다. 최근에는 반도체를 놓고 미국과 중국이 다투고 있습니다. 전 세계 반도체를 위탁 생산하는 곳은 모두 아시아, 그중에서도 대만과 한국에 나뉘어 있다고 해도 될 정도입니다. 미국과 중국이 서로 반도체 산업을 주요한 국가 자산으로 취급하며 으르렁거립니다. 최근 미국 증시에 중국 기업이 상장하는 것을 의도적으로 외면하는 식으로 서로 신경전을 벌이고 있습니다.

우리가 관심을 가져야 할 내용은 미국과 중국이 주로 어떤 산업이나 내용으로 싸우느냐는 것입니다. 트럼프 대통령 때처럼 무차별적인 관세를 주고받는다면 글로벌 경기는 침체할 수밖에 없습니다. 미국과 중국이 사이가 좋으면 글로벌 경기는 상승세를 탈 가능성이 높습니다. 중국의 경제지표를 불신하는 사람도 많지만 자료가 없으니 참고해야 합니다. 중국의 경제성장률이 예상보다 낮게 나오면 위험신호로 받아들여야 합니다.

중국과 미국의 갈등 외에 다른 나라와 벌이는 갈등은 '자원'이 관련되지 않았다면 우선순위에서 좀 뒤로 두어도 됩니다. 중국과 호주의 갈등, 중국과 인도의 갈등, 중국과 유럽의 갈등은 그냥 그런 게 있구나 정도로만 보면 됩니다. 물론, 미국과 중국의 갈등에 위에서 언급한 나라들이 결합되는 경우도 많습니다. 그래서 요즘 **양안갈등**은 대만을 사이에 둔 미국과 중국의 갈등으로 보입니다.

또 하나 중국은 우리나라에서 관리하기 어려운 리스크인 북한 문제에서도 핵심 나라입니다. 남북한은 단일 경제권으로 묶이는 것이 분단되어 있는 것보다 모든 면에서 유리합니다. 내수시장의 크기, 노동력, 보유자원뿐만 아니라 엄청난 물류비용을 줄일 수 있으며, 러시아 가스를 들여올 수도 있고, 관광산업도 더 커질 수 있는 등 대륙 국가로 본격적인 이점을 누릴 수 있기 때문입니다.

중국은 우리나라와 2천 년을 살아온 이웃으로 마음에 안 든다고 이사 갈 수 없습니다. 중국은 항상 우리나라 경제에 영향을 미치는 상수로 놓고 봐야 하는 것이 현실입니다. 중국 기사가 너무 많이 나와서 헷갈리나요? 그럼 중국 정책과 관련된 경제기사 위주로 살펴보는 것이 팁이 될 수 있습니다.

・**양안갈등** 대만해협을 사이에 둔 중국과 대만을 일컫는 말

경제 관련 공동체:
EU, 아세안, OPEC+

▌정의 EU: 유럽공동체로 28개국이었으나 영국이 브렉시트로 제외되며 27개국이 남았습니다.
ASEAN: 동남아시아 10개국으로 구성된 지역공동체입니다.
OPEC+: 기존 석유수출국기구(OPEC)에 러시아 등 산유국이 더해진 일종의 원유 생산 카르텔 기구입니다.

▌해석 정책이 지역공동체 단위로 결정되거나 변화가 생겨 경제적 변동이 생기는 일이 많기 때문에 뉴스를 읽거나 판단을 할 때 챙겨야 할 요소입니다. 현재 기준으로는 미국과 중국이 중요하지만 정부 정책에 따라 특정 블록에 힘을 쏟는 경우도 많습니다. 최근에는 동남아시아가 직접 진출하는 기업도 늘고 시장규모도 커지는 등 발전 가능성이 높은 시장이 되고 있습니다.

EU는 유럽의 경제와 정치를 통합하기 위해 1993년 12개국이 같이 출범한 기구입니다. 2020년 영국이 탈퇴(브렉시트)하면서 27개국이 되었지만 서유럽뿐만 아니라 동유럽 국가들도 참여하는 거대한 경제공동체입니다. EU에서는 자체적으로 유로라는 단일 통화를 사용하는 등 가장 강력한 공동체로 평가받고 있습니다. EU가 현재 전 세계에서 경제규모가 가장 크지는 않지만 대부분 유럽 선진국이 속해 있고 인구가 약 5억 명이나 되는 무시 못할 수준입니다.

현재 전 세계에서 기축통화 역할을 하는 미국 달러에 이어 유로가 2위 비율을 차지하고 있습니다. 이런 경제규모와 단일시장이라 할 정도의 통합 수준을 고려하면 위상이 약해졌다 해도 세계 경제 흐름에서 매우 중요한 역할을 하는 것이니 눈여겨봐야 합니다.

아세안은 1967년 설립된 기구입니다. 처음에는 반공 성격이 강했으나 공산권 국가인 베트남 등을 받아들이며 명실상부 동남아시아를 대표하는 공동체가 되었습니다. 아세안은 정치안보, 경제, 사회, 문화 등 포괄적인 협력을 넓히고 있습니다. 아세안이 중요한 이유는 이미 경제발전이 이루어진 유럽과 달리 향후 발전 가능성이 대단히 높기 때문입니다. 특히 아세안은 우리나라와 지리적으로 가깝고 정서적으로도 서구권 대비 유리한 면이 있어 많은 관심이 모이고 있습니다. 기업들의 진출도 늘어나고 성장 가능성이 매우 높은 시장이라고 볼 수 있습니다.

석유수출국기구(OPEC; Organization of the Petroleum Exporting Countries)는 산유국들의 **카르텔**입니다. 다 알다시피 현대 경제는 석유를 기반으로 해서 원유가 가장 중요한 자원이라고 할 수 있습니다. OPEC은 석유생산량을 무기로 원유 가격을 조절해 영향력을 행사합니다. 1970년대에 '오일쇼크'라는 말이 나왔을 정도로 급격한 원유 가격 인상은 세계 경제에 미치는 영향이 무시무시합니다. OPEC이 중동 근방 나라들이 주축이 된 기구라면 OPEC+는 OPEC에 속하지 않은 산유국들이 함께 논의하는 것을 말합니다. 대표적으로 러시아와 남미의 나라들이 있습니다. 중동 이외에 석유를 생산하는 나라들이 늘어나고 미국의 **셰일가스** 등 기존 OPEC의 영향력이 축소

되었으므로 최근에는 OPEC+가 뉴스에 더 자주 등장합니다.

경제 관련 공동체가 늘어나는 이유는 간단히 말해 영향력을 키우려는 것입니다. 각자 경쟁해도 경쟁력이 있는 G2를 제외하면 여럿이 같은 목소리를 내는 것이 유리합니다. 그래서 지역을 기반으로 하는 EU나 아세안, NAFTA 등 연합하는 기구들이 생겨나 경제기사에도 자주 등장합니다. 경제기사나 정보를 볼 때는 나라별로도 고민해야 하지만 이러한 기구가 움직이는 방향도 놓치면 안 됩니다.

실제 경제규모로만 보면 우리나라, 중국, 일본이 속해 있는 동아시아가 가장 크지만 여러 가지 이유로 공동기구로 모이지는 않고 있습니다. APEC이라는 아시아·태평양협의기구가 있고, 이 기구에는 미국과 중국뿐만 아니라 러시아와 호주 등이 속해서 최대 규모이긴 하지만 실질적인 한목소리를 내기에는 한계가 많습니다. 특히 최근 미국 대 중국이라는 구도 경쟁이 격화되어 우리나라는 미국과 중국이라는 경제거인 양쪽에서 한쪽 편을 들기 어려운 줄타기 상황이 당분간 지속될 것으로 보입니다.

· **카르텔** 동종업계끼리 담합한 연합체
· **셰일가스** 퇴적암 지층인 셰일층에 매장되어 있는 천연가스 원유 대비 채굴 비용이 높음

유가와
세계 경제

▌정의　유가는 원유의 배럴당 가격을 말합니다. 전 세계적으로는 미국 서부 텍사스유, 중동 두바이유, 북해 브렌트유 이렇게 3대 유가 지표로 표기합니다.

▌해석　유가가 오르면 기업의 생산원가가 늘어나고, 결국 물가를 올려 경기에 악영향을 주게 됩니다. 유가가 오르는 이유는 담합에 따른 생산량 조절, 정세 변화에 따른 공급 차질 우려, 향후 경기가 좋아질 것으로 예상되어 수요가 늘어나는 경우 등이 있습니다. 원유 기반 경제체제에 획기적 변화가 생기기 전까지 가장 중요한 원자재는 원유입니다.

　　유가는 원유 가격을 말합니다. 원유는 텔레비전에서 자주 등장하는 것처럼 거대한 시추장비로 생산해내는 검은색 액체입니다. 우리나라에서는 원유를 거대한 유조선으로 수입한 후 정제과정을 거쳐 석유화학제품의 원료가 되는 납사(나프타)와 운송수단에 쓰이는 휘발유, 경유 등 각종 기름제품을 만들어냅니다.

　　산유국을 제외한 모든 나라는 원유 가격과 경기흐름이 같이 움직일 수밖에 없는 경제구조를 가지고 있습니다. 하늘을 나는 비행기를 비롯해 수출물동량 상당 부분을 책임지는 선박, 매일 이용하는 각종 자동차는 석유제품이 없으면 움직일 수 없습니다. 따라서 원유 가격 변동은 항공, 자동차, 운송, 어업 등 기름이 사용되는 곳의 원가를 움직이게 됩니다.

원유는 운송수단에만 쓰이지 않습니다. 원유를 정제하면서 만들어내는 납사는 석유화학제품의 원료가 됩니다. 납사로 플라스틱이나 합성섬유 제품을 생산하므로 원유 가격이 오르면 결국 우리나라 모든 생산원가에 부담을 줍니다. 생산원가에 부담이 된다면 보통 기업들은 판매가격을 올리는 것으로 소비자에게 원가 부담을 이전합니다. 소비자로서는 물가가 오르는 상황이 되는 겁니다. 물가가 오르면 소비가 줄어들어 경제에 좋지 않은 영향을 주게 됩니다.

유가가 오른다, 내린다는 기준도 있습니다. 원유를 대량 거래하는 거래소 가격을 기준으로 유가가 오르내리는 것을 말합니다. 세계적으로는 3개 유가 지표로 구분합니다. 가장 대표적인 것이 미국 서부텍사스유이고 나머지가 중동 두바이유, 북해 브렌트유입니다. 우리나라는 중동에서 원유를 수입하므로 경제 또한 두바이유와 밀접합니다.

우리나라 산업군 중 원유를 정제해 석유 같은 운송용 또는 난방용 등 석유제품을 만드는 산업을 정유업이라고 분류합니다. 정유과정을 거쳐 나온 납사를 원료로 해서 각종 화학제품을 만드는 산업은 또 다른 거대한 산업군으로 분류해 석유화학산업이 됩니다. 두 산업 모두 원유 가격과 직접 관련이 있습니다. 원유 가격이 오른다고 할 때 주유소 기름값이 가장 쉽게 체감됩니다. 경제에 큰 영향이 있다고 보일 때는 정부에서 기름값에 포함된 유류세를 낮춰 가격을 안정시키기도 합니다.

원유 가격이 왜 변하는지 원인을 알면 향후 원유 가격의 방향을 판단하는 데 도움이 됩니다. 원유 역시 가장 기본적인 수요와 공급의 법칙에 따라 움직입니다. 위에서는 원유 가격이 오를 때 문제 중심으로 설명했지만 원유 가격이 왜 변하는지를 생각해보겠습니다.

수요가 줄어들면 가격이 내려가는 것이 시장의 원칙입니다. 코로나19로 전 세계적인 경제 침체가 예상된다면 원유 가격은 내려갑니다. 경제 침체는 원유를 사용하려는 수요가 줄어든다는 것을 뜻하니까요. 반대로 백신 접종률이 올라가 코로나19 상황에서 벗어날 것 같다면 원유 가격은 오를 겁니다. 앞으로 경기가 활성화할 테고, 경기가 활성화하려면 원유가 지금보다 더 필요할 테니까요.

이번에는 공급 측면에서 생각해보겠습니다. 원유 가격이 너무 낮다고 판단되면 앞에서 얘기한 OPEC 국가들이 모입니다. 원유가 거의 유일한 수익원인 산유국에게는 원유 수출금액이 낮게 유지되면 국가 수익이 줄어들기 때문입니다. 산유국이 모여 '원유 가격을 올리자!'고 합니다. 사실 가격 자체를 올리거나 내리지는 않고 생산량을 조절합니다. 예를 들어 사우디아라비아는 1천만 배럴을 줄이고, 쿠웨이트는 300만 배럴을 줄이고 하는 식으로 공급 물량을 줄여 가격을 올립니다. 공급자의 힘을 더하려면 OPEC 회원국이 아닌 다른 산유국들도 같이하는 게 좋겠죠? 기존 회원국 외에 다른 산유국이 모여서 같이 이야기하는 것이 OPEC+라고 기사에 등장하는 실체입니다.

중동의 분쟁이나 정세 역시 유가에 영향을 미칩니다. 내부 문제든, 외부 영향이든 중동에서는 분쟁이 많이 발생합니다. 특히 원유 수송로 역할을 하는 페르시아만은 항상 원유수급 안정도에 노출되어 있습니다. 경제기사에 중동 분쟁 문제가 등장하는 것 역시 같은 이유입니다.

최근에는 환경문제가 강하게 대두되면서 '재생에너지'에 대한 고민이 많아지고 있습니다. 석유나 석탄 같은 화석에너지가 아니라 태양, 풍력 등 다른 에너지원을 찾는 연구가 계속되고 있습니다. 장기적으로 화석에너지 수요는 줄어들 게 분명합니다. 하지만 언제가 될지, 어떤 수단이 주력이 될지는 아직 알 수 없습니다. 경제성이 없다고 외면했던 미국의 셰일가스는 친환경 에너지는 아니지만 유가가 너무 오르자 발굴해서 석유를 대체하려고 했습니다. 다시 유가가 내려가자 셰일가스의 고질적인 경제성 문제로 업체들이 파산하는 상황이 되었습니다.

유가는 현재 산업을 유지하는 가장 강력한 무기입니다. 세계 경제는 석유 외에 석탄, 철광석, 구리 등 다양한 원자재를 생산하고 거래하면서 발전합니다. 이런 자원들을 통칭해서 '원자재', 이런 자원들이 거래되는 시장을 '원자재 시장'이라고 합니다.

• **재생에너지** 한 번 쓰고 고갈되는 화석에너지가 아닌 지속적으로 활용할 수 있는 에너지

양적 완화/
테이퍼링

▮ **정의**   양적 완화: 중앙은행에서 경기부양을 위해 국공채나 회사채 등 자산을 사들여서 시장에 직접 자금을 공급하는 것을 말합니다.
테이퍼링: 양적 완화 정책을 점차 축소해서 시장에 자금 공급을 멈추는 것을 말합니다.

▮ **해석**   경제가 원활히 돌아가고 성장하려면 돈이 필요합니다. 돈을 시장에 공급하는 전통적인 방식인 기준금리 적용이 어려울 때 직접 시장에 돈을 공급하는 양적 완화 정책입니다. 시장에 돈이 넘쳐 줄여야겠다면 1차로 양적 완화를 멈추는 '테이퍼링'이 시작됩니다. 그다음은 기준금리 인상입니다.

보통 경기가 안 좋아지면 중앙은행에서는 금리를 내리는 정책을 펼칩니다. 금리를 내리면 돈 사용료가 낮아져 돈을 더 많이 빌리게 되고, 빌린 돈으로 생산·고용 등 다양한 경제활동을 하면서 경기가 좋아지기 때문입니다. 경기가 안 좋아진다는 것을 일반인이 쓰는 말로 바꾸면 '돈이 돌지 않는다'고 할 수 있습니다. 금리를 내림으로써 시장에 '돈을 풀고, 풀린 돈으로 돈이 돌도록 하는 것'이 경제를 살리는 정책이라고 보면 됩니다.

그런데 전통적인 금리정책을 시행하는 데 문제가 생겼습니다. 금리를 계속 내렸더니 제로금리 가까이 되어 더 내릴 수 없게 된 겁니다. 그래서 나온 정책이 양적 완화입니다. 시중에 돈을 직접 공급해서 시장에서 돌아다니는 돈의 양을 늘리는 정책입니다. 중앙은행이 직접 돈을 공급하는 방법은 국채나 공채, 주택저당증권(MBS), 회사채 등을 직접 사들이는 것입니다. 중앙은행의 기능 중 하나가 돈을 찍어내는 발권입니다. 중앙은행에서 발행한(찍어낸) 돈으로 자산을 사들여 시장에 돈이 풀리는 것이죠.

하지만 언제까지나 돈을 찍어낼 수는 없습니다. 가장 대표적인 부작용이 인플레이션입니다. 물건이나 자산의 양은 그대로인데 돈이 늘어나면 물건 가격이 오르는 건 당연한 일입니다. 경기가 침체되었을 때 활성화하려면 돈을 공급하는 일이 필요하지만 다른 부작용이 더 커지지 않도록 공급을 멈춰야 할 때가 있습니다. 그 대신 갑자기 멈추면 적응하기 어려울 테니 점진적으로 공급을 줄입니다. 이처럼 양적 완화를 중단하고 공급하는 **통화량**을 점점 줄이는 정책을 '점점 가늘어지다'는 의미의 테이퍼링이라고 합니다.

사전적 의미를 넘어 실질적 문제를 생각해보겠습니다. 실제로 양적 완화를 진행하는 나라는 미국 외에 여러 나라가 있지만 미국 관련 내용만 뉴스에 나옵니다. 미국이 바로 전 세계 경제를 떠받드는 **기축통화**인 미달러를 공급하는 나라이면서 세계 경제규모가 크기 때문입니다. 미국의 정책은 미국으로 한정되는 것이 아니라 다른 나라 경제에 영향을 미치니 미국의 정책 중 금리나 달러 공급과 관련된 뉴스는 전 세계의 관심을 받습니다.

양적 완화를 진행하면 미국의 통화량이 늘어납니다. 미국 달러가 흔해지면 가치가 낮아집니다. 상대적으로 우리나라 돈인 원화 가치는 높아집니다. 미국에서는 수출경쟁력이 강화되고 투자가 늘어나면서 경기가 살아나겠지만 시중에 돈이 많아졌으니 물가가 오릅니다. 수입하는 물건의 가격도 오릅니다. 미국으로서는 경기는 살아나지만 물가상승에 따른 부작용을 겪을 가능성도 같이 높아집니다. 투자가 늘고 수출이 늘어 돈이 늘어나니 미국 주식시장도 좋아집니다. 간략하게 설명한 미국의 상황입니다.

한국 상황은 상대적으로 원화 강세가 되면서 수출경쟁력이 낮아집니다. 미국의 돈이 늘어났으므로 외국 자본이 한국 시장으로 유입되어 한국 주식시장은 오릅니다. 한국의 수출실적이 높은 것도 사실인데 위의 내용과 반대 상황이 벌어지는 이유는 무엇일까요?

한국 역시 금리가 낮아져 양적 완화는 아니지만 시중에 돈이 많이 풀렸습니다. 또 미국의 양적 완화와 같은 효과를 누리는 부분도 있으며, 코로나19로 침체되었던 기간과 비교하는 기저효과에 전 세계 경기가 좋아지면서 수입이 늘 수 있습니다. 하지만 한국 기업 상품이 가지고 있는 경쟁력 자체의 힘일 수도 있어 여러 가지 상황이 복합적으로 생긴 것입니다.

미국이 테이퍼링에 들어간다는 신호가 나올 때마다 뉴스에서는 이를 매우 중요하게 다룹니다. 그 이유는 이 효과가 한국 경제에 영향을 주기 때문입니다. 미국이 테이퍼링에 들어가면 통화량이 줄어들겠죠. 통화량이 줄면 미국 주식시장으로 유입되었던 자금뿐만 아니라 우리나라 주식시장에 들어왔던 외국인 자본도 줄어들면서 주식시장이 하락할 가능성이 높아집니다. 미국에서는 통화량이 줄어들면서 수요 역시 줄어 한국의 수출에 부정적 효과를 줍니다.

미국의 테이퍼링이 끝나면 금리인상이 시작되는 시기가 옵니다. 미국의 금리인상 시기에 맞춰 우리나라 역시 금리인상을 고민해야 합니다. 우리나라에서 금리가 오르면 가장 우려하는 것이 늘어난 가계부채입니다. 금리인상에 따라 부담해야 할 금액이 더 늘어나기 때문입니다.

간략하게 설명했기 때문에 다른 수많은 변수로 언제든 변경될 수 있음을 기억하고 스스로 생각을 더 정리해야 합니다. 거칠게 요약하면 미국이 양적 완화를 유지하면 세계 경제는 부양되는 효과가 있고, 미국이 테이퍼링을 시작하면 세계 경제는 진정된다고 볼 수 있습니다. 미국의 테이퍼링, 금리인상에 맞춰 우리나라 금리도 선제적으로 인상됩니다.

예상과 같이 미국 연준은 2022년 5월에 금리를 0.5%p(=빅 스텝) 올렸고, 2022년 안에 추가로 금리를 더 많이 올릴 것이란 얘기가 나오고 있습니다.

· **통화량** 시중에 유통되는 돈의 양
· **기축통화** 금융거래 또는 무역 결제에서 기본적으로 사용하는 통화

금,
안전자산

▌ **정의**   안전자산: 위험이 없는 금융자산으로 무위험자산이라고도 합니다. 보통 금융자산은 채무불이행, 시장가격 변동, 실질가치 변동의 위험이 있습니다.

▌ **해석**   금은 대표적인 안전자산으로 실제 가치가 있으며, 부동산과 달리 이동도 상대적으로 편리하고 다른 물건과 교환하기도 쉽습니다. 금융자산의 변동이 커질 때마다 금 가격이 반대로 움직이는 경향이 있습니다. 금이 변동성이 큰 금융자산의 위험성을 줄이는 헤지 수단 역할을 하기 때문입니다.

    금은 대표적인 안전자산의 하나로 금융시장이 불안할 때면 안전자산인 금값이 오른다는 말이 자주 나옵니다. 안전자산은 위험이 없는 금융자산이라고 합니다. 예를 들어 채권은 다른 사람이 나에게 돈을 주겠다고 약속한 것입니다. 국가가 보증하면 국채, 회사가 보증하면 회사채입니다. 회사는 망할 수도 있고 국가는 그래도 믿을 만하지만 '모라토리엄'이 뜻하듯 나라도 가끔 '빚 못 갚아!'라고 선언하기도 합니다. 시장가격의 변동은 주식을 생각하면 이해하기 쉬울 것 같습니다.

100만 원짜리 회사 주식을 가지고 있다고 하겠습니다. 이 주식의 가치는 항상 100만 원이 아니라 120만 원이 될 수도 있고, 50만 원이 될 수도 있습니다. 주식 역시 시장가격에 따라 가치가 변동합니다.

실질가치 변동의 위험은 현금을 생각하면 됩니다. 현금을 100만 원 가지고 있습니다. 10년 후에도 20년 후에도 화폐단위가 변경되지 않는 한 내 자산은 100만 원으로 변동이 없습니다. 액수는 변동이 없지만 돈으로 실제 살 수 있는 구매력에는 변동이 있을 가능성이 100%라고 해도 되는데 그 이유는 물가상승률 때문입니다. 앞서도 설명했지만 물가가 오르면 같은 금액으로 살 수 있는 물건의 가치가 떨어집니다. 숫자상으로는 100만 원이 변하지 않았지만 실질적으로는 100만 원의 가치가 많이 줄어드는 것입니다.

짧게 금본위제라고 하는 금의 역사를 살펴보겠습니다. 옛날부터 금과 은은 대표적으로 화폐 역할을 했습니다. 금으로 만들어진 금화는 소유하는 것만으로도 가치를 보유하는 것입니다. 그런데 보관이나 운반, 사용의 편의성을 따져보면 종이돈이나 합금으로 만든 동전을 쓰는 것이 훨씬 편리합니다.

그렇지만 아무런 보증이 없는 종이 쪼가리를 돈이라 믿고 쓸 사람들은 없습니다. 누군가는 보증이 필요하겠죠. 국가가 보증을 서면서 화폐가 사용됩니다. 국가에서는 화폐를 금에 연동시킵니다. 화폐는 못 믿더라도 금을 가지고 있고, 국가가 화폐와 금을 바꿔주겠다는 보증을 서면 국가의 말이 더 믿음이 갑니다. 종이돈을 믿는 것이 아니라 종이돈과 금의 교환을 보장한다니 결국 금을 믿기 때문입니다.

이렇게 통화가 늘어나도 금에 연동되면 통화량이 한정됩니다. 금이 100밖에 없으면 100만큼의 통화만 사용할 수 있으니까요. 그래서 각 나라들은 서서히 금과의 연동을 끊었고, 1972년 미국의 달러도 금과의 교환을 보장하지 않으면서 **금본위제**는 사실상 사라집니다. 근본적인 불안정성은 생겨났지만 금과 연동성을 풀면서 통화량은 급격히 증가하게 됩니다.

금은 이제 통화에 연동된 가치라기보다 본질적인 금의 가치를 가지고 움직이는 상품이 되었습니다. 금융자산은 위에서 얘기한 여러 가지 위험에 노출되어 있지만 금은 상대적으로 위에서 말한 위험에서 안전합니다. 돈을 갚지 않겠다고 하더라도 금을 담보로 가지고 있다면 상관없습니다.

우리나라에서 흔히 사용되는 건물이나 땅을 담보로 가지고 있을 수도 있지만 금은 한 지역에 묶여 있는 부동산보다 이동이 자유롭고 훨씬 범용이라서 유리합니다. 물가가 올라 화폐가치가 떨어지더라도 금 역시 물건이라서 물가가 오를 때 금 가격도 오를 가능성이 높습니다. 상대적으로 인플레이션이나 물가가 오를 때 금 가격이 오르는 이유입니다. 금도 가치를 가진 물건이다보니 시장가격 변동에 노출되어 있습니다. 갑자기 엄청난 양의 금광이 발견되고 금이 유통된다면 공급이 늘면서 금 가격은 떨어지게 됩니다.

요즘 금은 모든 위험을 방어한다기보다 위험을 분산하거나 회피하는 수단으로 사용합니다. 대표적으로 미국 달러의 대체재로 사용됩니다. 현재 미국 달러는 기축통화 역할을 합니다. 전 세계에서 가장 믿을 수 있는 화폐라는 뜻입니다. 그래서 미국 달러 역시 안전자산으로 분류하기도 합니다. 하지만 미국 달러는 미국의 경제나 상황에 따라 변동할 가능성이 높습니다. 어떤 이유로든 미국 달러 가치가 폭락하거나 미국이 전쟁을 일으킬 때 또는 미국 주식시장이 폭락할 때 등의 사건이 터지면 미국 달러보다 금을 가지고 있는 것이 더 유리해집니다.

금값도 항상 변하지만 금융자산의 불안정성을 이길 수 있는 상품으로 여전히 전 세계에서 사용됩니다. 최근에는 이러한 금의 특성 때문에 금이라는 실물보다 금으로 구성된 펀드나 금에 연동된 예금 등으로 파생되어 적은 금액으로 금을 활용한 위험회피를 경험할 수 있습니다.

• **금본위제** 화폐 가치를 금의 일정량과 같도록 유지하는 제도

국내 경제의 심장 역할을 하는 업종과 회사를 알아봅니다. 경제 흐름을 파악하고 국내 경기의 방향을 가늠하려면 우리나라 주력업종이나 기업을 알아야 합니다. 수출이 중요한 만큼 환율을 먼저 익히고 그다음 국내에 달러를 공급하는 수출 주력업종을 알아보겠습니다. 수출하지 않더라도 가계에 필요한 물건이나 서비스를 제공하는 내수기업들도 중요하겠죠. 시가총액 기준으로 우리나라의 주요한 회사들을 알아봅니다. 마지막으로 현재 가장 중요한 산업인 반도체, 미래 산업과 연관된 자동차 산업에 대해 한 걸음 더 들어가보겠습니다.

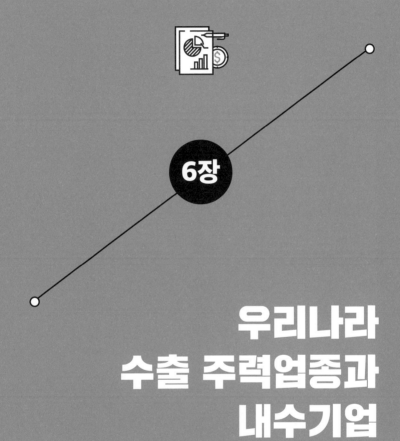

6장

우리나라
수출 주력업종과
내수기업

헷갈리지만 재미있는
환율

▌정의 환율은 두 나라 통화 간의 교환 비율을 말합니다. 또는 특정 통화를 구매하기 위한 가격입니다.

▌해석 환율이 중요한 이유는 다른 사항에 변동이 없어도 환율의 변동에 따라 이익(환차익) 또는 손해(환차손)가 발생할 수 있기 때문입니다. 이러한 변동성은 거래하는 금액과 규모가 클수록 위험성이 커지게 합니다. 우리나라는 무역, 금융 시장이 모두 외국과 관련도가 높아 환율 위험에 항상 노출되어 있습니다. 미국 주식투자나 외국 통화 예금은 개인적인 환 위험을 줄이는 방법이 될 수 있습니다.

환율은 두 나라 간의 통화 교환 비율입니다. 과거에는 수출이나 수입 업무를 하지 않는다면 환율을 경험하기 어려웠지만 지금은 누구나 쉽게 경험할 수 있습니다. 환율이 중요한 이유는 다른 요소가 변하지 않더라도 환율 자체의 변동으로 이익과 손해를 볼 수 있기 때문입니다.

환율 개념은 원달러환율을 중심으로 설명하겠습니다. 달러와 원화의 교환 비율을 줄여서 원달러환율이라고 합니다. 보통 1달러를 교환하는 데 우리나라 돈이 얼마가 필요한지로 표시합니다. 예를 들어 1달러=1,400원처럼 표기합니다. 원달러환율이라는 말은 달러 대비 원화의 교환 비율을 줄인 표현이라고 생각하면 됩니다. 좀더 정확하게는 기준이 되는 통화가 앞에 표현되어 달러원환율이라고 해야 하지만 워낙 관습적으로 써와서 원달러환율은 1달러에 얼마의 원화가 필요한지 표기하는 거라고 보면 됩니다.

환율에서 중요한 것은 환율 변동입니다. 환율 변동은 보통 '환율이 올랐다' '환율이 내렸다'로 표현합니다. 이 부분이 가장 헷갈리는데, '올랐다'고 하면 보통 힘이 세진 것으로 생각하지만 환율은 반대입니다.

예를 들어보겠습니다. 1달러에 1,400원이던 환율이 1달러에 1,500원으로 환율(정확히는 원화 교환금액)이 올랐습니다. 원래는 1,400원짜리 물건이 1,500원이 되었다는 것은 달러 가치가 올라간 것으로 달러를 구매하는 원화로서는 추가로 더 줘야 하므로 원화 가치는 내려가게 됩니다. 즉, 표시되는 가격은 올라서 환율이 올랐다고 하지만 원화 가치는 내려갔으므로 '원화 약세'라고 표현합니다.

반대를 생각해보겠습니다. 1달러에 1,400원이었는데 1달러에 1,300원이 되었습니다. 이때 표시금액인 원화의 금액이 내려갔으므로 환율이 내렸다고 표현하지만, 줘야 할 돈은 오히려 줄었으니 원화가치 상승으로 원화 강세라고 표현합니다.

개인으로서는 환율 변동에 따라 큰 이익이나 손해를 인지하기 어렵습니다. 투자의 수익률과 마찬가지로 환율 역시 거래금액이 클수록 미치는 영향이 크기 때문입니다. 수출주도형 국가라 볼 수 있는 우리나라에 환율 변동은 알게 모르게 큰 영향을 미칩니다.

예를 들어 조선업은 배를 만들어 수출하는 업종으로 볼 수 있습니다. 2020년 기준 조선업의 수출실적은 197.5억 달러였습니다. 계산하기 어려우니 그냥 10억 달러로 하겠습니다. 환율을 1달러당 1,400원으로 계산하면 1조 4천억 원이 됩니다. 만약 환율이 1,400원에서 1,300원으로 100원 내리면 1조 3천억 원이 됩니다. 해당 조선사는 가만있었는데 1천억 원이라는 돈이 없어졌습니다.

반대의 경우를 생각해보겠습니다. 환율이 1,400원이었는데 100원 올라서 1,500원이 되었습니다. 조선사는 역시나 아무것도 하지 않았는데 추가로 1천억 원이라는 돈이 생기게 됩니다. 100원의 변동폭이 크다고 볼 수도 있겠지만 10원의 변동폭만 있어도 100억 원의 돈이 늘었다 줄었다 합니다.

현실에서는 단기간에 100원 단위로 움직이는 경우도 별로 없고, 수출이나 수입을 하는 업체들 역시 환율에 따른 위험을 방지하기 위한 여러 가지 장치를 마련합니다. 실제로 1990년대 말 **외환위기** 때 1천 원대 초반에서 유지되던 환율이 2천 원대에 근접할 정도까지 순식간에 오른 적이 있었습니다.

개인 상황에서 환율을 보겠습니다. 외화가 필요한 개인은 해외 상품을 직접 구매하거나 송금하는 경우가 대부분이므로 당연히 원화 강세가 좋습니다. 더 적은 돈으로 동일한 서비스나 상품을 구입할 수 있기 때문입니다. 요즘은 미국 증시에 직접 투자하는 일도 늘고 있습니다. 이때는 전략이 조금 달라집니다. 투자하는 금액이 크지 않더라도 한번 따져보는 것은 필요합니다.

해외 애플 주식(대략 1주에 150달러라고 하겠습니다)을 10주 샀습니다. 필요한 돈은 1,500달러이고 이때 환율이 1달러에 1,400원이라면 필요한 원화는 196만 원입니다. 환율이 올라서 1달러에 1,500원이 되었습니다. 이때 고민이 필요한 4가지 국면이 펼쳐집니다.

1) 애플 주가가 오를 것이다+환율이 오를 것이다

2) 애플 주가가 오를 것이다+환율이 내릴 것이다

3) 애플 주가가 떨어질 것이다+환율이 오를 것이다

4) 애플 주가가 내릴 것이다+환율이 내릴 것이다

이중 명확한 것은 1번과 4번 상황입니다. 1번 상황이면 그냥 가지고 있어야 합니다. 왜냐하면 주가가 오르면서 달러 가치가 오르고 더해서 원화로 다시 바꿀 때 환율이 올라서 돈을 더 받게 되는 이른바 '따블' 상황이니까요. 4번 상황이면 빨리 팔아야 합니다. 주가가 내려서 미국 달러 가치가 떨어지고 다시 원화로 환전할 때 역시 내가 샀을 때보다 더 적은 금액으로 바꾸게 되니 이중으로 손해가 됩니다.

2)와 3) 상황은 고민해야 합니다. 주가가 오를 것 같으면 환율이 다시 오를 때까지 기다리는 전략이 좋은지, 주가는 내리지만 환율이 오르니 그냥 둬야 하는 상황인지. 수학적으로는 '달러 가치 상승 vs. 원화 가치 하락'을 비교해 높은 쪽으로 판단해야 합니다. 이것만 해도 복잡한데 현실에는 문제가 더 있습니다.

실제 환전할 때 매도 환율과 매수 환율을 비교해야 합니다. 당연히 달러를 살 때 환율이 더 높습니다. 손실을 따지려면 내가 구매하는 환율과 팔 수 있는 환율의 갭을 고려해야 합니다. 또 다른 문제는 수수료와 세금입니다. 환율은 어렵지만 피해가기 어려운 문제이니 각자 편한 방법으로 정리하는 것이 필요합니다.

• **외환위기** 외국과 거래하기 위한 외환(주로 달러)이 없어 겪는 경제위기. 우리나라에서는 1997년 외환위기로 IMF에 구제금융을 신청하고 수많은 대기업 등의 도산으로 경제위기를 경험한 일이 있음. IMF사태라고도 함

수출 주력
업종

▌ 정의   2021년 수출 추정 금액 기준으로 수출액이 많은 업종의 순위를 말합니다.

▌ 해석   수출 주도형 산업은 우리나라 경제의 핵심입니다. 어느 기업이 중요한 기업인지, 어느 기업에 투자해야 할지 모를 때 판단하기 위한 데이터로 수출 액수를 살펴보는 것도 한 가지 방법입니다. 수출액이 많고 유지되는 업종일수록 우리나라 경제에 중요한 곳이라 볼 수 있기 때문입니다. 수출 업종은 중장기적으로 계속 변합니다. 앞으로 성장 가능성이 높은 업종과 하락 가능성이 높은 업종을 구분하는 능력도 필요합니다.

우리나라는 수출 주도형 국가로 수출 비중이 상당히 높은 편입니다. 그래서 우리나라 경기가 좋아지는 대표적 방법이 수출을 많이 하는 거라고 아주 단순히 결론 내릴 수 있습니다. 경제 공부나 투자 목적에서 한 단계 더 생각해본다면 어떤 업종이 수출을 많이 하는지, 그 규모는 얼마나 되는지 아는 것도 도움이 됩니다.

이하 내용은 산업연구원에서 발표한(2021. 6) 전망자료를 참고했습니다. 해당 자료에서는 우리나라의 수출 주력업종을 크게 14개로 정의했습니다. 하지만 14개 업종을 다 기억할 필요는 없습니다. 2021년 추정 수출실적을 기준으로 했을 때 4대 업종만 기억해도 초보에게는 큰 무리가 없습니다.

첫째는 누가 뭐라 해도 반도체입니다. 둘째는 자동차, 셋째는 일반기계, 넷째가 석유화학 업종입니다. 이중 첫째와 둘째 업종은 회사 이름까지 떠올릴 수 있을 겁니다. 반도체 산업에서 항상 나오는 두 기업이 삼성전자와 하이닉스입니다. 자동차는 현대기아차가 있는데 일반기계는 잘 안 떠오릅니다.

누구나 알 만한 업종에 알 만한 회사가 있다는 것은 좋게 말하면 우리나라 대표 기업이고, 나쁘게 말하면 쏠림 현상이 심한 겁니다. 석유화학 업종 역시 잘 떠오르지 않을 텐데 생각보다 덩치 큰 석유화학 회사가 많습니다.

숫자로 더 보겠습니다. 13개 업종이 우리나라 수출에서 차지하는 비율은 거의 80%에 육박합니다. 그중에서 4개 업종의 비중은 약 50%, 그중에서도 반도체는 20%를 차지합니다. 우리나라 전체 수출 금액은 약 6천억 달러입니다. 환율을 1천 원으로 환산해도 600조 원입니다. 그럼 다시 간단한 산수를 해보겠습니다. 4개 업종의 비중이 약 50%라고 했으니 300조 원이고 반도체만 120조 원 수출을 달성하고 있습니다.

우리나라 수출액의 약 50%를 차지하는 4대 업종 중에서도 가장 중요한 반도체 업종은 우리나라 전체 수출액의 20%, 4대 업종의 수출액 중에서는 약 40%를 차지합니다. 위에서 말한 4개 업종에 이은 다른 산업군에도 관심을 가지라는 의미에서 소개하면 정유, 철강,

정보통신기기, **조선**, 디스플레이, **바이오헬스**, 섬유, **이차전지**, 가전입니다.

앞으로 경제와 관련된 기사를 보거나 투자 종목을 선택할 때 이들 업종 가운데 골라보는 것이 좋습니다. 업종 관련 뉴스나 자료를 검색해보면 해당 업종의 구체적인 네임드 회사를 쉽게 찾아볼 수 있습니다.

기사에서 왜 삼성전자 이야기가 많이 나오는지 이제 이해가 될 겁니다. 삼성전자라는 기업은 우리나라 주력업종의 대표 중 대표라고 할 반도체로 수출 기여도가 엄청나게 높고, 매출 또한 많이 일으키는 곳입니다. 반도체 외에 갤럭시로 대표되는 스마트폰으로 수출에 엄청난 기여를 하고 있습니다.

참고로 스마트폰 수출은 '정보통신기기 업종'으로 분류됩니다. 현실이 이렇기 때문에 삼성전자라는 기업의 행보는 뉴스에 비중 있게 등장하는 게 당연하고 더불어 해당 기업의 지배구조 역시 관심을 가질 수밖에 없습니다.

이 순위가 앞으로 몇 년간 유지될지는 아무도 모릅니다. 수출 업종 순위와 비슷한 것으로 재벌들의 재계순위 변동이라는 자료가 있습니다. 10년 정도를 주기로 봐도 재벌들의 순위는 많이 바뀌었고, 단지 순위만 변경된 것이 아니라 사라진 곳도 많습니다. 반드시 모든 업종이 다 잘되어야 할 필요는 없겠지만 우리나라 성장을 위해서는 반도체나 자동차 산업에 견줄 수 있는 산업이 더 많이 만들어지는 것이 필요합니다.

사회 초년생이 경제에 관심을 갖는 좋은 방법은 자신이 관여하는 업종이나 관심 있는 업종부터 알아가는 것입니다. 그렇지 않다면 우리나라를 대표하는 가장 유명한 산업부터 알아보는 게 좋겠죠. 기사도 많고 자료도 많이 나와 있으니까요.

- **조선** 선박을 제조·판매하는 업종
- **바이오헬스** 바이오 메디컬+디지털 헬스 산업을 아우르는 말
- **이차전지** 충전해서 재사용할 수 있는 전지. 전기차 산업에 필수적

시가총액 기준
회사들

▌ **정의** 시가총액은 시장에서 평가하는 기업의 가치로 주식수X주가=시가총액입니다.

▌ **해석** 시가총액은 해당 기업의 시장 내 영향력과 일치한다고 봐도 됩니다. 시가총액이 클수록, 전체 주식시장에서 시가총액의 비중이 클수록 해당 기업은 우리나라 경제에 비중 있는 회사라고 볼 수 있습니다. 경제 공부나 투자를 하기 위해 어느 회사가 중요한지 모르겠다면 시가총액 순서로 접근하는 것도 한 방법입니다.

수출액 기준으로 업종을 줄 세우기 할 때 가장 큰 문제점은 수출을 많이 하지 않는 업종과 기업의 중요도는 제외되는 것입니다. 수출이 아무리 중요하다고 해도 수출하지 않는 기업들이 중요도에서 수출기업에 뒤질 리 없습니다. 수출 중심 대기업을 제외하면 어떤 중요한 기업들이 있을까요? 우리가 자주 봐서 크기를 가늠하기 어려운 게 아닌가 싶은데 유통업과 금융업, 소비재, IT서비스 업체 등이 있을 겁니다.

주식투자를 하거나 업종, 기업에 관심을 가질 때 하나의 기준으로 시가총액을 활용하는 것도 좋은 방법입니다. 접근하기 쉬우면서 숫자로 표현된 자료가 시가총액입니다. 몇 가지 문제는 있지만 실시간으로 우리나라 시장에서 차지하는 해당 기업의 위상을 알 수 있습니다.

시가총액은 앞에서 설명했듯이 발행주식수에 주가를 곱한 금액입니다. 이렇게 산출된 시가총액은 주식시장에서 이 기업의 가치를 얼마로 판단하는지 알 수 있는 근거가 됩니다. 그 대신 주가에 연동되어 있어 어느 시점에 체크했는지에 따라 순위나 규모가 상당히 크게 변합니다. 사실 이렇게 극적으로 변하기에 경제 뉴스에 자주 등장하는 소재로 딱 어울립니다.

2021년 10월 5일 기준 시가총액 순위입니다. 1등은 예상대로 약 430조 원의 삼성전자입니다. 2등은 우리나라 제일의 수출효자 종목 반도체에서 삼성전자와 같이 경쟁하는 기업 SK하이닉스로 약 71조 원입니다. 1등과 2등의 격차가 상당히 큽니다. 수출실적에서 쏠림과 의존도가 높은 줄 알았는데 시총으로도 명확하게 나뉩니다. 3등은 모두가 알지만 주식투자를 하지 않는 이들은 전혀 예상하지 못하는 기업으로 약 61조 원의 네이버입니다. Naver라는 포털은 전 국민이 사용합니다. 어느 날부터 검색과 인터넷은 네이버를 빼고 이야기할 수 없게 되었죠.

네이버의 등장과 더불어 우리는 쉽게 두 가지를 더 생각해볼 수 있습니다. 첫째는 모바일에서도 네이버를 쓰긴 하지만 유튜브를 더 많이 쓰는데 유튜브가 네이버보다 시총이 적은 걸까? 둘째는 모바일에서 카카오톡을 가장 많이 쓰는데 카카오는 어느 정도일까? 일단 유튜브는 미국 회사로 우리 증시에 상장되지 않았으니 미국 증시를 살펴봐야겠죠. 카카오는 곧 시총 순위에 등장합니다.

4위는 삼성전자 우선주라는 종목입니다. 우선주는 의결권이 없는 대신 배당을 더 많이 받아갈 수 있는 주식입니다. 5위는 약 54조 원의 **삼성바이오로직스**입니다. 여기서 두 가지를 알 수 있습니다. 첫째, 바이오 산업이 중요한 업종으로 뜨고 있구나. 둘째, 삼성그룹은 엄청나게 큰 기업이구나.

6위가 약 53조의 LG화학입니다. 우리나라 수출 산업 중 석유화학이 크다고 했듯이 LG화학이 이름을 올렸습니다. 사실 LG화학은 석유화학보다 차량용 배터리 때문에 더 중요하게 생각되는 회사입니다. 차량용 배터리는 자동차 산업과 친환경 전기자동차라는 산업의 기반이 되는 중요한 산업입니다. 7위가 카톡으로 대표되는 약 49조의 카카오입니다.

8위는 삼성SDI로 또 삼성입니다. 수출에서 반도체 이후 두 번째로 덩치가 컸던 자동차 회사는 이제 등장합니다. 9위는 약 41조 원의 현대차, 10위는 약 31조 원의 기아차가 차지합니다. 자동차 회사의 수출 물량은 두 회사를 합산한 것이니까요. 오너가 같은 두 회사가 한 회사라고 생각해서 시총을 합치면 약 72조 원으로 우리나라 시총 2등 자리를 놓고 SK하이닉스와 다투게 될 겁니다.

시총은 항상 수치가 달라지므로 순위 변동이 훨씬 자주, 빈번하게 일어납니다. 특정 기업의 이슈에 따라 많이 변동하고, 우리나라 경제상황에 따라서도 많이 출렁거립니다. 물론 10대 기업 안에서 순위 변동은 자주 일어나지 않으므로 뉴스에 등장하는 소재가 됩니다. 변동성이 있음에도 충분히 살펴볼 만한 기준이라고 생각합니다. 주식투자에 관심이 있다면 시총 기준으로 살펴보는 것도 좋은 접근법입니다.

대표적인 사례가 2022년 초 있었습니다. LG화학에서 이차전지 분야를 분할해 상장한 LG에너지솔루션이라는 회사가 2022년 5월 말 기준 시가총액 기준 2등 기업이 되었습니다. 앞으로 전기자동차가 현재의 내연기관 자동차를 대체할 것으로 예상되니 전기자동차에 들어가는 배터리 수요가 늘어나겠죠. 이런 이유로 LG에너지솔루션은 상장하자마자 시총 기준 2위를 지키고 있습니다.

• **삼성바이오로직스** 바이오 의약품 시장의 주력인 동물세포 기반 항체의약품을 전문으로 생산하는 바이오 CMO(위탁생산) 업체. 삼성그룹의 계열사

반도체,
현대 산업의 필수템

▌ **정의**   반도체: 현대 산업의 필수템입니다.

▌ **해석**   우리나라 기준 압도적인 수출 1위, 시총 1위 기업의 주력 제품입니다. 잘되든 안 되든 우리나라 경제에 영향을 미칩니다. 또 반도체는 현재 우리가 사용하는 모든 기기에는 거의 다 들어갈 정도로 중요한 품목으로 향후 경쟁과 중요도는 계속될 게 분명합니다. 기사에도 자주 등장하고 투자자로서도 가장 중요한 회사이자 업종입니다.

반도체 산업에 특별히 관심을 가져야 하는 이유는 우리나라 기준에서 현재 압도적인 수준으로 큰 경제적·산업적 영향력이 있기 때문입니다. 수출실적에서도 우리나라 수출액의 20%를 차지하며, 주식시장 시총 순위에서도 상위권에 있는 회사가 반도체 관련 회사입니다. 현재 시점에서도 반도체를 알아야 하지만 향후 성장이 기대되는 4차산업에서도 반도체는 필수적으로 사용될 부품이므로 미래에도 중요한 아이템입니다. 그래서 반도체는 꼭 알아둬야 합니다.

반도체와 관련된 기본 개념을 간단히 정리해보겠습니다. 반도체의 정의는 전기가 통하는 도체, 전기가 통하지 않는 부도체의 중간 성격으로 필요에 따라 흐르게 할 수도 흐르지 못하게 할 수도 있는 성질을 가진 물질입니다. 개념은 이렇지만 모든 전자기기에 들어가는 필수 부품이라고 생각하면 더 쉽습니다. 간단한 전자시계부터 복잡한 슈퍼컴퓨터나 인공지능, 빅데이터, 스마트폰 등 우리가 생각할 수 있는 거의 모든 전자제품에는 다 들어갑니다.

중요한 반도체 시장과 관련된 내용으로 메모리 반도체와 비메모리 반도체가 있습니다. 메모리 반도체의 대표 상품이 D램과 낸드 플래시입니다. 데이터 저장과 관련이 있는 제품입니다. 비메모리 반도체는 시스템메모리라고도 불리며 연산이나 제어목적의 반도체로 CPU, 이미지 센서 등이 여기에 해당합니다. 전체 반도체 시장을 100으로 보았을 때 비메모리가 70, 메모리가 30 정도 됩니다. 삼성전자는 메모리 분야 1등 업체입니다. 삼성전자가 계속 비메모리 분야에 진출해야 한다는 이야기가 나오는 이유이기도 합니다.

반도체 품질이나 성능을 표현할 때 자주 나오는 단어가 '나노'입니다. 얼마나 조밀하게 회로를 제작하느냐는 것입니다. 쉽게 수도 배관폭이라고 생각하면 됩니다. 수도관이 좁아져도 물을 같은 양 보낼 수 있다면 좁을수록 좋겠죠. 수도관 폭이 좁을수록 더 높은 기술을 가졌다고 보면 됩니다. 즉, 나노는 숫자가 낮을수록 좋은 것입니다. 현재 삼성전자는 7나노 수준입니다.

위의 설명이 반도체의 속성과 성질에 따라 나눈 거라면 반도체 제작 공정과 관련해 나누는 분류가 있습니다. 반도체를 설계하는 사람이 있을 테고, 반도체를 만드는 사람이 있을 겁니다. 반도체 기업을 크게 두 가지로 분류해서 보기도 합니다. 팹리스(fabless) 업체는 설계를 합니다. 단어 뜻 역시 공장(fab)이 없다(less)는 것입니다. 이렇게 저렇게 만들면 반도체 효율이 높아질 것이라고 설계도를 그리는 회사들입니다. 대표적으로 퀄컴, 엔비디아, 브로드컴 등이 있습니다.

설계하는 곳이 있다면 만들기를 전문으로 하는 회사도 있을 겁니다. 그런 회사들을 파운드리(Foundry)라고 합니다. 일종의 제작 장인들이죠. 이 시장이 현재 삼성전자가 진입한 곳입니다. 1등은 대만의 TSMC이고 2등이 삼성전자입니다. 최근 미국에서 반도체 공장을 미국에 짓게 하려는 경향이 있는데, 이때 TSMC와 삼성전자 모두 초청을 받고 있습니다. 중국에서는 당연히 대만을 자기네 나라라 생각하므로 TSMC에 영향력을 행사합니다. 반도체 시장에서 미·중 대결 구도를 보는 것도 현재 경제 이슈의 중요한 소재 중 하나입니다.

설계와 제조 둘 다 해도 되지 않을까요? 이를 종합반도체 기업이라고 하는데, 인텔과 삼성전자 모두 해당합니다. 하지만 아직까지 전체 시장에서 영향력은 크지 않습니다.

앞으로 반도체가 더 필요해질 거라는 사실은 모든 사람이 알고 있습니다. 그렇다면 현재 세계 경제를 쥐고 있는 미국과 중국에서는 남에게 계속 맡겨놓는 것보다 자기들 나라의 기업이 주도하는 것이 낫겠죠? 특히나 중국은 정부 주도로 밀어붙이는 중입니다. 반도체 시장의 경쟁이 녹록지 않을 거라는 뜻입니다.

우리나라로서는 삼성전자와 하이닉스로 대표되는 반도체 기업이 잘되는 것이 나쁠 게 없습니다.

하지만 반도체에만 의존하는 것이 안전할 리 없습니다. 지금은 삼성전자가 반도체 1등 기업이라고 하지만 삼성전자는 제가 어렸을 때만 해도 반도체를 만들지 않았고, 제가 젊었을 때는 반도체 산업의 후발주자였습니다. 삼성전자가 지금은 적어도 메모리 분야에서는 1등이라고 하지만 한 세대가 흐르기 전에도 시장은 급변하므로 앞날은 어떻게 될지 늘 관심 있게 지켜봐야 합니다.

• **나노** 10억분의 1을 나타내는 접두어로 반도체 공정에서는 nm으로 표기

자동차+
모빌리티

▌정의 자동차: 전통적인 내연기관 중심의 자동차에서 친환경 자동차로 이전되고 있습니다.

▌해석 잠시 유행이 아닌 트렌드가 바뀌는 시대에는 궁극적인 목적지를 생각하는 것이 좋습니다. 전기자동차의 확대는 탄소중립이라는 트렌드 변화로 촉발되고 있습니다. 세계는 지금 친환경에 맞도록 산업도 바뀌고 있습니다. 그 안에서 자동차 산업의 변화를 같이 바라보는 것이 좋습니다. 단기적으로는 어떤 배터리를 사용할지, 어떤 연료가 친환경인지, 4차산업은 자동차 산업과 어떻게 연계될지 살펴봐야 합니다.

전통적으로 자동차 산업은 '제조업의 꽃'이라고 불렸습니다. 그 이유는 자동차에 인류의 모든 제조기술이 한꺼번에 집약되어 있기 때문입니다. 심장이라 할 엔진, 자동차 뼈대와 외장과 내장을 각각 달리 만들어야 하는 철판과 플라스틱 제품의 발전, 보는 맛과 사용하는 맛을 궁극으로 끌어올리는 디자인, 안전과 승차감을 동시에 살리는 기술력, 조립의 자동화, 하나의 자동차를 만들기 위한 수많은 협력업체의 부품 조달과 이를 안정적으로 살리는 물류 등 자동차 산업이 안정적으로 굴러가려면 한 나라의 제조능력이 집약되어야 했습니다.

이런 자동차 회사에 큰 변화가 오고 있습니다. 제조업의 집약에서 첨단기술의 집약으로 바뀌는 트렌드에 있습니다. 친환경 정책으로 전기차가 급성장한 것입니다. 내연기관의 종말이라고도 하는 이유가 바로 자동차의 심장인 엔진이 바뀌기 때문입니다. 내연기관 엔진은 석유를 넣어 연소시켜 발생하는 힘을 이용해 자동차를 움직입니다.

결국 자동차의 효율은 엔진의 설계능력이라고도 볼 수 있었습니다. 하지만 석유나 석탄을 사용하면 탄소가 배출되어 환경이 오염됩니다. 그러다보니 친환경이 대세가 되어 전 세계적으로 친환경으로 향하는 중입니다.

대표적으로 EU에서는 2035년까지 탄소배출이 0인 자동차만 판매가 가능합니다. 미국도 점점 구체적이고 강한 정책을 추진합니다. 결국 완성차 업체들은 어떻게든 내연기관 자동차의 생산은 줄이고 친환경 자동차로 바꿔야 합니다. 사람들이 아직까지 차를 포기할 리는 없으니까요.

친환경 자동차도 엔진 대신 모터를 움직이는 방식에 따라 배터리 전기 자동차(Battery Electric Vehicle), 플러그인 하이브리드 자동차(PHEX), 수소전기자동차(Fuel Cell EX) 등으로 나뉩니다. 우리나라에서는 수소전기차에 힘을 쏟고 있습니다.

전기자동차의 선두주자 테슬라가 선보인 자동차의 혁신은 엔진에서 끝나지 않고 모빌리티를 사람들에게 보여주었습니다. 모빌리티의 사전적 정의는 이동성, 유동성이지만 요즘에는 사람들의 이동을 편리하게 해주는 서비스나 기술을 일컫는 말로 쓰입니다. 자동차는 움직이기 위해 만들어진 물건이니 '자동차+모빌리티'의 결합은 아주 자연스럽고 호흡이 딱 맞는 조합입니다.

대표적인 모빌리티 서비스는 '자율주행'입니다. 영화에서 보던 일이 조만간 현실에 나타날 가능성이 높아졌습니다. 자율주행만큼은 아니지만 차를 운전하는 동안 할 수 있는 일들에 무엇이 있는지 생각해볼까요?

전화통화는 당연하고 문자메시지뿐만 아니라 각종 정보를 자연스럽게 전달할 수 있습니다. 내비게이션에서 담당하지만 그보다 더 적극적이고 운전자 맞춤형인 정보를 제공하게 됩니다.

이런 일은 자동차 회사 혼자 할 수 있나요? 그렇지 않습니다. 모빌리티 서비스가 제대로 구현되려면 AI라는 인공지능 서비스와 **빅데이터**를 처리할 수 있어야 합니다. 처리만 한다고 해서 되지 않고 엄청난 정보를 실시간으로 주고받을 통신기술도 필요합니다. 지금은 5G지만 더 발전해야 합니다. 결국 플랫폼회사와 통신회사가 결합되어야 합니다. 그래서 자동차회사와 포털, 통신사 간 합종연횡은 앞으로 더 자주 일어날 겁니다.

마지막으로 민간에서 하기는 어려워 정부 지원이 필요합니다. 가장 쉽게 떠올릴 수 있는 것이 전기 충전소 설치입니다. 수많은 주유소를 경제적 타격을 최소화하면서 줄이고, 수많은 전기 충전소를 사회적 물의를 최소화하면서 늘려야 합니다. 전기차 보조금을 늘려서 전기차를 구매하도록 유도해야 하고, 완성차 업체에서 근무하던 사람들이나 협력업체들의 전환도 신경 써야 합니다.

자동차 산업만 잘 봐도 최근 비약적으로 발전하는 모든 기술과 트렌디한 업종의 변화를 따라갈 수 있습니다.

- **AI** 인공지능(Artificial Intelligence). 인간의 학습이나 판단 능력을 구현한 프로그램 기술
- **빅데이터** 기존 데이터 대비 방대한 수준의 정형화되지 않은 데이터
- **5G** 5 Generation(세대) 통신기술. G(세대)가 올라갈수록 처리 속도가 빨라짐

경제가 계속 성장하려면 미래 먹거리가 중요합니다. 기술과 환경이 바꾸는 미래 산업을 알아보겠습니다. 인공지능, 빅데이터로 대표되는 4차산업, 최고 수준의 인터넷 속도로 스마트폰 산업을 뒷받침하는 5G, 젊은 세대 필수품이 된 OTT와 구독경제, 가상과 현실의 구분이 모호해지는 메타버스와 블록체인 기반의 NFT 관련 시장이 예측하기 어려울 만큼 커지고 있습니다. 마지막은 기후변화로 촉발된 ESG입니다. ESG가 중요한 이유는 정부와 기업의 미래 성장에 직접 영향을 미치게 될 세계적 정책이기 때문입니다.

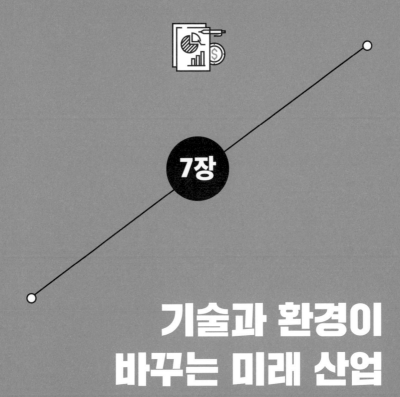

7장

기술과 환경이
바꾸는 미래 산업

4차산업과
정보통신기술

| 정의 | "디지털혁명인 3차 산업혁명에 기반을 두며 디지털(digital), 물리적(physical), 생물학적(biological)인 기존 영역의 경계가 사라지면서 융합되는(fusion) 기술적인 혁명"-세계경제포럼(WEF) 회장 클라우스 슈밥(Klaus Schwab) |
| 해석 | 명확한 정의는 지금도 변하고 있습니다. 일반적으로 인공지능기술, 사물인터넷, 빅데이터 등 정보통신기술(ICT)과 융합해 혁신적인 변화가 일어나는 것을 말합니다. 기사에 많이 등장하지만 옥석을 가려야 합니다. 트렌드에 따라 온갖 것에 트렌디한 단어를 붙이는 경우도 많기 때문입니다. 진짜 기술을 가진 곳, 진짜 변화를 가져올 곳을 알아내는 것이 실력입니다. |

　　4차 산업혁명을 4차산업으로도 부르곤 합니다. 4차 산업혁명의 정의는 다보스포럼 회장 클라우스 슈밥이 2017년 정의한 것으로, 이후 우리나라 언론과 경제 전반에서 많이 거론되고 있습니다. 아직 4차산업의 정의가 명확하고 깔끔하게 나와 있다고 보기는 어렵습니다. 대략 이러이러한 것이 아닐까 하고 얘기합니다. 그러니 4차 산업혁명에서 나온 4차산업이라는 기사를 볼 때는 '새로운 기술을 기존 사업 모델에 접목했다' 정도로 생각하는 것이 좋습니다.

1차 산업혁명은 증기기관으로 대표되는 기계화 혁명입니다. 증기기관을 발명하기 전까지는 모두 수작업으로 한 땀 한 땀 작업했지만 증기기관이 장인이나 사람의 일을 대체하기 시작했습니다. 2차 산업혁명은 19~20세기 초에 일어난 전기에너지 기반의 대량생산 혁명입니다. 증기기관이 사람 일을 대체했다면, 대량생산 혁명은 기계가 전면으로 나서며 사람의 능력을 벗어난 수준의 물량을 쏟아냅니다.

3차 산업혁명은 20세기 후반의 컴퓨터와 인터넷 기반 지식정보 혁명을 말합니다. 이 혁명은 지금 우리도 체감하고 있습니다. 컴퓨터, 특히 인터넷이 없을 때 우리는 무엇을 하면서 살았는지 상상하기 힘들 정도로 변화를 경험하고 있습니다. 4차산업은 지식정보 혁명으로 갖춰진 기반에 인공지능(AI), 사물인터넷(IoT), 빅데이터(Big Data) 등 정보통신기술을 융합해 혁신적인 변화를 만들어내는 것을 말합니다.

이렇게 새로운 정의나 단어가 나올 때 명확한 뜻을 알면 학문적·지적으로는 좋을지 몰라도 투자나 경제를 파악하는 쪽에서는 크게 중요한 것 같지 않습니다. 새로운 정의나 개념이 등장하면 뉴스에서나 사업을 하는 사람들은 모두 해당 변화나 개념에 부합된다고 주장하기 때문입니다. 또 그렇게 주장해야 더 많은 사람이 궁금해서 기사를 읽고, 투자하는 사람들이 달리 바라봅니다.

우리나라에서는 인공지능(AI)과 빅데이터, 사물인터넷 등이 주력으로 뜨고 있습니다. 따라서 기사나 뉴스 또는 어떤 기업의 서비스와 주장을 볼 때 오히려 정말 해당 기술을 가지고 있는지, 해당 기술로 정말 드라마틱한 변화를 일으키는지 판단하는 능력이 필요합니다. 예를 들어 새로운 서비스에서는 AI가 등장하지 않는 곳이 없습니다. 포털의 뉴스 배열에도 인공지능이 등장하고, 음악이나 영상 콘텐츠를 소비하는 서비스에도 인공지능이 등장합니다. 과장해서 말하면 인공지능은 인터넷 서비스의 기본사항처럼 되었습니다.

빅데이터 역시 인공지능과 짝을 이루는 단어로 빈번하게 등장합니다. 빅데이터의 정의도 분명하지 않습니다. 사람이 수작업으로 처리하기 어려운 수준의 데이터가 아니라 일반적인 프로그램이나 컴퓨팅 능력으로 처리하기 어려운 대용량 수준의 데이터를 의미합니다.

가장 많이 등장하는 빅데이터의 예는 카드 사용이라고 할 수 있습니다. 모든 카드 사용자의 카드 내역을 모았다고 생각해보세요. 카드 사용 내역으로 어떤 물건을, 얼마에, 언제, 어디서 샀는지 알 수 있습니다. 이러한 카드 사용 내역에 사람이라는 변수를 곱하게 됩니다. 사람을 구분해보면, 어느 지역에 살고 있고, 성별이 무엇이고, 나이가 어떻게 되고, 평소에 얼마를 카드로 쓰는지 등을 알 수 있을 겁니다.

빅데이터가 중요한 것은 이렇게 많은 데이터를 모았다는 게 아니라 모은 데이터를 잘 조합해서 의미 있는 내용을 뽑아내기 때문입니다. 예를 들어 30대 남성 중 스포츠에 관심이 적은 사람들은 인터넷 쇼핑으로 상당히 많은 물건을 사더라 하는 식의 가설을 세워 사업을 더 고도화할 수 있습니다.

사물인터넷 이야기도 많이 나옵니다. 우리나라에서는 사물인터넷이라는 말보다 VR, AR 같은 단어와 원격진료 이야기로 더 많이 나옵니다. VR은 가상현실이고 AR은 증강현실입니다. 쉬운 예로 안경보다 큰 장치를 쓰고 게임을 즐기면 VR, 박물관이나 미술관에서 작품을 찍으면 설명이 나오는 것은 증강현실이라고 생각하면 됩니다.

부동산에서도 이제 직접 집을 보러 가지 않고 물건을 확인하라는 식으로 우리 삶으로 들어오고 있습니다. 원격진료는 거창하게 수술이라고 생각하지 말고 스마트워치를 떠올려보세요. 스마트워치로 심장 박동수를 재고, 수면상태를 체크하고, 운동내역을 기록하는 것도 모두 사물인터넷과 결합된 형태의 서비스입니다.

자율주행도 있고 핀테크도 있습니다. 어려울 때는 모든 것을 알려고 하지 말고 관심 있는 것부터 차근차근 읽어나가세요. 모든 것을 알 수 없고 모든 것을 알 필요도 없습니다. 하지만 경제적 관점에서 새로운 개념과 산업으로 구분되고 언론에 노출된다면 해당 산업에 돈이 모이고 있다는 정황증거가 되니 외면해선 안 됩니다.

5G 그리고
핀테크

▍**정의**   5G: 5세대 이동통신 서비스를 의미합니다. ITU가 정의한 5G는 최대 다운로드
            속도가 20Gbps, 최저 다운로드 속도가 100Mbps인 기술을 의미합니다.
            핀테크: 금융(Finance)과 기술(Technology)의 합성어로 금융과 IT의 융합에 따
            른 금융서비스와 금융산업의 변화를 통칭합니다.

▍**해석**   5G는 처리할 수 있는 용량과 속도가 대폭 증가되어 4차산업의 주력사업으로 꼽
            히는 가상현실, 자율주행, 사물인터넷 등을 구현하기에 적합합니다.
            핀테크로 인터넷 전문은행과 페이서비스, AI기반 투자 등이 커지고 있습니다.

경제기사에 관심을 두기 시작할 때는 해당 용어의 정의를 파악하는 것도 중요하지만 기술이나 혁신이 어떤 산업에 영향을 미칠지 살펴보는 게 좀더 유용합니다. 기술에 대한 이해도가 낮은 상황에서 기술의 정의를 알려고 노력하기보다는 해당 기술의 발전으로 변하게 될 산업을 추측하는 것이 일반적으로 접근하기에 쉽기 때문입니다.

5G 서비스의 개념으로는 처리할 수 있는 데이터의 양이 대폭 늘어나고 속도가 빨라졌다는 점에 주목하면 좋습니다. 고용량 데이터

를 실시간으로 주고받아 **가상현실(VR)**이나 **증강현실(AR)**을 구현하는 데 용이해집니다. 그래서 우리나라 이동사에서는 5G 서비스를 적용할 때 모두 VR, AR 관련 서비스를 주력으로 프로모션했습니다. 예를 들어 실제 영상과 유사한 수준으로 화면에 아이돌이 등장해 아이돌 춤을 따라 배울 수 있는 서비스라든지, 프로야구 중계를 볼 때 다양한 앵글로 즐길 수 있다는 식으로 말입니다.

운전자 없이 자동차의 인공지능이 알아서 운전하는 자율주행은 아직 상용화했다고 보기 어렵지만 조만간 다가올 미래라고 보는 게 맞습니다. 자율주행을 하려면 상당한 양의 데이터를 실시간으로 전달받고 처리해야 합니다.

사람이 직접 운전하는 것을 생각해보면 눈으로는 계속 전방을 주시하면서 옆에서 끼어드는 차가 없는지 살펴야 하고, 앞 차가 멈추면 발로 브레이크를 밟고 움직이면 액셀러레이터를 밟아야 합니다. 동시에 회전이나 차선을 바꿀 때는 손으로 휠을 조정해야 합니다. 운전이라는 행동을 하려면 사람이 하는 모든 일을 해결해야 합니다. 카메라와 레이더가 눈 역할을 하고 여기서 수집된 정보를 사람 두뇌가 판단하는 속도로 판단해 페달과 휠을 실시간으로 조정해야 자율주행이 가능해집니다.

사물인터넷은 대용량 데이터를 빠르게 처리한다기보다는 제어하고 관리해야 하는 기기들과 명령이 급격하게 증가하는 것을 의미합니다. 물리적으로 대폭 늘어난 기기들을 관리하려면 고용량의 데이터 전송과 속도 처리가 필요합니다. 사물인터넷 역시 앞으로 늘어날 것입니다. 침대에 누워 책을 보다가 불을 끄려고 다시 일어나는 것은 매우 귀찮은 일이잖아요. 누워서 말로 '불 꺼'라고 하는 경험을 하면 다시 돌아가기는 어려울 겁니다. 불 끄는 일은 매우 제한적인 예시이고 상상하면 할수록 다양한 서비스가 출시되겠죠.

핀테크는 금융에 기술이 접목되는 것입니다. 기술과 금융이 접목되기에는 간극이 매우 큽니다. 금융은 사람들의 돈이 관련되어 있으므로 약간의 위험도 민감하게 생각하며 가장 보수적으로 운영되는 산업입니다. 반면 IT산업은 약간 실수가 있고 부족하더라도 나아가야 할 방향으로 실험적인 행동을 하는 산업입니다. 그래서 이 둘의 만남은 어찌 보면 매우 흥미진진한 일입니다. 가장 보수적인 산업과 가장 진보적인 산업이 만났을 때 시너지가 나면 산업에 대대적인 변화가 일어나게 됩니다.

가장 대표 사례가 인터넷 전문은행 카카오뱅크의 상장 결과입니다. 카카오뱅크는 상장하자 단숨에 우리나라 최고 금융기업에 육박하는 시총을 보였습니다. 카카오뱅크의 성장은 IT기술이 긍정적으로 적용되면 어떤 결과가 나오는지 보여주는 사례입니다. 카카오뱅크 외에 토스도 상장을 준비하고 각종 페이서비스도 광범위하게 사용되고 있습니다.

기술기반 회사들이 앞서 나가면서 보수적인 기존 금융사도 많은 변화를 보이고 있습니다. 대표적인 것이 한 은행에서 다른 은행 계좌를 모두 관리한다든지, 큰 금액이 아니면 인증서가 사라지고 있습니다. 하지만 장밋빛만 있지는 않을 겁니다. 분명 어느 시점에 보안과 관련된 문제가 불거질 가능성이 여전히 상존하지만 큰 흐름은 정해졌다고 봅니다. 핀테크는 은행권뿐만 아니라 투자에도 확장하고 있으며 펀드매니저라는 사람이 아니라 AI기반 투자회사도 지속적으로 시장에 등장하고 있습니다.

새로운 기술이 나오면 기술에 대한 이해도와 일반 이용자의 수용도를 같이 살펴야 합니다. 혁신적인 기술이라도 사람들이 수용하지 않으면 사장되거나 한참 뒤로 밀립니다. 반면 일반 이용자가 사용한다면 일부 기술적인 위험이 보이더라도 시장은 커지게 됩니다. 시장이 커진다는 의미는 검증된 유력한 사업자가 생기기 전까지 수많은 후보기업이 등장한다는 뜻이기도 합니다.

투자자로서는 수많은 후보자 중 누가 끝까지 살아남을지 판단해야 합니다. 남보다 한 발 빨리 옳은 판단을 하면 큰 성과를 얻겠지만 틀린 판단을 하면 고스란히 손해를 봅니다. 판단의 주체는 결국 본인이 되어야 하고, 판단 근거는 꾸준한 정보 습득에서 비롯합니다.

- **가상현실**(Virtual Reality). 가상세계에서 사람들이 실제와 같은 체험을 하도록 구현하는 기술
- **증강현실**(Augmented Reality). 현실세계에 가상의 데이터나 이미지를 덧붙여 구현하는 기술

OTT와
구독경제

▌ **정의**　OTT: 개방된 인터넷망을 이용해 방송, 영화 등 미디어 콘텐츠를 제공하는 서비스입니다.
구독경제: 유료회원으로 가입해 월 이용료를 지급하는 구독료 기반의 비즈니스입니다.

▌ **해석**　OTT는 대표적인 구독경제 모델입니다. 따라서 구독경제가 커지는 배경과 어느 분야로 확장될지 살펴봐야 합니다. 구독경제의 또 다른 축은 소비자 개인의 니즈를 정확하게 판단해서 필요한 시기에 필요한 것을 제대로 가져다주는 능력에 있습니다. 이를 위해서는 기술뿐 아니라 사용자 분석이 필요합니다. 구독경제가 확장하는 이유 중 하나는 한번 구독을 시작하면 안정적인 매출이 확보되기 때문입니다. 큰 불만이 없는 이상 한번 구독하면 계속 이용하는 경향이 있습니다.

　　OTT는 Over The Top의 줄임말로, 단어 그대로의 뜻보다 인터넷망으로 미디어 콘텐츠를 볼 수 있는 서비스를 통칭하는 것으로 이해하면 좋습니다. 단어 뜻은 셋톱박스를 의미하는 Top을 넘어선다는(over) 것입니다. 대표적인 서비스로는 미국 회사 넷플릭스와 우리나라 지상파들이 연합해서 제공하는 웨이브(wave)를 떠올리면 됩니다. 셋톱박스를 넘어선다는 의미는 셋톱박스와 뗄 수 없는 텔레비전뿐만 아니라 스마트폰이나 노트북, 태블릿 등 인터넷이 연결된 모든 기기로 사용할 수 있다는 것입니다. 유튜브도 OTT의 일종으로 구분하기도 합니다.

새로운 기술과 개념의 서비스가 나올 때는 개념을 이해한 다음 엄격한 정의로 이것은 해당하고 저것은 해당하지 않는다고 구분하는 것보다 자유롭게 자기 개념에 맞게 바라보는 게 더 좋습니다. 그 이유는 최근 4차산업이나 새로운 개념의 서비스들은 모두 융합을 기본으로 해서 하나의 틀로 바라보면 해석이 잘 안 될 수 있기 때문입니다.

OTT 서비스는 텔레비전에 묶였던 사람들이 이용 행태에서 벗어나게 해주었는데, 그 기반은 인터넷입니다. 앞서 얘기한 5G로 대표되는 이통망과 인터넷망의 속도나 환경 변화가 큰 도움이 되었다는 것은 잘 알 겁니다.

망으로 볼 때는 초고속 인터넷망과 초고속 이통망의 속도가 빨라진 덕분이라면 애플의 아이폰이나 삼성의 갤럭시로 대표되는 스마트폰의 확산 역시 중요한 환경요인 중 하나입니다. 아무리 전달할 수 있는 망이 있어도 사람들이 그 망에 연결해 볼 수 있는 디바이스인 스마트폰을 가지고 있지 않으면 확대되지 않았을 테니까요. 전달망도 갖추게 되었고, 전달된 콘텐츠를 개인별로 볼 수 있는 디바이스도 보급되었다면 중요한 것은 콘텐츠입니다.

예를 들어 개인별로 모두 접시를 가지고 있고 음식을 배달해줄 배달서비스도 완료되었는데 음식이 없다면 말짱 도루묵이 되겠지요. 넷플릭스에서 엄청난 비용을 투자해 콘텐츠를 자체 제작하는 이유가 바로 이것입니다. 기존에 지상파나 케이블TV 등 거대 방송사에서 만들어내는 콘텐츠의 수량이나 영역이 부족했으므로 더 다양하고 많은 콘텐츠를 생산하려고 공격적으로 콘텐츠 제작에 뛰어들었습니다.

넷플릭스와 달리 이용자들이 자발적으로 만들어내는 영상이 주가 되어 만들어진 거대 서비스가 유튜브라고 할 수 있습니다. 산업적 측면에서 보면 영상 제작은 거대한 기업의 역할에서 혼자서도 만들어낼 수 있는 수준으로 진입장벽이 많이 낮아졌습니다.

OTT 서비스는 **구독경제**의 대표 모델 중 하나입니다. 구독경제의 가장 쉬운 예는 과거 종이신문 배달 서비스입니다. 요즘 종이신문 배달 서비스는 사양산업이 되었지만 구독경제는 새롭게 떠오르는 비즈 모델로 진화하고 있습니다. 달라진 내용은 크게 배달 환경 변화와 이용 콘텐츠의 속성이라고 봅니다.

OTT가 활성화하는 데 중요한 배경이 된 인터넷망과 스마트폰의 보급으로 사람들이 필요로 하는 콘텐츠는 다양하고 접근하기 쉬워졌습니다. 영상 측면으로 접근하는 것이 OTT 서비스라면, 음악을 듣고 싶은 사람들의 수요를 채우는 것이 멜론으로 대표되는 음악 스트리밍 서비스입니다. 이외에 책을 읽고 싶어하는 사람들의 수요를 대체하려는 서비스가 '무제한 구독'을 내세운 '밀리의 서재' 서비스입니다.

구독서비스는 내 필요에 따라 적절한 시점에 원하는 필요를 채워준다는 측면으로 보면 읽고 보는 것뿐만 아니라 먹거나 쓰는 제품도 가능하다는 생각을 할 수 있습니다. 예를 들어 면도기를 배달해주거나 전통주, 세탁 등 다양한 영역으로 확대되고 있습니다. 이러한 구독서비스의 원조는 정수기 업체가 아닌가 합니다.

OTT 서비스나 구독서비스가 활성화한 이유를 기술·인프라 측면 외에 사람들의 기본 속성에서도 생각해볼 수 있습니다. 매스미디어로 대표되는 콘텐츠 소비 행태는 철저하게 공급자 중심 시장이었습니다. 소비자는 주는 것을 소비하든지 아니면 소비하지 않든지 두 가지 선택지밖에 없었습니다.

OTT 서비스가 바꾼 결정적 장면은 '몰아보기'라고 생각합니다. 편성이야말로 방송사의 가장 큰 무기였지만 편성권이라는 권력이 소비자에게 넘어왔습니다. 소비자들은 이제 편성시간을 알려고 하지 않습니다. 내가 필요할 때 알아서 보면 됩니다. 어느 쪽이 사람들에게 더 매력적인지는 고민할 필요도 없습니다.

음악이나 책도 마찬가지입니다. 고민하다가 하나를 사려고 돈을 지불했다가 마음에 들지 않는 위험을 충분히 상쇄하게 됩니다. 내가 좋아하는 음악이면 계속 듣고 아니면 그냥 닫으면 됩니다. 책도 마찬가지고요. 무제한 서비스와 구독서비스는 결이 조금 다르지만 공통적으로 사람들이 어느 것을 더 좋아하는지 살펴봐야 합니다. 모든 서비스는 환경이 받쳐준다면 이용자의 편의성을 높이는 쪽으로 진행할 수밖에 없습니다.

• **구독경제** 사용자가 일정 기간 일정 금액을 내면 정기적으로 서비스나 상품을 사용할 수 있는 유통서비스를 통칭하는 말

메타버스,
가상세계 제공 서비스

▮ 정의 가상이나 초월을 뜻하는 메타(meta)와 세계를 뜻하는 유니버스(Univers)의 합
성어로 최근 유행하는 가상세계 공간을 제공하는 서비스를 말합니다.

▮ 해석 메타버스는 단순히 즐기는 데서 끝나는 것이 아니라 자체적인 경제활동이 발생
하고 경제활동으로 얻은 수익이 현실로 이어지기 때문에 주목받고 있습니다. 최
근 트렌드는 play to earn입니다. 돈을 벌기 위해 게임을 한다는 뜻으로, 가상세
계의 활동을 수익과 연결하려는 트렌드가 있습니다.

메타버스의 대표 서비스는 미국의 로블록스와 우리나라 네이버
에서 서비스하는 제페토가 있습니다. 인터넷이 한창 성장할 때 사람
들은 인터넷의 연결이라는 측면에 집중했습니다. 그동안 연결이라
고 하면 물리적·지역적·시간적 제약이 있었지만 인터넷은 그런 한
계를 넘어서게 만들었죠. 이 연결은 한 나라뿐만 아니라 전 세계를
관심사 중심으로 연결하기 시작했습니다. 이렇게 연결된 서비스를
SNS(Social Network Service)라고 합니다. 가장 대표 서비스로 페이스

북, 인스타그램이 있습니다.

메타버스 서비스와 기존 SNS의 차이점은 3D기반의 가상공간을 제공하고, 해당 공간에서 놀이뿐만 아니라 경제활동을 한다는 것으로 볼 수 있습니다. 이외에 기존 세대가 만들어놓은 문화보다 항상 새로운 것을 찾는 젊은이의 본능도 있습니다. 젊은 사람이 부모나 직장상사 등 현실에서 상하관계로 엮인 사람들을 인터넷상에서도 동일하게 만나고 싶어하지는 않을 테니까요. 기술 발전도 역할을 했습니다. 앞서 설명한 5G나 VR, AR 등으로 대표되는 기술과 이제는 필수품이 된 스마트폰의 환경이 토양을 마련했습니다.

대표적인 로블록스를 보면 월간 활성 이용자수(MAU)가 1억 5천만 명에 이르고 미국 10대의 절반 정도가 이 서비스를 이용합니다. 기술과 환경의 발전에 젊은이들의 니즈까지 충분히 반영했기에 가능했다고 봅니다.

메타버스가 주목받는 이유는 새로운 세계를 만들었다는 데서 끝나지 않습니다. 이 부분이 중요합니다. 항상 사람들의 주목을 끄는 서비스나 개념이나 기기들은 등장하지만 그중 살아남는 것은 아주 적습니다. 처음에는 단지 신기하다거나 새롭다는 것만으로 주목받을 수 있지만 생존하려면 기존 삶에 변화를 주거나 새로운 가치를 만들어내야 합니다. 새로운 가치 중 가장 확실한 것은 경제적 이득입니다.

로블록스에는 '로벅스'(Robux)라는 전용 화폐가 있습니다. 인터넷 게임을 즐기는 분들은 게임 내에서 가상화폐가 사용된다는 걸 잘 압니다. 로블록스의 특징은 게임 공급자만 제공하고 생산하는 화폐의 거래를 모든 이용자에게 넓혔다는 것입니다. 과거 영상을 만들고 유통하는 일은 방송국에서만 했지만 스마트폰과 유튜브가 결합되자 모든 사람이 쉽게 영상을 만들고 유통하는 방송 역할을 하게 되었습니다.

로블록스 안에서도 로블록스가 제공하는 스튜디오를 이용하면 코딩을 모르더라도 쉽게 게임을 만들고, 해당 게임을 로블록스 이용자에게 제공해 수익을 만들어낼 수 있습니다. 2020년 기준으로 개발자 약 125만 명이 약 3억 3천만 달러를 만들어냈습니다. 이렇게 벌어들인 로벅스는 일정 금액이 되면 실제 돈으로 바꿀 수 있습니다.

이외에 사람이 많이 모이는 것을 활용한 전통적인 비즈니스 모델인 광고도 적용됩니다. 세계의 명품 브랜드에서는 로블록스에서 유통되는 명품 아이템을 만들어 현실의 브랜드 영향력을 가상세계까지 넓히고 있습니다. 네이버 제페토에서도 BTS를 활용한 여러 가지 서비스와 매출을 발생시키고 있습니다.

메타버스가 주목받는 이유는 이처럼 현실과 가상세계가 돈으로 연결되어 있기 때문입니다. 현실세계와 분리되었거나 현실세계를 일부 반영하는 것이 아니라 생산능력을 갖춘 하나의 세계가 만들어져 확장하고 있습니다. 앞으로도 수많은 메타버스를 표방하는 서비스가 등장할 것입니다. 그리고 지금 설명한 것 외에 다른 서비스가 나타날 수도 있습니다.

항상 새로운 것을 살펴보는 것도 중요하지만 이런 변화가 어떤 요인으로 와서 어떻게 진행될지 각자 생각해보아야 합니다. 그래야 돈과 연결할 수 있습니다. 메타버스는 하나의 요인으로 확장하는 것이 아니니까요.

메타버스를 이용해 돈을 벌겠다고 하면 가장 쉽게 생각해서 메타버스 안에 생산활동을 하는 이용자로 참여하는 방법, 메타버스를 서비스하는 회사에 투자하는 방법, 메타버스라는 서비스에 필수적으로 적용되는 기술과 인프라를 제공하는 회사에 집중하는 방법 등 접근 방법은 매우 다양하며 어느 쪽이 가장 효과적일지는 개인의 판단에 따라 다를 수밖에 없습니다. 이렇게 메타버스 외에 여러 가지 이야기를 하는 것은 메타버스가 현재 논의되는 다양한 기술이나 새로운 서비스를 가장 많이, 넓게 적용한다고 보기 때문입니다.

로블록스는 아니지만 메타버스 서비스 내에서는 전 세계적으로 유행하는 블록체인 기반 코인이나 기술을 적용하는 곳도 있습니다. 대표적인 것이 NFT입니다. 디지털상에서는 무제한 복제가 가능하지만 위변조가 불가능한 블록체인 기술을 접목해 디지털로 만들어진 상품이라도 어느 것이 원본인지 가릴 수 있게 해줍니다. 디지털 자산뿐만 아니라 실제 존재하는 미술품이나 예술품도 각각 소유자가 누구인지 구분할 수 있습니다. NFT는 현재 많은 게임회사가 블록체인 기술을 자신들의 게임에 접목해 수익화하는 트렌드가 만들어지고 있습니다.

• **NFT** Non-Fungible Token(대체 불가능한 토큰)이라는 뜻으로 블록체인 기반의 위변조가 불가능한 토큰(증명서/재화)을 만드는 것. 이를 활용해 복제해도 어느 것이 원본인지 증명할 수 있음

ESG/
탄소중립

▌ **정의** 장기적 관점에서 기업의 가치와 지속가능성에 영향을 주는 Environment(환경), Social(사회), Government(지배구조) 등 비재무적 요소를 반영해 기업을 평가한다는 개념입니다.

▌ **해석** 기업 가치를 판단할 때 단순히 매출이라는 재무적 요소뿐만 아니라 친환경, 사회적 책임, 기업 지배구조 개선 등 돈 이외의 요소도 평가한다는 의미입니다. ESG가 중요하게 떠오른 것은 탄소중립 추진이라는 거대한 흐름에 포함되기 때문입니다. 앞으로 기업은 환경적 측면을 고려하지 않고는 특히 선진국 시장에 진출하기 어려워집니다.

요즘 상당히 많은 뉴스에서 기업의 ESG를 강조하고 있습니다. 기업들의 성과를 단순히 매출로만 평가하면 안 된다는 것은 머리로는 알아도 실제로 적용하기는 어렵습니다. 예를 들어 커피를 살 때 어린아이들을 착취해서 생산해낸 값싼 것보다 돈을 조금 더 주더라도 공정무역으로 들여온 커피를 마시는 것이 낫겠다는 생각을 해보거나 실천해본 적이 있을 겁니다.

지구온난화 때문에 지구에서 사는 인류가 더 큰 위험에 직면하기 전에 조금 불편하고 일부 비용을 더 지불하더라도 친환경적 생활을 해야 한다는 데도 어느 정도 동의할 겁니다.

그런데 기업들이 이런 일을 자발적으로 할 것 같지는 않습니다. 모두가 이런 방향으로 가는 것이 좋겠다고 생각하지만 생존하려고 치열하게 다투는 기업들이 다른 이들이 하지 않는데 먼저 손을 들고 우리 기업부터 하겠다고 결정할까요? 기업들이 잘못되었다는 게 아니라 사람이나 기업의 본성을 생각하면 변화 요인이 있다고 보는 것이 더 자연스럽다는 뜻입니다.

세계 금융기관에서는 인류 공동의 지속가능한 발전을 위해 ESG 항목을 평가에 도입하기 시작했습니다. 2000년 영국에서부터 유럽 주요 선진국의 연기금을 중심으로 EGS 정보 공시의무제도를 도입했습니다. 상장기업의 의무 가운데 하나가 공시의무입니다. 기업의 경영활동에 중요한 일이 있을 때 반드시 알리도록 하는 제도입니다. 우리나라에서도 2021년 1월 금융위원회에서 자산 총액 2조 원이 넘는 상장사의 ESG 공시의무화를 2025년부터 시행하기로 했습니다. 2030년부터는 코스피에 상장한 모든 회사로 확대됩니다.

기업에서 가장 현실적으로 느낄 부분은 친환경일 것입니다. 이미 탄소배출권이라는 개념을 도입해 기준을 초과하는 온실가스를 배출하려면 일정 금액을 지불해야 합니다. 우리나라에서도 2015년부터 한국거래소를 통해 거래하도록 했습니다. 기업으로서는 온실가스 배출을 줄이는 기술을 개발하거나 추가 비용을 지불해야 합니다.

일반인에게 직접 와닿는 산업으로는 자동차 산업을 들 수 있습니다. EU에서는 2035년부터는 휘발유나 경유로 운행되는 차량을 판매하지 못하는 정책을 추진 중이고 미국에서도 2030년부터 신차 판매의 50% 이상은 친환경차로 하겠다는 목표를 세웠습니다. 우리나라의 대표적 수출기업 중 하나인 현대기아차가 지속성장을 하려면 이런 변화에 대응하는 것이 필수적입니다.

시장의 변화를 가장 직접적으로 보여주는 주식시장에서는 ESG 공시에 따라 기업들의 희비가 엇갈리게 될 것입니다. 자동차 산업에서는 친환경 자동차용 생산라인을 늘린다거나 고효율 배터리를 생산하는 회사와 전략적 제휴를 맺는 등의 내용을 공시하는 기업이 훨씬 유리한 상황이 될 겁니다. 친환경에 적응하면서 빠르게 변화하는 기업들에는 투자자의 돈이 몰릴 테고 지금은 가장 많은 자동차를 판매하더라도 친환경에 맞는 행보를 보이지 못하는 회사의 주가는 계속 하락하게 되겠죠.

친환경 자동차나 탄소배출과 관련되지 않은 기업에서는 ESG가 뜬구름 잡는 이야기처럼 들릴지도 모르겠습니다. 사회적 책임이 무엇인지, 지배구조를 어떻게 개선해야 하는지 명확하지 않기 때문입니다. 요즘 수많은 회사에서 ESG 경영이라는 뉴스가 나오는 것이 일반적이지 않은 상황이라는 반증입니다. 당연하고 다 아는 내용이라면 뉴스에 나올 일이 없으니까요. 기업들로서는 ESG 경영을 하지 않겠다는 어리석은 말은 하지 않겠지만 티가 안 나는 것보다는 생색내면서 기업의 평판을 높이는 것이 더 현명한 방법일 겁니다.

ESG를 잘한다고 해서 기업이 매출을 많이 낸다는 보장은 없습니다. 사회에서도 인성이 좋은 사람과 돈을 많이 버는 사람이 같지 않다는 걸 경험적으로 알고 있으니까요. 그래서 기업들은 공시로 주식시장에서 기업 평가를 높이는 방법 외에 이른바 선한 행위를 하는 기업을 위해 제도적 지원이나 세금 혜택 등을 정부에 요구할 가능성도 있습니다. 기업에서는 돈보다 더 의미 있는 가치를 우선순위에 두는 행위를 기업에만 지울 게 아니라 사회가 같이 나눠야 한다고 할 테니까 말입니다. 어쩌면 ESG도 하나의 유행처럼 번지다가 형식적인 수준으로 낮아질 수 있습니다.

유행처럼 뉴스가 쏟아져 나오는 ESG 경영이 유행으로 끝나는 게 아니라 실제로 기업과 사회와 인류 전체에 도움이 되는 방향으로 진행되면 좋겠습니다.

・**공시** 사업 내용이나 기업 활동 등을 이해관계자에게 알리는 일. 주식시장에 상장된 기업들은 정해진 바에 따라 공시의무를 지고 있음

경기를 정확히 체크하는 가장 좋은 방법은 공식적으로 발표되는 지표로 점검하는 것입니다. 경제성
장률은 모든 나라에서 중요하게 관리하는 성장 지표입니다. 내수 경제의 활성화 정도를 예측할 수
있는 실업률과 물가 역시 뺄 수 없는 지표입니다. 특히 물가의 비정상적 변동에 따라 발생하는 인플
레이션, 디플레이션, 스태그플레이션은 국민의 실생활과 직접 연관이 있어 더 중요합니다. 정부가
경제에 영향을 미치는 세금과 정부 정책도 간략히 알아보겠습니다.

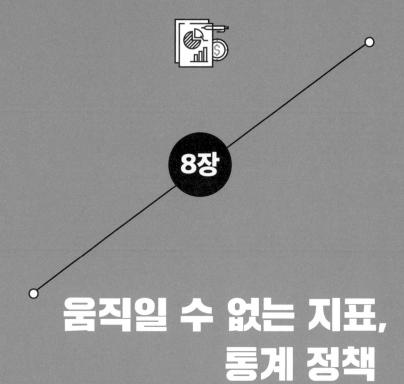

8장

움직일 수 없는 지표, 통계 정책

GDP/
경제성장률

▌**정의**   국내총생산(GDP; Gross Domestic Product)은 한 나라의 영역 내에서 가계, 기업, 정부 등 모든 경제주체가 일정 기간 생산한 재화와 서비스의 부가가치를 시장가격으로 평가해 합산한 것으로 여기에는 비거주자가 제공한 노동, 자본 등 생산요소에 따라 창출된 것도 포함됩니다.(네이버 지식백과 참고)

▌**해석**   한 나라의 밥그릇 크기라고 볼 수 있습니다. 밥그릇 크기가 커질수록 사람들은 더 많은 밥을 먹을 가능성이 높아지는 것처럼 GDP가 증가할수록 경제적으로 좋아진다고 해석할 수 있습니다.

경제기사에서 자주 등장하는 지표 중 하나가 GDP입니다. GDP는 한 국가 안에서 생산된 부가가치의 합을 말합니다. 한 국가 내의 기준이라 외국인이 우리나라에서 생산한 것도 포함됩니다. 어려운 용어가 등장하지만 더 쉽게 한 나라 밥그릇의 크기라고 생각하면 됩니다. 밥그릇이 크다면 더 많은 밥을 먹을 가능성이 높습니다. 경제가 얼마나 커졌는지 측정하는 지표로도 사용됩니다. GDP가 성장했다는 말은 밥그릇 크기가 커졌다고 해석할 수 있습니다. 그렇기에

GDP는 자주 활용됩니다. 막연히 작년보다 먹고살기 좋아졌다고 표현하는 것보다 전년보다 밥의 양이 10% 늘었다고 표현하는 것이 여러모로 더 좋기 때문입니다. 경제성장률은 실질 GDP의 성장률을 의미합니다.

보통 GDP를 이야기할 때는 두 가지와 비교합니다. 하나는 같은 나라의 과거 수치와 비교하고 다른 하나는 비슷한 다른 나라의 수치와 비교합니다. 예를 들어 10%가 늘었다면 좋은 것인지 나쁜 것인지 정확히 알기 어렵습니다. 중국 같은 나라는 일반적으로 두 자릿수 경제성장률을 보였으므로 10%라고 해도 놀랄 일이 아닙니다. 우리나라도 고도 성장기 때는 두 자릿수 성장률을 보였습니다. 반면 선진국이라는 나라들은 대개 1~2% 성장률을 보입니다. 따라서 과거 지표와 비교해보면 좀더 명확하게 수치의 의미를 파악할 수 있습니다. 또 하나의 비교인 다른 나라와 비교하는 것도 필요합니다.

전 세계적으로 경기가 호황이거나 불황일 때 한 나라의 지표만으로는 정확하게 괜찮은지 아닌지 파악하기가 모호합니다. 어떤 사람 키가 한 해에 10cm 자랐을 경우를 생각해보겠습니다. 사춘기를 지나면서 보통은 키가 급격하게 자랍니다. 과거와 비교하면 키가 엄청나게 컸다고 볼 수 있지만 또래와 비교하면 보통 수준일 수도 있습니다.

코로나19 상황에서 우리나라 경제성장률은 매우 낮았으니 우리나라가 못했다고 할 수도 있겠지만 다른 나라와 비교했더니 다른 나라들은 오히려 마이너스 성장도 많았습니다. 이때 우리나라 성장률은 낮더라도 매우 양호하다고 볼 수 있습니다. 우리나라는 보통

OECD 평균과 비교합니다. 비슷한 집단끼리 비교해야 하기 때문입니다.

명목 GDP와 실질 GDP로 구분하기도 합니다. 명목 GDP는 물가상승률을 감안하지 않은 것이고, 실질 GDP는 물가상승률을 고려한 것입니다. 물가가 올랐다는 것은 다른 말로 화폐가치가 떨어졌다는 뜻입니다. 화폐가치가 떨어지면 당연히 동일한 액수의 돈으로 살 수 있는 물건이 줄어듭니다.

우리나라의 경제성장률이 높아졌다 해도 경제성장률 이상으로 물가가 올랐다면 체감 경기는 안 좋아집니다. 물가상승률을 고려하지 않고 작년 수치와 올해 수치를 숫자만으로 비교한 것을 '명목 GDP'라 하고 경제성장률에서 물가상승률을 뺀 수치를 실질 GDP라 합니다.

GDP가 늘어나면 경제가 좋아졌다고 할 수도 있지만 이것만으로는 부족할 수 있습니다. 예를 들어 경제규모가 같은 A나라와 B나라가 있다고 해볼게요. A나라 국민은 100명이고, B나라 국민은 1천 명이라면 A나라 국민이 더 풍족하게 살 가능성이 높습니다. 왜냐하면 한 사람이 누릴 수 있는 부가가치가 B보다 10배 더 크기 때문입니다. 이런 이유로 GDP를 말할 때 인당 GDP를 따지는 것도 필요합니다.

또 다른 측면도 있습니다. 이번에도 경제규모가 똑같은 C와 D라는 나라가 있다고 해보겠습니다. 우연히 두 나라는 국민 수도 각각 100명으로 똑같습니다. 그렇다면 C와 D가 동일한 부가가치를 누린다고 봐야 하겠지만 C나라는 그중 1명이 전체 부가가치의 90%를 가지고 있고, D나라는 골고루 1%씩 가지고 있다면 C나라보다 D나라 국민이 경제적으로 더 풍요로울 것입니다.

처음 경제에 관심을 두었다면 GDP 수치를 정확하게 기억하기보다 전체 흐름을 기억하는 것이 더 도움이 됩니다. 전반적으로 GDP가 오르는 추세인지 내리는 추세인지, 아니면 유지되고 있는지가 더 중요합니다. 또 우리나라뿐만 아니라 우리나라와 비교 대상이 되는 나라들은 어떤지 정도까지는 알아두는 것이 좋습니다. 경제학자가 보고서를 만드는 것이 아니니 정확한 수치를 기억하려고 하기보다 흐름을 보기 바랍니다. 특히 숫자가 일반적 흐름과 달리 튈 때가 있습니다. 이때 왜 튀었는지 알아보는 것으로 충분합니다.

예를 들어 코로나19로 글로벌 경제성장률은 낮아지거나 마이너스 성장이 될 수밖에 없습니다. 이때 한 나라만 유독 경제성장률이 낮아지지 않았다면 이유가 있겠지요. 반대로 코로나19가 통제되고 정상화하는 해의 경제성장률은 매우 높게 나타날 가능성이 큽니다. 이전까지는 코로나19로 낮았을 테니 상대적으로 더 높게 보일 것이기 때문입니다.

• **OECD** 경제협력개발기구(Organization for Economic Cooperation and Development)의 약자로 보통 선진국의 모임이라고 함

실업률/
고용지표

▌정의 실업률: 경제활동인구 중 실업자가 차지하는 비율을 말합니다.

▌해석 실업률은 소비 주체인 가계부문의 소비 역량을 가늠해볼 지표이기 때문에 중요합니다. 실업률이 높으면 돈을 벌지 못하는 사람이 많다는 뜻이니 장기적으로 좋지 않은 상황이 됩니다. 실업률의 통계상 문제를 보완하려고 고용률이라는 보조지표를 같이 사용합니다.

실업률은 경제 주체의 3대 축인 가계의 소비 여력과 직결되므로 중요합니다 경제 주체의 역할을 간략하게 정의하면 기업은 생산, 가계는 소비, 정부는 균형이라고 할 수 있습니다. 가계가 소비할 여력은 사업소득도 있지만 근로소득이 큰 비중을 차지합니다. 실업률이 높다는 것은 소득을 얻지 못하는 가계가 늘어난다는 뜻으로 1차적으로는 소비라는 경제활동이 위축되는 것이고, 2차적으로는 기업의 생산활동이 축소된다는 뜻입니다. 요즘은 기술의 발달로 직접적인 근로자의 노동이 과거보다 많이 약해졌지만 여전히 실업률은 중요한 경제상황 지표로 역할을 합니다.

실업률은 만 15세 이상 경제활동인구 중 일할 능력과 취업할 의사가 있지만 일하지 못하는 사람의 비율입니다. 정의에 따라 일부 왜곡이 발생하기도 합니다. 경제활동인구는 일할 능력도 있어야 하고 취업할 의사도 있어야 합니다. 만약 일할 능력이 있지만 취업할 의사가 없다면 그 사람은 실업률에서 빠집니다. 취업할 의사는 지난 4주간 적극적인 구직 활동을 한 것을 말합니다. 그러다보니 이른바 취업포기자들인 자발적 실업자는 실업률 통계에 잡히지 않습니다. 대학을 졸업하고 취업하려 노력하다 자포자기하면 실질적 실업자인데도 통계에서는 실업자로 잡히지 않습니다.

또한 취업자 기준이 국제노동기구(ILO) 방식을 채택해서 1주일에 1시간 이상 일하면 취업자로 분류합니다. 일반인이 생각하는 안정적 직장과는 거리가 먼 불안정한 상태의 취업이 이어져도 지표상으로는 실업률이 낮게 나오는 겁니다. 이른바 직장·고용의 질이 문제가 되는 겁니다.

학생이나 주부는 원칙적으로 실업률 통계에서 빠집니다. 경제상황이 나빠 취직이 쉽지 않아서 대학원에 진학하면 경제활동인구에서 제외되므로 통계의 왜곡이 발생할 수 있습니다. 또한 전체 인구 대상이 아닌 특정 계층의 실업률이 몰린 경우도 전체 실업률에서는 반영되지 않을 수 있습니다.

이런 통계상 왜곡으로 지표상으로는 괜찮아 보이더라도 실질적으로는 좋지 않아서 이를 두고 정치적 공방이 많이 이루어집니다.

그럼에도 실업률 통계가 여전히 유효한 지표임은 분명합니다. 일시적 왜곡이 있더라도 추세를 볼 수 있기 때문입니다. 실업률의 왜곡을 보정하려고 고용률이라는 지표를 같이 사용하곤 합니다. 15세 이상의 생산가능 인구 중 취업한 사람의 비율을 말하는 고용률은 자발적 실업자나 단기적으로 고용과 실업을 반복하는 사람들로 인한 실업률 왜곡을 보완해줍니다.

실업·고용지표는 향후 경기를 가늠하는 중요 지표이므로 투자자는 눈여겨봐야 합니다. 또 우리나라 지표뿐만 아니라 미국 등 경제적 영향이 큰 나라 지표는 특히 주식시장에서 큰 변수로 작용합니다. 미국 지표가 좋게 나오면 미국 경제의 회복이나 성장을 추정할 수 있어 미국 증시가 오르고, 미국 증시의 상승은 전 세계의 경제 회복이나 성장에 긍정적 요소가 되어 우리나라 증시에도 호재로 작용합니다.

자발적으로 실업을 원하는 사람은 찾아보기 어렵습니다. 비자발적 이유로 실업하게 되면 고용보험에서 자격을 확인한 후 실업급여를 지급합니다. 이는 재취업 활동을 하는 기간에 소정의 급여를 지급해 생계불안을 극복하고 생활 안정, 재취업 기회를 지원하는 제도로 크게 **구직급여**와 **취업촉진수당**으로 나눕니다.

• **구직급여** 비자발적 이유로 일자리를 잃은 사람 중 자격을 갖춘 사람에게 구직활동에 전념하도록 급여의 일정 금액을 지원해주는 실업급여의 대표적 제도
• **취업촉진수당** 취업을 빨리할 수 있도록 유도하는 일종의 인센티브 제도

물가/
물가지수

▌ **정의** 물가: 여러 상품의 가격을 가중치를 고려해 하나의 숫자로 만들어낸 것입니다.
물가상승률: 일정 기간의 물가가 오른 비율입니다.

▌ **해석** 물가가 오르면 같은 돈으로 살 수 있는 물건이 줄어듭니다. 물가의 급격한 상승
은 소비 여력을 줄여 경제를 축소합니다. 물가상승률은 관리 가능한 수준에서 오
르는 게 좋습니다.

물가 역시 경제에 큰 영향을 미치는 변수입니다. 물가가 오르면
소득이 같더라도 구매할 수 있는 양이 줄어들므로 특히 가계에서는
민감하게 반응합니다. 당장 물가가 오르면 전체 소비가 위축됩니다.
외식하던 사람이 도시락을 싸고, 물건을 구매할 때 한 번 더 고민하
게 됩니다. 택시를 타던 사람은 더 저렴한 대중교통수단을 이용할
겁니다. 먹고사는 데 꼭 필요한 일이 아니라고 판단하는 부분의 산
업부터 영향을 받게 됩니다.

물가상승은 임금과도 연관성이 높습니다. 임금이 5% 올랐더라도 물가가 10% 오른다면 실질소득은 5% 감소하는 효과가 생기기 때문입니다.

이처럼 일상생활에 직접 영향을 주는 문제이다보니 뉴스에서도 물가는 항상 중요한 지표로 다룹니다. 물가가 급격하게 오르면 경제에 좋지 않은 영향을 주기에 한국은행의 주요 역할 중 하나가 물가 관리입니다. 그래서 물가상승률에 따라 금리를 조정하는 등 경제상태를 진단하고 대응하는 데 물가가 중요한 지표가 됩니다.

통계청에서 관리하는 물가는 크게 3가지로 나뉩니다. 물건을 구매하는 사람들이 겪는 소비자물가지수, 물건을 만들기 위해 비용을 지불하는 기업들이 보는 생산자물가지수, 한국의 대외 의존도가 높아서 발생하는 수출품과 수입품의 가격변동을 파악하는 수출입물가지수가 있습니다. 종합적인 가격수준을 뜻하는 것이 물가이고, 물가변동을 지수화한 것이 물가지수입니다. 보통 뉴스에서 말하는 물가는 소비자물가지수입니다.

소비자물가지수는 통계청에서 매월 전국 37개 도시에서 481개 상품과 서비스 품목을 대상으로 조사한 후 기준시점인 2010년을 100으로 해서 발표합니다. 사람들은 통계청 물가지수보다는 전년이나 전월과 비교한 물가상승률을 더 자주 뉴스에서 접합니다.

소비자물가지수는 실제적 영향을 제대로 측정하기 위해 보조지표도 같이 관리합니다. 예를 들어 소비자물가지수는 별로 오르지 않았지만 시장에서 식료품을 살 때는 물가가 많이 올랐다고 느끼는 일이 있기 때문입니다. 이를 보통 **체감물가**와 다르다고 표현합니다.

여기에는 대표적으로 생활물가지수가 있습니다. 생활물가지수는 일상생활에서 자주 구입하고 지출 비중이 높아 가격이 움직일 때 민감하게 반응하는 생활필수품을 대상으로 작성합니다. 소비자들이 자주 구입하는 품목과 기본 생필품인 쌀, 달걀, 배추 등을 중심으로 142개 품목을 선정해 산출합니다.

자연재해나 원유값 급등 등 일시적인 충격 요소를 배제한 농산물과 석유류 제외지수라는 지표도 있습니다. 곡물 외의 농산물과 석유류 제품을 제외합니다. 생활물가지수와 비슷한 신선식품지수도 있습니다. 날씨나 계절에 따라 가격변동이 심한 생선이나 채소 같은 51개 품목을 집계한 것으로 소비자물가지수에서 신선식품지수를 제외하면 급격한 변동이 빠진 일반적 흐름을 볼 수 있습니다.

위와 같이 꼼꼼하게 관리하더라도 정부에서 발표하는 지수와 실생활은 차이가 있을 수밖에 없습니다. 물가지수를 산출할 때 가중치를 적용하는데 가중치가 항상 소비자의 실제 소비를 적절하게 반영할 수 없기 때문입니다. 그럼에도 전반적 흐름을 살피는 데 중요한 지표임은 분명합니다.

일반인이 더 많이 접하는 물가상승률은 위에서 설명한 물가지수들을 보통 1년 단위로 비교해서 물가가 올랐는지 내렸는지 파악하게 만든 지표입니다. 물가가 지속적으로 상승하는 것을 인플레이션, 물가가 지속적으로 하락하는 것을 디플레이션이라고 하는데, 이는 다음에 좀더 자세히 다루겠습니다.

• **체감물가** 지표상 물가가 아니라 사람들이 느끼는 물가. 비슷한 말로 체감기온이 있음

인플레이션/
디플레이션/스태그플레이션

▌정의   인플레이션: 물가가 지속적으로 상승하는 상황을 말합니다.
　　　　디플레이션: 물가가 지속적으로 하락하는 상황을 말합니다.
　　　　스태그플레이션: 경기가 하락하는 데도 물가가 지속적으로 오르는 상황을 말합
　　　　니다.

▌해석   물가가 통제 범위를 벗어나 오르는 것이 인플레이션, 떨어지는 것이 디플레이션,
　　　　엎친 데 덮치는 상황이 스태그플레이션입니다. 물가는 변할 수밖에 없으며 통제
　　　　를 벗어나는 상황에 따라 각각 인플레이션, 디플레이션, 스태그플레이션 중 하나
　　　　로 부르는 것입니다. 물가를 관리하는 기관이 한국은행으로, 물가관리의 최종 목
　　　　표는 '안정적 통제'입니다. 즉 물가는 통제되지 않으면 올라도 내려도 문제가 됩
　　　　니다.

　　인플레이션은 물가가 지속적으로 오르는 현상입니다. 물가가 오
르는 것은 화폐가치가 떨어진다는 것과 같은 말입니다. 인플레이션
발생 요인 중 돈이 늘어나지만 물건이 늘어나지 않아서 발생하는 수
요 인플레이션과 생산원가 증가로 발생하는 비용 인플레이션이 있
습니다. 일반인에게는 인플레이션이 발생한 원인보다 인플레이션
때문에 발생하는 문제가 더 중요합니다.

　　인플레이션이 발생하면 고정적인 월급을 받는 임금노동자의 소

득이 실제로는 줄어드는 결과가 됩니다. 100만 원을 받아서 100만 원어치 삶을 누려왔다면 물가가 오르는 만큼 돈 가치가 줄어들어 100만 원어치보다 낮은 삶을 살게 됩니다. 돈 가치가 낮아지는 것이 좋을 수도 있습니다. 예를 들어 빚을 진 사람은 빚진 돈의 가치도 하락하기 때문입니다. 물가가 올라 생산원가가 늘어나면 수출에 불리해지고, 저축할 이유가 줄어듭니다. 저축해도 이자가 물가상승률보다 낮다면 오히려 계속 자산이 줄어들기 때문입니다.

결국 인플레이션이 발생하면 임금노동자보다 자산을 가지고 있는 사람들이 상대적으로 유리해서 사회적으로 빈부격차가 커지고 저축과 소비가 줄어들어 경제에 좋지 않은 영향을 주게 됩니다.

인플레이션을 막으려면 돈의 양을 줄이거나 상품의 양을 늘려야 합니다. 코로나19로 경기침체가 오자 각국 정부에서는 경기를 살리기 위해 많은 돈을 시장에 공급했습니다. 경기가 조금씩 되살아나는 것처럼 보이면서 물가가 같이 오르자 인플레이션 우려로 금리를 올리겠다는 말이 나오는 이유입니다. 금리를 올리면 전체 통화량이 줄어드는 효과가 생깁니다.

반대로 물가가 지속적으로 하락하는 현상을 디플레이션이라고 합니다. 디플레이션은 인플레이션과 반대 현상이 발생합니다. 부동산 가격이 하락하고 주가도 떨어집니다. 화폐가치가 상승한다고 볼 수 있으므로 같은 돈으로 더 많은 물건을 살 수 있습니다. 이때는 자산보다 현금을 보유하는 것이 유리합니다. 소비자로서는 디플레이션이 좋은 상황이라고 생각할 수도 있지만 이것이 지속되면 인플레이션보다 더 문제가 된다고 합니다.

소비자들로서는 물건을 구매하기보다 돈을 보관하는 걸 선호하게 됩니다. 부동산 가격이 하락한다면 구매를 잠시 뒤로 미루겠죠? 기업에서도 계속 물건을 만들기보다는 생산량을 줄이고 설비 투자 등을 하지 않으려고 합니다. 소비도 줄고 생산도 줄면 전체 경기가 하락합니다. 기업에서는 살아남기 위해 고용과 임금을 줄입니다. 가계는 이에 맞춰 소비를 더 줄이게 되어 경기가 침체하는 악순환이 벌어집니다.

대출을 많이 받아서 집을 산 사람들은 이런 상황이 오면 집을 싼 가격에라도 팔아서 빚을 갚으려고 합니다. 이런 현상이 확대되면 부동산 자산가치가 떨어져 해당 부동산을 담보로 대출해준 은행도 부실해집니다. 이런 악순환이 이어져 경제공황까지 올 수 있으므로 인플레이션보다 디플레이션이 더 문제가 될 수 있다고 봅니다.

엎친 데 덮친 격으로 물가는 오르는데 소득은 늘지 않는 스태그플레이션은 경기침체를 뜻하는 스태그네이션과 물가상승을 뜻하는 인플레이션을 합친 말입니다. 경기침체인데도 물가가 오르니 당연히 경기에 좋지 않습니다. 예를 들어 원유나 원자재 등 우리나라에서 나지 않는 물건들의 가격이 대폭 오르면 생산원가 때문에 가격이 오르게 됩니다. 가격이 올랐더라도 대부분 원가로 지불하므로 기업은 수익에 변동이 없거나 오히려 줄어들 가능성이 있습니다. 가계에서는 가격이 오르니 소비하기 어렵고, 기업은 물건이 팔리지 않으니 비용을 절감하려고 임금을 낮추거나 고용을 줄이려고 합니다. 기업이나 가계 모두에게 좋지 않은 상황이 벌어지는 겁니다.

스태그플레이션의 더 큰 문제는 해결책이 마땅하지 않다는 것입니다. 경기가 침체된 상황에서 경기를 **부양**하는 방법은 정부의 지출을 늘리거나 금리를 내려야 하는데, 이렇게 통화량이 늘어나면 물가가 오르기 때문입니다. 결국 이러지도 저러지도 못하는 상황에 처하게 됩니다.

인플레이션과 디플레이션, 스태그플레이션 모두 예방할 수 있으면 막는 것이 최선입니다. 위에서 말한 3가지 상황 모두 물가와 관련이 있습니다. 예방책은 결국 물가를 안정적으로 관리하는 것입니다. 우리나라에서는 한국은행이 물가관리 책임을 맡고 있습니다. 이런 이유로 한국은행에서 발표하는 물가와 관련된 기준금리 뉴스를 주의 깊게 살펴봐야 합니다.

• **부양** 가라앉은 것이 떠오르는 것. 보통 경기부양책이라고 하면 침체된 경기를 살리려고 실행하는 정책을 말함

세금
(직접세와 간접세)

■ 정의   세금은 나라의 살림살이를 꾸려가는 데 필요해 국민에게서 걷는 돈입니다.

■ 해석   세금은 내야 할 돈입니다. 세금을 내지 않으면 탈세로 범법행위가 됩니다. 노력
          여하에 따라 세금을 줄이는 방법을 찾을 수 있지만 이런 노력은 재산규모가 커서
          내야 할 세금이 많은 사람에게 해당합니다. 소득도 적고 재산도 없다면 세금과
          관련된 내용에 너무 많은 시간을 들이거나 관심을 둘 필요는 없습니다.

　　세금은 정부에서 국민들에게 받아가는 돈으로 국민은 납세 의무
가 있습니다. 쉽게 생각하면 세금은 대한민국이라는 국가를 이용하
기 위해 내야 하는 이용료입니다. 테마파크에 들어갈 때 우리는 입
장료와 시설 이용료를 당연하게 냅니다. 국가에 내는 세금도 국가에
서 살아가고 국가 서비스를 이용하려고 내는 이용료입니다.

　　세금은 크게 직접세와 간접세로 나눕니다. 직접세는 세금을 내
야 하는 당사자가 내는 것으로 대표적인 것이 소득세입니다. 간접세

는 세금을 내야 하는 사람의 돈을 다른 사람이 모아서 내는 것으로 대표적인 것이 **부가가치세**입니다. 실제로 관심의 대상이 되는 세금은 직접세, 그중에서도 개인에게는 소득세라고 할 수 있습니다.

소득세는 대표적인 누진세입니다. 누진세는 소득규모에 따라 점차 부담해야 하는 세율이 높아지는 것입니다. 우리나라의 종합소득세율은 1,200만 원 이하 6%, 4,600만 원 이하 15%(누진공제 약 100만 원), 8,800만 원 이하 24%(누진공제 약 520만 원), 1억 5천만 원 이하 35%(누진공제 약 1,500만 원), 3억 원 이하 38%(누진공제 약 1,900만 원), 5억 원 이하 40%(누진공제 약 2,500만 원), 5억 원 초과 42%(누진공제 약 3,500만 원)로 구성되어 있습니다. 누진공제는 세금을 계산할 때 해당 부분은 뺀다는 의미입니다.

예를 들어 소득이 연간 1억 원이라면 1억 원에 해당하는 35%인 3,500만 원에서 누진공제 금액인 약 500만 원을 뺀 3천만 원을 세금으로 낸다는 뜻입니다. 1억 원 소득 전체에서 35%가 아니라 각각의 구간별 금액에 해당하는 세율을 적용해 8,800만 원이 초과된 금액인 1,200만 원에만 35% 세율을 적용하는 것입니다.

이러다보니 투자자는 분리과세와 합산과세라는 말에 민감하게 반응합니다. 은행에서 예금을 해보면 알겠지만 일반적으로 이자를 받을 때 세금으로 15.4%를 뗍니다. 이자 역시 소득이니 소득세를 내는 것인데 위에서 말한 종합소득세율과는 다른 비율을 적용합니다. 이처럼 종합소득세와 분리해서 별도로 과세하는 것을 분리과세라고 합니다.

하지만 어떤 사람이 예금 등의 이자로 받는 소득과 주식투자로 받는 배당소득이 합쳐서 2천만 원이 넘으면 2천만 원이 초과되는 소득은 종합소득세율에 따라 세금을 내야 합니다. 이처럼 소득에 대한 세금을 종합소득세에 합쳐서 부과하는 것을 합산과세라고 합니다.

일반인이 많이 고민하는 세금에는 소득세 외에 부동산을 팔 때 나오는 양도소득세와 임대사업을 할 때 발생하는 임대소득세가 있습니다. 또 세금과 관련해서 '원천징수'라는 말도 자주 등장합니다. '원천징수'는 실제 소득을 내야 하는 납세자 대신 소득을 지급하는 쪽에서 원천적으로 세금을 떼는 것을 말합니다.

대표적인 것이 근로소득인 월급을 받을 때 원천징수액을 회사에서 떼고 지급하는 것입니다. 급여명세서를 보면 원천징수금액이 표시되어 있습니다. 연말정산은 이처럼 원천징수한 금액과 실제로 납부해야 하는 세금을 계산해서 더 냈으면 돌려받고, 덜 냈으면 더 내서 정산하는 것입니다.

세금에 대해서는 원칙적인 내용을 알아두어야 합니다. 첫째 원칙은 '소득이 발생할 때 세금을 내야 한다'이고, 둘째 원칙은 '소득이 커질수록 세금도 늘어난다'입니다. 소득이 높지 않은 사회 초년생이라면 어떤 세금이 있다는 정도만 알아둬도 큰 문제가 없습니다. 하지만 투자하는 자산이 늘어나면서 소득이 증가한다면 세금은 잘 따져야 하는 문제가 됩니다.

또 하나 주의점은 세금이 커질수록 전문가 도움을 받는 것이 좋다는 것입니다. 세금은 세법에 따라 수시로 바뀌고 적용되는 기준이 매우 달라서 인터넷에 나오는 것만 보고 판단하면 위험합니다.

이렇게만 말하면 세금은 비용으로만 생각할 수 있으나 세금은 국민을 위해 사용하는 돈의 원천이 되기도 합니다. 사회인프라도 세금으로 만들고 어려움이 있을 때 도와주는 소방관이나 경찰, 공무원들의 급여도 세금으로 충당합니다 사회적 약자를 지원하는 돈도 세금이며, 사회양극화를 막고 국민에게 최소한의 인간적 삶을 살도록 도와주는 돈도 세금입니다. 이외에 경기를 부양하거나 진정하는 일도 세금으로 할 수 있습니다.

• **부가가치세** 부가가치세(Value Added Tax)의 줄임말로 거래 단계마다 발생하는 가치에 부과하는 세금. 우리나라에서는 10%를 부과하며 V.A.T.로도 적음

다양한
정부 정책

▌**정의**   예타: 예비타당성조사의 줄임말로 대규모 개발 사업을 시행하기 전에 타당성이
있는지를 검증하는 제도입니다.
재난지원금: 국가 또는 지방자치단체가 국민의 생계 안정과 소비 촉진 등을 위
해 지원하는 금액입니다. 최근 있었던 코로나19 지원금이 대표적입니다.
기본소득: 재산이나 소득의 많고 적음, 노동 여부나 노동 의사와 상관없이 개별
적으로 모든 사회 구성원에게 균등하게 지급하는 소득입니다.

▌**해석**   정책은 국민이 선출한 정부에서 권한을 사용해 특정 분야에 힘을 실어주거나 특
정 분야에 규제를 강화해 방향성을 갖도록 하는 것입니다. 힘을 실어주는 곳에는
세금을 활용한 지원금, 투자금 등 돈이 모이게 되고, 규제가 강화되는 곳에서는
내야 할 세금이 늘어나고 투자자들이 외면하는 등 돈이 빠지게 됩니다. 투자자는
정부 정책에 따라 달라지는, 돈이 모이는 방향을 판단하는 것이 중요합니다.

정책의 세부 내용이 맞는지 틀리는지, 합리적인지 아닌지, 옳은
방향인지 아닌지 따지는 것은 정치 영역에 가깝습니다. 투자자 관점
에서는 정치적 문제보다 돈의 흐름을 살펴보는 것이 필요합니다.

정부 정책은 크게 힘을 실어주는 방향과 힘을 빼는 방향이 있다
고 할 수 있습니다. 여기서 힘을 실어준다는 것은 경제적으로 돈이
많이 흐르도록 하는 것이고, 힘을 뺀다는 것은 돈이 흐르기 어렵게
한다는 뜻입니다. 예타를 강화하는 정책을 펼치는 것은 힘을 빼는

정책입니다. 대규모 개발사업은 경제적으로 상당히 많은 자본이 공급되는 일입니다. 이런 사업을 많이, 쉽게 벌릴 수 있다면 단기적으로 경기를 부양합니다. 흔하게 들었던 **뉴딜정책**에 따라 후버댐을 건설한 것 역시 돈을 시장에 투입하는 사업이었습니다.

예타를 강화하는 것은 시장에 흐르는 대규모 돈을 막아서 진정시키겠다는 뜻입니다. 돈으로만 보면 이렇지만 정치적으로 보면 꼭 필요하지 않은 사업을 일으켜서 특정인을 지원하는 일을 막아야 한다는 등의 이유도 있을 수 있습니다. 각 사업은 관련 이해관계자가 많아서 이렇다 저렇다 단순히 결론 내리기 어렵습니다.

재난지원금과 관련해서는 2021년 88%냐 100%냐를 놓고 말이 많았습니다. 재난지원금의 성격을 돈으로만 보면 정부 세금을 활용해서 민간에 무상으로 돈을 투입하는 것입니다. 돈이 들어가면 경기는 부양되는 효과가 있습니다. 정부의 목적은 힘들어하는 자영업자나 어려움을 겪는 사회적 약자계층을 위한 것이라 상대적 고소득자는 제외했다고 설명했습니다. 하지만 경계선은 항상 정하기 어렵습니다. 산수문제도 아닌데 정확하게 기준을 나눌 수 없듯이 많은 사람이 재난지원금 지급기준에 대해 재산정을 요구했습니다.

재난지원금 이슈보다 더 급진적인 주장이 기본소득입니다. 기본소득은 재난사항이 닥치지 않았더라도 우리나라 국민이라면 일정 정도 소득을 지급하겠다는 제도입니다. 돈의 시각에서만 보면 돈이 시장에 풀리니 경기 부양효과가 단기적으로 발생합니다. 하지만 똑같은 액수가 계속 공급되는데 생산성이 늘지 않으면 인플레이션을 유발할 가능성도 있습니다. 기본소득은 대규모로 시행해온 나라가 없어서 벤치마킹할 나라도 없습니다.

일부 사례는 있지만 상당히 제한적인 실험이었습니다. 경제적 관점에서만 보면 시장이 가장 싫어하는 것은 불안정하고 알 수 없는 상황입니다. 기본소득을 실행하겠다는데 시장에서 반기지 않는 이유 중 하나입니다. 이렇게 규모가 큰 경제적 실험을 해본 적이 없기 때문입니다. 앞으로도 기본소득 관련 내용은 계속 나올 테니 관심 있게 보는 것이 필요합니다.

과거 정부의 대표적 정책을 이야기해보겠습니다. 이명박 정부에서는 이른바 '그린정책'을 강하게 추진했습니다. 친환경 신재생에너지 사업을 주요 육성사업으로 선정했고, 이와 관련해서 태양광과 풍력, LED 조명을 정책적으로 지원했습니다. 이렇게 강한 정책이 등장하면 이른바 '수혜주'라는 종목의 주가가 오릅니다. 정부에서 추진하는 정책에 부합하는 회사들은 정책적 수혜를 볼 가능성이 높기 때문입니다.

이어진 박근혜 정부에서는 '창조경제'를 내세우며 IT나 소프트웨어, R&D 관련 종목이 수혜를 보았습니다. 콘텐츠 기업을 육성해 엔터테인먼트 관련 회사도 성장하게 됩니다. 문재인 정부는 2021년 이른바 한국판 뉴딜과 4차산업에 대한 강화를 천명했습니다. 이에 따라 AI, 빅데이터, 친환경 자동차 같은 산업이 성장합니다.

정부가 힘을 가지고 추진하는 동안에는 정부 정책에 부합하는 회사들이 힘을 얻고 주가가 상승하는 등 탄력을 받습니다. 문제는 정부의 힘이 떨어질 때 생깁니다. 정부의 지원을 받아 성장했던 기업이나 업종이 실제로 경쟁력을 갖추고 내실을 다졌다면, 정부의 힘이 약해지는 것과 상관없이 일정 수준의 역량을 유지하겠지만, 오로지 정부 지원금을 활용하려는 사업이었다면 해당 정부의 교체와 더불어 급격하게 약화됩니다. 따라서 투자자라면 정부 정책이 어느 방향으로 흐를지 살펴보는 것이 거시적 트렌드를 파악하는 데 도움이 됩니다.

· **뉴딜(New Deal)정책** 미국의 대공황기에 정부에서 대규모 투자사업 등으로 시장에 자금을 공급한 정책

금융사 분류
(1금융권, 2금융권, 3금융권)

▌ 정의　1금융권: 국민은행, 신한은행처럼 일반적인 은행입니다.
　　　　2금융권: 저축은행, 보험사, 증권사가 해당합니다.
　　　　3금융권: 제도권 밖의 대부업체를 의미합니다.

▌ 해석　필요에 따라 각 금융권에 있는 회사들을 이용하는 것이 좋습니다. 1금융권이 모
　　　　든 면에서 좋은 것도 아니고 2금융권이라고 해서 무조건 위험한 것도 아닙니다.

　　은행 분류를 정확하게 아는 것은 지식에 도움이 될지 모르겠지
만 투자나 일상생활에 밀접하게 관련이 있지는 않습니다. 뉴스에서
말하는 1금융권은 우리가 쉽게 볼 수 있는 은행을 말합니다. 특수목
적에 따라 설립된 은행과 시중은행으로 분류하기도 합니다. NH농협
은행이나 SH수협은행처럼 농어민을 위한 목적, IBK기업은행처럼 중
소기업을 위한 목적 등이 있지만 개인이 통장을 만들어 예금과 대출
을 할 수 있다는 의미에서 큰 차이가 없다고 봅니다.

개인은 1금융권에서 가장 안정적이고 편의성이 높으며 대출을 낮은 금리로 받을 수 있습니다. 전통적인 예금과 대출 외에 수익성을 높이려고 적극적인 투자에 나서는 은행을 투자은행이라고 합니다. 미국 모델을 따온 것으로 최근 은행에서 투자상품을 많이 판매하는 것도 투자은행 역할에 힘을 쏟기 때문입니다.

2금융권은 보험사, 증권사, 저축은행이지만 저축은행을 뜻하는 경우가 많습니다. 저축은행은 원래 상호신용금고에서 출발했으며 외환을 취급하지 않는 것을 제외하면 은행과 가장 비슷합니다. 저축은행은 1금융권의 은행과 비교할 때 금리가 높습니다. 예금금리도 높고 대출금리도 높습니다.

저축은행이 뉴스에 나오는 경우는 보통 두 가지로, 하나는 문제를 일으키는 것이고 다른 하나는 고금리 특판 상품이 출시된 것입니다. 저축은행에서 수익을 높이려고 무리한 투자를 하다 부실로 문을 닫거나 예금자보호가 안 되는 상품을 되는 것처럼 속여서 파는 등의 사건이 있었습니다. 전체 저축은행의 문제는 아니지만 규모가 작고 전국적으로 저축은행이 많아서 저축은행은 왠지 위험하다는 생각을 사람들에게 심어줬습니다.

하지만 저축은행의 예금상품 역시 예금자보호법에 따라 보호받으므로 원금과 이자를 합쳐 5천만 원까지는 걱정 없이 예금해도 됩니다. 저축은행의 주요한 역할 중 하나는 서민에 대한 대출입니다. 1금융권에서 대출하고 싶어도 거절당하는 사람이 선택할 수 있는 수단이 저축은행입니다. 그 대신 금리는 높습니다. 일부 사람들이 모여 조합형태로 만든 농협, 수협, 새마을금고, 신용협동조합 등과 같은 금융기관도 있습니다. 이곳은 먼저 조합원으로 가입해야 이용할 수 있습니다.

보험사는 말 그대로 보험상품을 주로 판매하지만 대출도 가능합니다. 보험업은 크게 생명보험사와 손해보험사로 나뉩니다. 생명보험사는 사망이나 상해와 관련된 보험이고, 손해보험은 자동차보험이나 화재보험처럼 재산상 손해를 보상받는 보험입니다.

증권사는 자본시장통합법에 따라 금융투자회사로 불려야 하지만 인지도가 높은 삼성증권, 한국투자증권 등은 그대로 증권사라는 이름을 사용합니다. 과거에는 증권사, 종금사, 자산운용사, 신탁회사 등으로 구분했지만 분리된 업무를 한곳에서 처리하는 게 좋겠다고 판단해 만들어진 것이 금융투자회사입니다. 신한금융투자나 하나금융투자 같은 곳이 해당합니다.

금융투자회사는 고객의 돈을 예금으로 받는 것이 아니라 투자금으로 받아 돈이 될 만한 곳에 투자해서 이익을 만들어내는 곳입니다. 예금이나 적금이 아닌 주식, 펀드, **선물**, **옵션** 상품 등을 거래하고 상품을 만들거나 운용하는 곳이라고 생각하면 됩니다.

• **선물** 미래에 일정 조건으로 거래하기로 하는 계약
• **옵션** 특정자산을 정해진 조건에 사거나 팔 수 있는 권리

경제에 관심이 있는 이유는 돈을 많이 모으거나 돈을 잃지 않기 위해서입니다. 내 돈을 모으기 위한 상품 중 기본이 되는 예/적금 상품, 간접 투자 상품인 펀드, 위험을 대비하는 보험, 소득이 없어지는 노후를 위한 연금, 위험성이 있지만 대안 투자상품으로 떠오르는 P2P와 암호화폐, 중요한 상품이지만 개인과는 거리가 있는 채권을 간략하게 알아보겠습니다. 이어서 자산 운용 모델 및 증여/상속을 설명하겠습니다.

9장

나와 관련 있는
상품과 지식

시드머니를 만드는
예금/적금/특판

▌정의 　　정기예금은 일정한 금액을 약정 기간까지 원칙적으로 환급하지 않는 기한부 예금으로 증서 또는 통장으로 거래합니다. 정기적금은 일정 기간 후 일정한 금액을 지급할 것으로 약정하고 매월 특정일에 일정액을 적립하며, 월단위로 계약 기간을 정할 수 있습니다. 일정 금액을 정기적으로 적립하는 '정액적립식'과 예금자가 상황에 따라 적립하는 '자유적립식'이 있으며, 자유적립식은 일단위로 정할 수 있습니다.

▌해석 　　정기예금은 원금보장+확정 이자를 받는 것으로 '목돈 굴리기'라고 합니다. 정기적금은 일정 금액을 저금하고 만기에 원금과 이자를 받는 것으로 '목돈 모으기'라고 합니다. 투자자금을 모으는 가장 기본 재테크 수단입니다. 돈을 모으기 위한 특별한 지식이나 공부가 필요하지 않으며 재테크를 시작하는 첫 단계라고 할 수 있습니다.

　　예금과 적금을 모르는 사람은 없지만 제대로 설명하기는 어렵습니다. 저금과 투자도 설명하기 어렵습니다. 처음 경제기사나 재테크를 접한다면 저금과 투자의 공통점과 차이점만 알아도 충분합니다. 먼저 저금과 투자에 대한 구분부터 해보겠습니다.

　　원금 보장+확정 수익(=이자)=저금

　　원금 미보장+수익 변동=투자

저금과 투자의 가장 큰 차이점은 원금 보장 여부와 수익 변동 여부입니다. 우리가 '투자'라고 하는 주식이나 펀드는 대부분 원금과 수익을 확정하지 않습니다. 극히 일부 원금보장이라고 하는 상품도 있지만 이것저것 따지고 나면 원금보장은 상처뿐인 영광으로 저금보다 못하다고 할 수 있습니다. 투자상품은 확정 수익을 주지 않는 것이 오히려 매력입니다. 왜냐하면 투자 성과에 따라 수익을 몇 배 기대할 수도 있기 때문입니다.

그럼 저금의 장단점이 바로 보입니다. 저금은 원금을 지킬 수 있는데, 국가에서 개인에게 한 금융기관당 5천만 원까지 원금과 이자를 보장해줍니다. 금액이 5천만 원이 넘는다면 금융기관을 달리하면 됩니다. 원금이 보장되는 대신 기대할 수 있는 이자수익은 매우 낮습니다. 금융권에서 소비자에게 주는 이자는 뉴스에서 '금리'라고 말하는 것과 같이 움직인다고 보면 됩니다. 예를 들어 '금리가 낮아서 대출이 늘고 있다'는 표현은 달리 말하면 '예금금리도 낮다'는 것입니다. 그 대신 금리가 올라서 대출자에게 문제가 된다면 저금하는 사람은 이자가 늘어나니 나쁘지 않습니다.

부모님에게 물려받은 재산이 없는 사람이 재테크를 하려고 할 때 가장 필요한 것은 목돈입니다. 나이 든 사람들은 종잣돈이라 하고 요즘은 시드머니(seed money)라고 합니다. 시드머니가 필요한 이유는 수익의 절대금액 때문입니다. 예를 들어 1억 원의 10%는 1천만 원이지만, 100만 원의 10%는 10만 원이므로 수익률이 낮더라도 시드머니 크기에 따라 내가 기대할 수 있는 수익금의 절대액수가 달라집니다. 시드머니를 모으기 위해 가장 안전하고 확실한 방법이 저금입니다.

저금은 크게 정기예금과 정기적금으로 나눕니다. 예금은 목돈을 넣은 후 만기가 되면 이자와 원금을 받는 것이고, 적금은 일정 금액을 넣은 후 만기에 원금과 이자를 받는 것입니다. 시드머니를 모으려는 목적이라면 적금이 가장 먼저입니다. 이후 투자처가 확실하지 않을 때 예금과 적금을 병행하는 것이 좋습니다.

예금과 적금에서 알아두어야 할 내용은 금리와 그에 따른 이자 액수입니다. 예를 들어 정기예금금리가 10%이고 정기적금금리도 10%라고 해도 각각 만기에 받는 이자는 달라집니다. 그 이유는 은행에 맡긴 기간이 달라지기 때문입니다. 이 부분을 잘 모르는 것 같으니 설명하겠습니다.

정기예금에 1,200만 원을 넣었는데 이자가 10%라면 은행에 첫달부터 1,200만 원을 넣었으므로 1년치에 해당하는 이자인 10%를 다 받습니다. 계산하면 1,200만 원×10%=120만 원이 됩니다. 하지만 정기적금은 매월 100만 원씩 넣어서 만기에 1,200만 원+이자를 받는 경우라도 은행에 맡겨둔 기간이 1년이 되지 않습니다. 첫 달에 넣은 100만 원은 1년간 은행에 있지만 마지막 달에 넣은 100만 원은 은행에 1개월만 있게 됩니다. 따라서 이자를 받을 때 1년치가 아닌 1개월치 이자만 받게 되므로 이율이 같은 정기적금이라도 정기예금보다 총이자는 적습니다.

정기적금에 가입할 때 표기된 금리를 확인한 후 내가 만기에 받게 되는 이자가 얼마인지 미리 체크해두는 것이 좋습니다. 보통 상품에 가입할 때 알려주지만 나중에 포털에서 적금 계산기로 알아보면 쉽게 알 수 있습니다. 마지막으로 이자 역시 소득이므로 '소득세'를 내야 합니다. 일반적이라면 이자에서 15.4%를 세금으로 낸다고 생각하면 됩니다.

요약하면 시드머니를 만들기 위해 저금 상품을 활용하는 것이 필요합니다. 왜냐하면 시드머니는 금액 규모가 필요한데, 일정 규모 금액을 손실 없이 모으는 가장 확실한 방법이 저금이기 때문입니다. 저금은 크게 예금과 적금으로 나뉩니다. 예금은 상품에 표기된 이자를 세금만 떼고 다 주지만, 적금은 은행에 맡겨놓은 기간이 다르므로 예금보다 훨씬 적은 이자수익을 받게 됩니다. 대략 계산하면 같은 이자율일 때 예금이자보다 조금 더 받는 수준입니다.

특판 상품도 있습니다. 특정 금융기관 또는 금융기관의 지점에서 특정한 조건으로 기존 상품보다 금리를 조금 더 주는 상품입니다. 특판 상품만 찾으러 다닐 필요는 없지만 특판 상품을 가입하는 것이 손톱만큼이라도 유리합니다.

펀드,
간접투자 방식

▎정의 펀드: 여러 명에게 신탁받아 모은 자금을 자산에 투자해서 발생한 이익을 투자
분에 따라 배분하는 간접투자 방식입니다.

▎해석 전문가에게 투자를 일임하는 간접투자의 대표적 방법입니다. 투자할 상품을 공
부할 시간이 없거나 지식이 부족한 사람에게 적합한 투자 방식입니다.

펀드는 여러 사람의 돈을 모아 전문가에게 일임하면, 전문가가
여러 자산에 투자한 후 성과를 투자자에게 돌려주는 것입니다. 전문
가는 투자과정에서 수고비 명목으로 수수료를 받습니다.

펀드와 주식투자의 가장 큰 차이점은 투자 결정을 내가 하느냐
아니면 전문가가 하느냐입니다. 주식투자는 본인이 직접 종목을 골
라 매수하고 본인 판단에 따라 매도하면서 해당 과정에서 발생하
는 수익이나 손해를 고스란히 자신이 부담하므로 직접투자라고 합

니다. 반면에 펀드는 투자한 후 해지하기까지 수수료를 지급하는 것 외에 할 일이 없으므로 간접펀드라고 합니다.

주식투자가 자신이 여행지와 여행경로, 일정을 모두 짜는 배낭여행과 같다면, 펀드는 이미 구성되어 있는 상품 가운데 고르면, 여행사가 이미 만들어놓은 일정에 따라 가이드 설명을 들으면서 즐기는 패키지 상품과 비슷합니다. 요즘 유행하는 ETF 상품은 배낭여행과 패키지 상품의 중간단계 상품으로 비행기 티켓과 숙박만 정하는 호텔팩 상품과 비슷합니다.

여행사 상품이 지역별, 상품별, 일정별로 여러 개 있는 것처럼 펀드 상품도 상당히 다양하게 구성되어 있습니다. 상품을 선택할 때 삼을 기준 중 하나는 '하이 리스크 하이 리턴'이라는 투자의 속성입니다. 기대수익이 높다면 돈을 잃을 위험도 높고, 안정적인 펀드라면 대신 기대할 수 있는 수익도 낮습니다.

투자하는 상품에 따라 주식비율이 높은 주식형 펀드, 주식보다 안정적이나 수익률이 상대적으로 낮은 채권형 펀드, 주식과 채권의 비중이 적절히 섞인 혼합형 펀드가 있습니다. 투자하는 주식의 종류에 따라 분류하기도 합니다. 주식을 분류할 때 설명했듯이 성장주 중심 기업에 투자하는지, 아니면 가치형 중심 기업에 투자하는지에 따라 분류할 수 있습니다. 펀드에 모인 투자금 크기에 따라 초대형 펀드, 대형 펀드, 소형 펀드로 나누기도 합니다. 펀드규모가 클수록 안정적인 투자 성향을 보인다고 할 수 있습니다.

업종에 따라 분류하기도 하는데, IT기업에 투자하거나 원자재에 투자하는 펀드도 있습니다. 펀드는 해외에 투자하기에 적합한 대안이 됩니다. 중국이나 베트남 등 해외에 투자하고 싶으나 아는 것이 적을 때 대안으로 해외에 투자하는 펀드를 선택할 수 있습니다.

펀드에 투자하는 방식은 저축상품 중 예금과 적금에 비견되는 거치식과 적립식이 있습니다. 거치식은 예금처럼 한번에 큰 금액을 투자하는 것이고, 적립식은 적금처럼 매월 일정 금액을 투자하는 방식입니다. 초보 투자자에게는 대부분 거치식보다 적립식을 권유합니다. 그 이유는 투자 상품의 특성상 위험성이 상존하는데, 적립식 상품은 거치식 대비 위험성을 헤지할 수 있기 때문입니다. 현실적인 이유로는 투자자금이 많지 않아서 적립식처럼 매월 소액을 꾸준히 투자하는 방법이 적합합니다.

펀드를 운용하는 사람들을 펀드매니저라고 합니다. 펀드를 고를 때 펀드매니저가 누구인지 살펴보라고 조언하는 일도 있는데 그만큼 펀드매니저에 따라 펀드 운용수익이 많이 변하기 때문입니다. 실제로 펀드를 운용하는 곳을 펀드운용사라고 합니다. 펀드를 가입할 때 은행이나 증권사를 통하지만 이들은 펀드판매사라고 합니다. 펀드판매사와 펀드운용사는 구분해야 합니다. 또한 펀드는 큰 자금이 운용되기에 수탁사가 있어 펀드자금이 다른 곳에 쓰이지 않도록 하는 역할을 합니다.

자주 나오는 단어 가운데 사모펀드라는 말이 있습니다. 보통 사람들이 투자하는 펀드는 사모펀드가 아닌 공모펀드입니다. 공모펀드는 공개적으로 모집하는 펀드로 누구나 쉽게 참여할 수 있는 반면 사모펀드는 몇몇 사람을 대상으로 판매하는 펀드로 보통 49인 이하로 구성됩니다. 사모펀드는 공모펀드 대비 지켜야 할 규제가 완화되어 있습니다. 앞에서 얘기한 것처럼 규제가 완화된 소수를 위한 상품인 사모펀드는 높은 수익을 추구하는 만큼 위험성도 높은 것이 일반적입니다.

펀드와 관련해 마지막으로 체크해야 할 일은 펀드에 투자한 후 돈을 찾을 때 당일 받을 수 없다는 것입니다. 펀드를 **환매**하고 3일에서 5일 후 입금됩니다. 또 펀드는 보통 장기투자를 목적으로 하므로 짧은 기간에 환매하면 이익의 상당 부분을 환매수수료로 내야 할 수 있으니 펀드에 가입할 때 환매 조건을 잘 살펴봐야 합니다.

• **환매** 계약에 따라 다시 사들이는 것을 말하지만 펀드나 금융상품에서 말하는 '환매'는 계약해지로 보면 된다. 즉 상품 가입을 중단하고 돈을 찾는 것으로 예금에서 말하는 해지와 같은 개념

보험상품,
미래 위험 헤지

▋정의   보험: 같은 종류의 사고를 당할 위험성이 있는, 많은 사람이 미리 돈을 내서 공통
준비 재산을 만들고, 사고를 당한 사람이 공통재산으로 재산적 보상을 받는 제도
입니다.

▋해석   보험은 미래의 위험을 헤지하려고 만들어진 상품입니다. 따라서 초보자일수록
위험대비 목적으로 판단하는 것이 좋습니다. 추가 수익이나 재태크 수단으로 생
각하면 손해 볼 가능성이 높습니다.

　　보험은 미래의 위험을 대비하는 수단입니다. 중요한 점은 위험
대비 목적에 중점을 둬야지 추가 수익을 목적으로 생각하면 오히려
손해 볼 가능성이 높아진다는 것입니다.

　　보험의 종류를 먼저 나눠 생각해보겠습니다. 보험에는 의무적으
로 가입하는 보험과 의무적으로 가입하지 않아도 되는 보험이 있습
니다. 의무적으로 가입하는 대표적 보험은 건강보험과 자동차보험
입니다. 의무적으로 가입해야 하는 보험상품은 따지지 말고 가입하

면 됩니다. 그리고 의무보험은 보통 보험에는 포함하지 않으니 의무적이지 않은 이른바 '보장성 보험'을 이야기하겠습니다.

보장성 보험은 보험사 상품 성격에 따라 생명보험과 손해보험으로 나눌 수 있습니다. 보장성 보험상품은 개인에게 부정적 인식이 있는 것이 사실입니다. 그 이유는 여러 가지지만 일부 보험설계사가 욕심 때문에 제대로 설명하지 않고 상품에 가입시키기 때문입니다. 또 하나는 보험과 관련해서 보험상품 때문에 손해 봤다는 뉴스를 사람들이 쉽게 접하기 때문입니다.

보험상품에는 여러 가지가 있지만 가장 기본이 되는 내용을 알면 보험을 선택하는 데 도움이 됩니다. 보장성 보험은 크게 소멸성 보험과 환급성 보험으로 나눕니다. 소멸성 보험은 내가 낸 보험료를 나중에 돌려받지 않는 상품입니다. 반면 환급성 보험은 내가 낸 보험료를 나중에 돌려받는 상품입니다.

단순하게 생각해보면, 보험료를 내는 게 아깝다는 생각이 듭니다. 보험 혜택은 뭔가 사고가 터질 때 받는데 체감할 만큼 사고가 자주 나는 삶을 사는 사람은 정말 드뭅니다. 그러니 사라지는 보험료를 나중에 돌려준다는 말을 들으면 솔깃해집니다. 그래서 나중에 보험료를 돌려준다는 상품에 눈길이 가는 경향이 많아집니다.

소멸성 보험과 환급성 보험의 가장 큰 차이라고 하면, 소멸성 보험은 매달 내는 보험료가 적은 반면 환급성 보험은 상대적으로 매달 내는 보험료가 많습니다. 보험사에서 보면 받은 돈을 운용해 수익을 만들어야 보험료로 지불하는 금액을 제외하고도 원금을 돌려줄 수 있기 때문입니다.

개인 성향에 따라 선택하는 것이 좋지만 사회 초년생이라면 환급률이 높은 상품보다 정말 걱정되는 위험을 대비하는 소멸성 보험을 고려하는 것이 좋습니다. 줄인 보험료로 더 빨리 시드머니를 만들거나 다른 투자상품에 눈을 돌릴 수 있기 때문입니다. 하지만 정답은 없습니다. 위험을 대비하는 보험이 필요하다는 판단이 들면 매달 보험료가 적은 소멸성 보험상품에 가입하고, 매달 내는 보험료가 늘더라도 환급받는 상품으로 하는 것이 좋으면 환급성 보험에 가입하면 됩니다.

환급형 상품은 생각해야 할 게 또 있습니다. 보험은 기본적으로 장기상품인데 환급형 상품은 납부 보험료에서 일부를 '사업비' 명목으로 떼갑니다. 따라서 본인이 생각하는 원금에 도달하려면 사업비로 뗀 금액을 초과해서 수익이 나야 합니다. 보험을 납부하다가 중간에 해지했더니 기존에 냈던 보험료 대비 아주 적은 금액만 돌려받았다는 말을 많이 들었을 겁니다. 이는 보험상품의 구조 때문입니다. 따라서 보험에 가입할 때 만기환급금이 언제 100%에 도달하는지 확인하는 것이 좋습니다.

보험상품 중에는 투자상품과 연계한 상품도 있습니다. 이는 보험사에서 보험료로 투자해서 더 많은 수익금을 돌려주겠다는 상품입니다. 투자를 잘해서 수익이 나면 다행이지만 수익이 나지 않으면 손해가 나는 일도 있습니다. 그러니 가입할 때 원금이 보장되는지 확인해야 합니다.

이렇게만 설명하니 보험이 좋지 않은 것 같은데 그렇지 않습니다. 보험은 개인의 상황과 성향에 따라 충분히 고민하고 가입해야지 아는 사람이 부탁한다고 가입해서는 후회하기 쉽습니다.

또 한 가지 사회 초년생이라면 **종신보험**은 잠시 미뤄두면 좋겠습니다. 죽어야 돈이 나오는 상품을 결혼도 하지 않아 부양하거나 책임질 사람도 없는데 일찍부터 가입할 이유는 없기 때문입니다. **실손보험**은 가지고 있어도 나쁘지 않지만 많은 회사에서 실손보험을 사원복지 차원에서 운영하니 할 수만 있다면 실비보험을 지원해주는 회사에 들어가는 것이 좋습니다.

젊을수록 보험에 넣는 금액은 최소한으로 하고 그만큼 여윳돈으로 종잣돈을 만들어 투자로 돌리는 것이 더 좋습니다. 보험이 현실적으로 필요한 나이는 중년이 되었거나 최소한 부양가족이 생겼을 때부터라고 보기 때문입니다. 하지만 젊은 사람이 암에 걸리지 않는다는 보장도 없으니 무조건 이 방법이 좋다고 하기는 어렵습니다.

- **종신보험** 보험에 가입한 사람이 사망하면 100% 보험금을 지급하는 상품
- **실손보험** 실손의료보험의 줄임말로 병원이나 약국에 지급한 비용을 보상하는 보험

공적 연금/
개인연금

▍ 정의 일정 기간에 걸쳐 매년 또는 정기적으로 지급되는 돈을 말합니다. 정액을 지급하는 방식과 금액이 변동되는 방식이 있습니다.

▍ 해석 더는 소득을 얻기 힘든 미래에 안정적인 수익을 거두려고 가입하는 상품입니다. 연금상품의 특성상 장기 투자가 필요하므로 단기적인 투자수익과는 구분해서 고려해야 합니다.

연금은 미래에 안정적인 삶을 살려고 준비하는 상품입니다. 연금에서 고민할 지점은 '미래'에 있으니 사회 초년생은 이 점을 중점으로 놓고 생각하면 좋겠습니다.

연금도 공적 연금과 개인연금으로 나눕니다. 공적 연금은 의무적으로 가입해야 하는 국민연금이고, 개인연금은 국민연금을 제외한 민간 분야에서 판매되는 모든 연금상품을 말합니다. 국민연금도 지금 젊은 사람들이 늙으면 받을 연금이 있네 없네, 사학연금이나 군인연금과 형평성 때문에 통합해야 하네 마네 등 말이 많지만 의무상품이니 여기서는 제외하겠습니다. 이후 연금이라고 하면 민간연금을 가리킵니다.

연금은 노후에 안정적인 수익을 거두려고 준비하는 상품입니다. 일부 자산가들이 증여 수단으로 사용하기도 하지만 보통 직장인에게 연금은 노후를 위한 상품이지 단기간에 수익을 위한 투자상품은 아닙니다. 고용안정성이 현저히 떨어지는 상황에서 언제 직장을 그만둘지 모르고 언제까지 직장생활을 할지 모른다는 불안감 때문에 연금에 관심을 갖는 것은 자연스러운 현상입니다. 게다가 연금상품은 **연말정산**에 도움이 되는 공제기능도 있어서 매력적으로 보입니다.

결론부터 말하면 연금 역시 젊은 사회 초년생이 고민해야 할 상품에서는 우선순위가 떨어집니다. 그 이유는 연금은 한참 후 미래를 위해 준비하는 상품으로 기회비용을 비교해봐야 하기 때문입니다. 사회 초년생은 돈이 많지 않고 수익도 적습니다. 수익이 적기 때문에 **종잣돈**을 모으고 투자할 자금이 부족합니다. 연금에 투자하기보다는 자금흐름을 안정시키는 것이 첫째이고, 투자를 위한 종잣돈을 모으는 것이 둘째입니다. 안정적인 자금흐름에 종잣돈이 모여 투자가 진행되면 그다음 단계로 연금을 고민하는 것이 좋습니다.

안정적인 자금흐름이란 최대한 비용을 줄여 종잣돈을 모으는 것과 동시에 소비 습관을 잡아 자산을 지속적으로 모으는 구조를 완성하는 것입니다. 투자 역시 한 방을 노리는 것이 아니라 자기 성향에 맞는 상품을 선택하고 적정한 수익률을 얻는 자신만의 재테크 프로세스를 완성하는 것입니다.

만약 위의 단계가 성공적으로 이루어진다면 연금이 필요 없을 수도 있습니다. 이미 노후에 사용할 자금을 충분히 만들어놓았을 테니까요. 하지만 모든 사람이 성공할 수 없을 테니 적어도 최적화한 소비와 저금, 투자라는 프로세스가 갖추어진 상태에서 하나의 선택지로 고민하는 것이 좋습니다.

콩 한 쪽도 나눠먹는다는 속담은 감동적이긴 하지만 실제로 콩 한 쪽을 혼자 먹든 나눠 먹든 배가 고픈 것은 변하지 않습니다. 적어도 빵 한 덩어리가 될 때까지는 여러 곳에 나눠서 투자하지 말고 '빨리 모으는 것'에 집중하는 것이 현실적입니다.

연금상품의 장점으로 많이 언급하는 연말정산 공제금액에 집중하는 것은 포인트 적립에 목매서 카드를 사용하는 것과 비슷합니다. 카드를 덜 쓰는 것이 돈을 더 빨리 모으는 방법인 것처럼 사회 초년생이라면 먼저 소비를 더 줄이고 종잣돈을 모아야 합니다. 종잣돈을 모은 다음 연금상품을 고민해도 늦지 않습니다.

또 하나 현실적인 이야기로 보험상품이나 연금상품을 이해하려면 기본적인 상품 관련 지식이 있어야 합니다. 사회 초년생이고 종잣돈도 모으지 않았다면 상품을 소개하는 이들을 만났을 때 '어머, 이건 사야 해!'라는 결정을 내릴 가능성이 훨씬 높습니다. 현재 자산 형태와 투자 포트폴리오를 이해한 다음 자기 관점을 가지고 고민하는 것이 더 낫습니다.

- **연말정산** 1년 동안의 소득에서 납부한 세금을 연말에 계산해 세금을 더 내거나 돌려받는 것
- **종잣돈** 일정 규모의 초기 투자자금. 시드머니(seed money)라고도 함

암호화폐
(가상자산)

▌ **정의**　　암호화폐는 실물 없이 사이버상으로만 거래되는 전자화폐의 일종입니다. 블록
　　　　　　체인 기반으로 위변조가 불가능하고 탈중앙화했다는 특징이 있습니다.

▌ **해석**　　암호화폐는 새롭게 등장한 자산의 형태로 거래가 되기는 하나 국가에서 정식 화
　　　　　　폐나 상품으로 인정받았다고 보기는 어렵습니다. 기술의 발달로 새로운 상품이
　　　　　　등장했지만 완전히 정착하지 못했으며 투자와 투기, 현실과 이상 사이 어딘가에
　　　　　　존재하는 상품입니다.

　　이름부터 뭐라고 부를지 어려운 상품입니다. 가상화폐라고 하면
실제로 존재하지 않는 것처럼 보이기도 하고 게임에서 나눠주거나
포인트로 주는 사이버 머니처럼 들리기도 하기 때문입니다. 가상자
산은 조금 다르긴 하지만 보통 정부에서 '가상자산'이라는 말을 사
용하는 것 같습니다. 말 뜻은 자산으로는 인정하지만 실물과는 구분
해야 한다는 정도입니다. 현재는 암호화폐라는 말이 가장 중립적 용
어라는 생각이 듭니다.

암호화폐라는 말에는 두 가지 중요한 뜻이 있습니다. 암호의 기본 속성처럼 위변조가 불가능하다는 점입니다. 그 이유는 암호화폐의 소유권과 존재를 하나의 정부기관이나 사람이 인정하는 것이 아니라 시스템에 접근할 권한이 있는 모든 사람이 인정하기 때문입니다. 이런 시스템을 블록체인이라고 합니다. 블록체인 기술을 활용한다는 것은 '탈중앙화'한다는 뜻합니다. 중앙집중 방식에서 벗어났다는 것으로, 은행·정부 등 특정기관이나 단체가 보유하던 권리가 모두에게 나눕니다.

화폐인지 자산인지 용어가 갈리는 이유는 투자와 투기 사이에 있는 상품으로 봐야 하는 이유와 같습니다. 암호화폐는 기술의 발전으로 만들어진 새로운 상품이자 거래수단이고 유용성과 발전 가능성이 충분합니다. 이 발전 가능성과 효용성을 긍정적으로 보며 미래에는 범용적 자산이 될 수 있겠다고 판단하면 암호화폐는 투자상품이자 화폐라고 해도 그렇게 이상하지 않습니다.

하지만 중앙화하지 않아 정부 규제에서 벗어나 있으니 세금을 낼 필요가 없고 가격변동 폭이 없으니 화끈하게 당길 수 있습니다. 우리나라뿐 아니라 전 세계에서 유통되고 24시간 거래할 수 있다는 점에만 집중하고 기술적 이해와 그에 따른 효용성에 관심이 없으면 암호화폐는 대표적 투기상품으로 화폐 기능을 하지만 화폐라고 하기는 어렵습니다. 그러니 정부에서는 '가상자산'이라는 용어를 사용하는 게 아닌가 합니다. 아마 암호화폐에 투자한 사람들도 투자와 투기 사이 어딘가에 생각이 있을 듯합니다. 이렇듯 지금 암호화폐는 투기와 투자 사이 어딘가에 있습니다.

암호화폐의 대표주자는 **비트코인**입니다. 이후 이더리움 등 여러 화폐가 나오고 있습니다. 암호화폐를 거래하려면 개인 간 거래 또는 거래소를 거쳐야 합니다. 우리나라에서는 거래소가 무분별하게 만들어지고 여러 가지 문제가 발생하자 정부에서 제도권으로 끌어들이려는 움직임을 보였습니다. 국내에서 가상자산 사업을 영위하려는 가상화폐거래소는 ISMS 인증을 획득하고 은행의 실명 입출금 계정(실명계좌)을 확보해 금융위원회 산하 금융정보분석원(FIU)에 신고해야 합니다. 등록되지 않은 거래소는 폐업 또는 영업중단이 됩니다. 암호화폐에 관심이 있다면 먼저 등록된 거래소인지 확인해야 합니다. 거래소가 등록제로 바뀌면서 등록된 거래소 안에서 하는 거래 행태가 암호화폐의 실질자산 인정의 첫 단계라고 여겨집니다.

각국 정부는 암호화폐를 좋아하지 않는데, 그 이유는 탈중앙화 때문입니다. 국가의 주요한 기능 중 하나가 화폐를 발행하고 통화량을 관리하는 것인데, 암호화폐는 이 기능을 무력화합니다. 현재 암호화폐는 은밀한 거래나 자산을 숨기는 수단으로 많이 사용됩니다. 한 나라를 관리하는 정부는 태생적으로 암호화폐와 결이 맞지 않지만, 그렇다고 기술발전을 외면하는 것도 맞는 방법은 아닐 겁니다.

이런 배경에서 중앙정부가 주도하는 암호화폐인 CBDC(Central Bank Digital Currency)가 등장합니다. 암호화폐의 장점은 살리면서 정부 통제도 놓지 않겠다는 것입니다. 한창 논의하고 실험하는 단계라 어떻게 발전할지 모르겠습니다. 중앙정부가 주도하는 상품이니 정부 쪽 장점은 알겠는데 개인 쪽 장점은 눈에 띄지 않습니다. 정부의 장점은 명확한데, 중앙정부에서는 종이로 된 화폐를 찍을 필요가 없고 디지털로 전달되므로 물성을 가진 화폐를 관리하는 비용도 거의 발생하지 않습니다. 그 대신 정부에서 발행한 화폐는 누구를 거쳐 어디로 움직였는지 모두 알 수 있습니다. 좋게 말하면 투명한 경제권에 투명한 세금 추징이 가능한 세상이 되는 것이고, 나쁘게 말하면 내 지갑 속까지 정부에 보여줘야 한다는 뜻입니다.

사실 중앙정부가 주도하는 암호화폐 시장에서 주의 깊게 봐야할 나라는 중국과 미국입니다. 중국 정부에서는 이를 강하게 추진합니다. 중국 정부가 중국인의 자금 상황을 모두 통제하는 일이 상상될 정도로 중국 정부의 통제력은 뛰어납니다. 중국인이 코로나19 이전처럼 자유롭게 해외여행을 다니며 뿌리는 돈이 모두 중국 정부의 암호화폐가 된다면 우리나라나 해외에서는 이를 바로 실제 자산으로 받아들일 겁니다. 자연스럽게 전 세계에서 중국 정부의 암호화폐를 사용하는 단계로 진입할 수 있습니다. 과장하면 기축통화 자리도 중국 정부 암호화폐가 대체할지 모릅니다.

암호화폐는 기술발달을 기존 사회구조가 받아들이지 못하는 단계의 상품이므로 지금 어떤 판단을 내리기는 어렵습니다. 사회 초년생이 투자 상품의 하나로 보는 걸 말리거나 잘못되었다고 하기는 어렵지만, 변동성이 아주 큰 상품에 모두 투자하는 것은 위험을 관리해야 한다는 투자의 일반원칙에 위배되므로 합리적 선택으로 보이지는 않습니다. 그렇다고 가장 혁신적인 서비스를 모른 체하는 것도 사회 초년생에게는 어울리지 않습니다.

• 비트코인 블록체인 기반의 대표적인 암호화폐

P2P
대출상품

▌ **정의**   P2P는 개인과 개인을 연결해주는 서비스로 대출 과정을 자동화해 비용을 최소화하는 대표적인 핀테크 업종입니다.

▌ **해석**   핀테크 비즈니스를 대표하는 상품 중 하나로 기존 비즈니스의 문제점을 기술로 보완하는 형태의 상품입니다. P2P 대출상품은 신규 비즈니스가 어떻게 기존 시장의 문제점을 해결하면서 성장하는지, 성장 단계에서 어떤 문제점을 보여주는지 그리고 제도권으로 어떻게 편입되는지 그 과정을 볼 수 있습니다.

P2P는 Peer to Peer의 약자로 개인 대 개인 거래를 뜻합니다. 우리나라에서는 P2P 대출로 소개되며 인기를 끌었습니다. 핀테크 (FinTech)라는 말도 유행했습니다. Finance(금융)+Tech(기술)의 합성어로 전통적인 금융시장과 상품에 기술이 더해져 변화를 만들어내는 모든 것을 뜻합니다. 사람들이 쉽게 접할 수 있는 핀테크 업종은 인터넷은행입니다. 지금은 카카오뱅크를 이용하는 사람이 상당히 많아서 이상하다고 생각하지 않음에도 카카오뱅크 지점은 어디에도

없습니다.

지점도 없는 회사에 돈을 맡기는 것이 전혀 이상하지 않은 것이 핀테크가 가져온 변화입니다. 사실 은행보다 증권사가 더 빨리 변했습니다. 지점 없이 증권거래를 할 수 있는 업체가 등장해서 저렴한 수수료를 무기로 상당한 시장을 점유했습니다. 요즘은 공동인증서라는 번거롭고 성가신 장치 없이 송금할 수 있습니다. 이 모든 것을 이끌어낸 것이 기술입니다. 기술의 변화는 모든 분야에서 일어나지만 특히 금융변화에서 일어나는 것을 묶어서 핀테크라고 합니다.

핀테크 사업의 하나인 P2P는 최근 법 테두리 안에 들어가면서 '온라인투자연계금융업'이라고 불립니다. 이 사업의 비즈니스 모델은 간단해서 은행권의 **저금리** 대출과 대부업체의 **고금리** 대출의 중간인 **중금리** 대출시장에 진출한 것입니다. 은행권에서 위험이 크다고 판단해 대출을 거절하면 좀더 높은 금리를 내며 대출해야 합니다. 신용도가 낮을수록 2금융권이 아니라 더 낮은 단계까지 내려갑니다. 중금리 대출은 은행권보다 높은 금리를 받지만 더 낮은 단계의 무지막지한 금리를 낼 필요가 없는 사람을 대상으로 합니다.

가장 중요한 점은 어떻게 위험도를 측정하고 돈을 떼이는 일 없이 대출금을 회수하느냐입니다. P2P 업체에서는 운영 비용은 낮추면서 돈을 빌리는 사람의 신용도는 제대로 확인하는 솔루션을 가지고 있어야 합니다. P2P 업체들은 이를 기술로 해결했다고 주장합니다.

우선 대출 과정을 자동화하고 오프라인에서 발생할 수 있는 모든 비용을 온라인 플랫폼을 이용해 최소화합니다. 돈이 필요한 사람은 P2P 업체 플랫폼에 방문해서 대출을 신청한 후 업체에서 요구하는 각종 내용을 알려야 합니다. 업체에서는 이 사람에게서 받은 정보로 신용등급부터 파악 가능한 모든 자료를 모은 다음 위험도를 판단합니다. 중요한 점은 이런 과정을 조직이나 사람이 하는 것이 아니라 업체가 보유한 거래 시스템으로 한다는 것입니다.

대출하는 사람에게 빌려줄 자금도 모아야 합니다. 전통적 방식의 은행에서는 '저금'이라는 형태로 돈을 모았습니다. P2P 업체는 '저금' 기능이 없습니다. 그 대신 플랫폼에서 쉽게 투자를 결정하고 소액으로도 투자하도록 만들었습니다. 군이 이곳에 투자해야 하는 이유로 은행보다 높은 금리를 제시했습니다. 그리고 이자도 매월 받을 수 있게 했습니다.

대출자로서는 은행보다는 높아도 터무니 없이 높은 이자를 낼 필요가 없으니 좋고, 투자자로서는 은행에 저금해도 금리가 낮고, 그렇다고 주식은 위험해 보이는데 P2P 플랫폼을 활용하면 은행보다 높은 이자가 딱딱 들어오니 나쁘지 않다고 판단하면서 급성장했습니다.

모든 것에는 장단점이 늘 공존합니다. 이 업종이 활성화하자 유사한 업체들이 늘어났습니다. 경쟁이 치열해지니 무리한 수익률을 보장하는 업체가 나오고, 위험도가 높은데도 돈을 빌려주는 업체가 생겨났습니다. 당연히 부실이 늘어나면서 투자한 사람들의 원금이 같이 사라지는 일이 생겼습니다. 그런데 이 업종은 법의 테두리 안에 들어오기 전이라 피해를 봐도 법적으로 해결하기 어렵습니다.

일부 P2P 업체는 개인 간 결제를 넘어 거대한 프로젝트성 사업에도 손을 댔습니다. 요즘 많이 나오는 거대한 부동산 개발 사업에도 P2P를 이용한 겁니다. 결국 P2P 업종의 장점보다는 단점이 더 부각되면서 비즈니스 모델 자체가 외면받는 상황이 되었습니다.

우리나라에서는 '온투법'(온라인투자연계금융업 및 이용자 보호에 관한 법률)이 제정되면서 일정 정도 법의 테두리 안에 들어와 이제 P2P 사업은 법에서 정한 일정 기준을 통과해야만 할 수 있습니다. 2021년 8월 말 기준으로 21개사가 등록되었습니다. 법이 적용되면서 문제 있는 회사들은 어느 정도 걸러지고 투자하는 사람들 역시 법으로 보호받습니다. 하지만 법이 모든 것을 지켜주거나 보장하는 것은 아닙니다.

긍정적 측면으로 보면 핀테크의 대표 업종인 P2P가 제도권으로 들어왔지만 그렇다고 해서 투자 상품의 속성까지 변하지는 않습니다. 이용자 선택에 따라 이익을 볼 수도 손해를 볼 수도 있으니 결과는 온전히 투자자 몫입니다. 따라서 P2P 투자에서는 등록업체인지부터 살펴야 합니다.

• 저금리/고금리/중금리 이율이 정해진 건 아니지만 주로 은행권 대출에서 적용받는 낮은 이율을 저금리, 대부업체에서 적용받는 높은 이율을 고금리라 하며 중금리는 그 사이 이율을 말함. 대략 저금리는 10% 이내, 고금리는 20% 이상, 중금리는 그 사이임

채권
(국공채와 회사채)

▮ **정의**   채권: 정부나 회사가 외부에서 자금을 빌릴 때 발행하는 차용증서로 상환금, 이
자율, 만기일이 표기되어 있습니다.

▮ **해석**   개인적인 투자 수단으로 많이 활용되는 상품은 아니지만 펀드 등 기관이나 기금
에서는 주요한 투자 상품으로 활용됩니다. 채권의 특징은 금리와 반대로 움직이
는 수익률, 주식보다 위험하지 않은 안정성입니다. 특히 미국 정부가 발행하는
미국 국채의 금리는 경제흐름을 파악하는 아이템으로 기사에 많이 등장합니다.

　　채권은 정부나 공공기관, 주식회사 등에서 큰 자금을 조달하려고
발행하는 차용증서입니다. 채권에는 채권을 발행하는 채무자가 지
급해야 하는 금액과 이자가 정해져 있으며, 일반적으로 만기가 정해
져 있습니다.

　　채권은 발행 주체에 따라 국가, 지방정부, 공공기관이 발행하
는 국공채와 회사가 발행하는 회사채로 나뉩니다. 정부나 회사에서
1억~2억 원을 빌리려고 채권을 발행하지는 않으므로 개인이 투자

하기는 어려우며, 보통 큰 액수로 발행하는 만큼 채권을 사들이는 이들 역시 큰 투자기관입니다. 개인과 큰 상관이 없어도 채권 뉴스가 심심치 않게 등장하는 것은 채권이 경제상황을 보여주는 지표 역할을 하기 때문입니다.

채권은 상대적으로 안전자산으로 분류합니다. 특히 국가나 공공기관이 발행하는 채권은 안정적일 뿐 아니라 경제상황, 금리와 연동해서 움직이는 경향이 있습니다. 채권으로 수익을 내는 방법은 크게 두 가지입니다. 하나는 채권을 만기까지 가지고 있다가 원금과 확정된 이자율을 챙기는 방법이고, 또 하나는 만기 이전에 시장 상황에 따라 채권을 사고팔아서 수익을 내는 방법입니다.

채권을 만기 이전에 사고파는 과정을 간단히 알아보겠습니다. 채권은 특히 시장금리와 반대로 움직인다는 일반적인 특징이 있습니다. 채권을 발행할 때 채권금리는 시장금리와 같은 방향으로 움직입니다. 시장금리가 낮아진다면 채권에서 약정하는 금리 역시 낮게 발행합니다. 이런 상황이 되면 이전에 발행했던 채권의 가격이 올라갑니다. 금리가 떨어지기 전에 발행한 채권의 금리가 더 높아 이전에 발행한 채권을 보유하는 것이 더 유리해집니다. 시장금리가 오른다면 반대 상황이 됩니다. 시장금리가 오를 때 발행하는 채권의 **표면금리**인 채권금리 역시 오릅니다. 그렇다면 시장금리가 오르기 전에 발행한 채권의 가격은 더 떨어집니다.

경기와 채권의 금리도 일반적으로 연동되어 움직입니다. 경기가 좋아지면 자금 수요가 늘어납니다. 누구라도 돈을 빌려 투자하면 수익을 내는 상황이라면 경기가 좋은 것이니까요. 돈의 수요가 늘어난다는 것은 돈을 구하기 위한 채권 발행이 늘어난다는 뜻입니다. 시장에는 채권 공급이 늘어나게 됩니다. 채권 공급이 늘어나면 채권 수요는 상대적으로 줄어들어 채권 가격이 떨어집니다. 채권 가격이 떨어지면 채권을 발행해서 자금을 모으려는 사람들은 채권금리를 높여야 팔 수 있게 됩니다. 채권금리가 오르면서 시장금리도 같이 오릅니다. 요약하면 채권 가격이 떨어지면 시장금리는 오릅니다.

반대의 경우도 생각해보겠습니다. 경기가 나빠지면 자금 수요가 줄어듭니다. 그럼 채권을 발행하려는 수요도 줄어듭니다. 채권시장에서는 수요 대비 공급이 줄어들기 때문에 채권 가격이 오릅니다. 채권 가격이 오르면 채권의 표면금리를 낮춰도 팔린다고 생각이 들므로 표면금리를 낮추고 이 여파로 시장금리를 같이 낮추게 됩니다. 요약하면 채권 가격이 오르면 시장금리는 내립니다. 이런 프로세스로 채권 가격과 시장금리는 반대로 움직인다고 합니다.

미국 채권이 우리나라 시장에 영향을 미치기도 합니다. 예를 들어 미국에서 시장을 부양하려고 채권을 대규모로 발행하겠다고 하면 미국 시중에 돈이 많이 풀린다는 뜻이 됩니다. 시장에 돈이 많이 풀리면 인플레이션이 오면서 돈의 가치가 떨어집니다. 채권은 이미 정해져 있는 금액을 받는 상품이므로 돈의 가치가 떨어지는 것은 채권의 가치가 떨어지는 것과 같습니다. 그럼 시장에 채권을 많이 내놓을 겁니다. 채권이 시장에 많이 풀리면 채권 가격은 떨어집니다. 위에 말한 것처럼 채권 가격이 떨어지면 시장금리는 오릅니다. 미국의 시장금리가 오르면 우리나라 금리도 영향을 받습니다. 이 부분은 앞에서도 설명했으니 간단히 소개하겠습니다.

미국의 금리가 오르면 전 세계에 투자하는 자금이 가장 안정적이면서 금리가 높은 미국 시장으로 빨려 들어가면서 우리나라에서는 돈이 빠져나갑니다. 따라서 이 돈을 잡으려면 우리나라 금리도 미국 금리의 방향에 맞춰 올라야 합니다.

채권은 일반인이 직접 투자하기에는 쉽지 않은 상품이지만 펀드 등 간접투자 상품으로는 상당한 자금이 몰려 있습니다. 따라서 채권 가격과 채권금리의 방향은 우리나라 및 금융시장의 방향, 더 나아가 각국 경기에도 영향을 미치기 때문에 기사에 많이 등장합니다.

하지만 채권투자를 직접 경험할 수 있는 일반인은 별로 없습니다. 가끔 회사채를 일반인 대상으로 팔지만 일정 금액 이상이 최소 단위라서 특히 사회 초년생이 투자하기에는 적당하지 않습니다. 그래도 채권투자를 경험하고 싶다면 채권을 중심으로 구성된 펀드 등 간접투자 상품을 활용하는 것이 좋습니다.

• **표면금리** 채권을 발행할 때 채권에 써놓은 약정 금리

코스톨라니의
달걀 모형

▌정의   헝가리 출신 투자자 앙드레 코스톨라니가 창안한 이론으로 금리와 예금, 주식, 채권, 부동산의 관계와 투자 시기를 나타낸 것입니다.

▌해석   실제로 투자에 적용하는 절대적 원칙이라기보다는 금리와 예금, 주식, 채권, 부동산의 관계를 이해하고 투자 원칙을 익히기에 적합한 이론입니다. 이 이론을 충분히 이해한다면 기본적인 상품들과 금리의 관계를 이해했다고 볼 수 있습니다.

코스톨라니의 이론에서 투자를 결정하는 요소는 금리입니다. 금리에 따라 어떤 상품에 투자하는 것이 투자수익률을 최대치로 할지를 개념적으로 설명합니다. 국면은 크게 6단계로 나뉘고 각 단계는 이어져 결국 순환하게 됩니다.

1단계는 금리가 고점인 상황입니다. 금리가 최고점이라면 보통 경기가 침체되어 있는 상황이라고 볼 수도 있습니다. 침체된 경기를 살리려면 금리를 내리는 정책이 필요합니다. 아마 뉴스에서는 경기침체를 살리는 대책이 필요하다는 기사가 나올 테고, 경기를 살리려고 한국은행에서 기준금리를 내릴 거라는 추측이 나올 겁니다. 이때 투자자는 확정금리를 주는 예금 상품에서 다른 상품으로 갈아탈 준비를 해야 합니다.

2단계는 금리가 내려가는 상황입니다. 이때 투자자는 투자 상품을 예금에서 **채권**으로 바꾸게 됩니다. 예금이 확정금리라는 장점은 있지만 예금의 투자수익은 계속 낮아질 것입니다. 채권으로 갈아타는 이유는 예금보다는 아니지만 다른 투자 상품보다 상대적으로 안정적인 수익률을 확보할 수 있고 금리가 계속 내려간다면 채권 가격이 올라 채권 매매에 따른 수익도 기대할 수 있기 때문입니다.

3단계는 금리가 저점을 향하는 단계입니다. 금리가 낮아지면 부동산으로 상품을 변경합니다. 우리나라에서도 저금리가 이어지자 부동산 대출이 늘면서 부동산 가격이 오르기도 했습니다. 채권 시세 차익을 기대하는 것보다 앞으로 오를 가능성이 높은 부동산을 사두는 것이 더 좋은 투자 상품이라 판단할 수 있기 때문입니다.

4단계는 금리가 저점인 상황입니다. 경기가 침체되어 금리를 내려야 한다고 했지만 금리가 저점인 이유는 경기가 과열되고 시장에 돈이 너무 많이 풀려 인플레이션이 예상되는 등 문제점이 나타났기 때문입니다. 뉴스에서는 인플레이션 우려라는 말과 함께 한국은행의 기준금리 인상 시기를 가늠하는 기사들이 나오기 시작할 겁니다.

5단계는 금리가 오르는 상황입니다. 금리가 오르면 부동산을 구매할 수 있는 시장의 수요가 줄어들 겁니다. 그리고 부동산을 대출로 구매했다면 대출 이자도 부담이 되겠죠. 이제는 부동산이라는 상

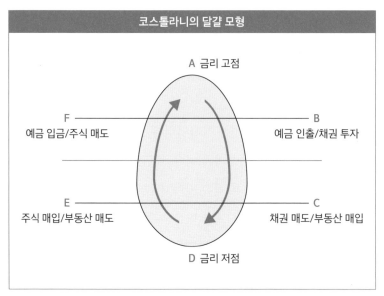

출처: Toriteller, 『세상 친절한 경제상식』, 미래의 창, 2019.

품을 주식으로 바꾸기 시작합니다. 하지만 초기이니 성장주보다 안
정적인 수익을 가져다주는 가치주 중심으로 투자하는 것이 좋습니
다. 주가는 보통 안정적인 성장과 배당을 주는 우량주를 중심으로
해서 먼저 오릅니다.

6단계는 금리가 고점을 향하는 단계입니다. 이제 주식시장에서
상품을 팔고 최고의 안정적 수익을 보장해주는 예금으로 투자금을
변경합니다. 이쯤이면 우량주 중심으로 올랐던 주식시장이 과열되
었다는 이야기가 나오기 시작할 겁니다.

다시 1단계가 되었습니다. 이때 투자자는 안정적 상품인 예금의
확정이자를 받으면서 금리가 언제 내려갈지 살펴볼 겁니다.

이 모형에 따라 투자하라거나 투자 시기를 정하라고 이를 설명

하는 건 아닙니다. 금리로 모든 것을 설명했지만 금리가 오를지 내릴지 파악하는 것도 쉬운 일이 아닙니다. 다만 경제는 모든 것이 연관되어 상호작용한다는 것을 이해하고, 그중에서도 왜 이런 시기에 이 상품이 좋다는 건지 이해한다면 경제기사를 볼 때 훨씬 도움이 됩니다.

이 모형이 잘 이해되지 않는다면 아직 경제나 투자 상품에 대한 이해도가 충분치 않다고 할 수 있습니다. 이 모형을 이해하는 것만으로도 자신의 경제기사 이해 수준을 파악할 수 있습니다. 이 모형의 문제점을 지적하며 그렇지 않은 이유를 여러 가지로 반박할 수 있는 단계라면 이미 투자자로서 충분한 자격을 갖추었다고 할 수 있습니다.

• **채권** 돈을 빌리기 위한 차용증서로 국가, 공공기관, 기업이 발행하는 유가증권

상속·증여와
세금

▌ **정의**　상속: 재산을 주는 사람이 죽었을 때 받는 것입니다.
　　　　증여: 재산을 주는 사람이 살아 있을 때 받는 것입니다.

▌ **해석**　상속과 증여가 늘어나고 있습니다. 상속과 증여는 물려주거나 그냥 줄 만큼 재산
　　　　이 있는 부자들의 일이라고 할 수 있지만 재산이 약간 있는 사람도 생각해볼 만
　　　　한 수단일 수 있습니다. 지금 세금을 생각해봐야 하는 수준의 재산을 가지고 있
　　　　다면 증여나 상속도 알아두는 것이 좋습니다.

　　보통 상속과 증여는 부자들만의 일이라고 생각합니다. 사실 그럴
수도 있지만 드라마에서처럼 재벌의 자식이었다는 판타지가 아니더
라도 충분히 나에게도 일어날 수 있는 일입니다. 우리나라에서 상속
과 증여의 규모는 늘어나고 있습니다. 상속과 증여로만 걷은 세금이
2020년에만 약 10조 4천억 원으로 전년 대비 약 25% 늘었습니다.
상속과 증여는 재산을 무상으로 주고받는다는 공통점이 있지만 재
산을 넘겨주는 사람이 살아 있을 때 하는 것이 증여이고, 재산을 넘

겨주는 사람의 사망으로 발생하는 일이 상속입니다.

상속세와 증여세는 세율이 같으며 총 5단계로 되어 있습니다. 1억 원 이하는 10%, 1억 원 초과 5억 원 이하는 20%(누진공제액 1천만 원), 5억 원 초과 10억 원 이하는 30%(누진공제액 6천만 원), 10억 원 초과 30억 원 이하는 40%(누진공제액 1억 6천만 원), 30억 원 초과는 50%(누진공제액 4억 6천만 원)입니다.

세율은 같지만 각각 공제해주는 내용은 다릅니다. 공제는 덜어내는 것으로 공제가 많이 된다면 **과세표준**이 줄어 결국 세금을 내지 않아도 됩니다. 상속공제에는 기초공제로 2억 원이 적용됩니다. 배우자에게 상속하는 경우 최소 5억 원에서 최대 30억 원까지 가능합니다. 이외에 자녀 1인당 5천만 원이 공제되고(미성년자는 1천만 원), 연로자 5천만 원, 장애인 1천만 원 등의 인적 공제가 있습니다. 기초공제와 인적 공제를 합해 5억 원 공제도 가능합니다. 5억 원 이하는 20% 세율을 낸다고 했는데, 5억 원 공제가 되면 결국 5억 원까지는 상속세를 내지 않아도 된다는 계산이 나옵니다.

증여세는 배우자에게는 6억 원, 직계자녀에게는 5천만 원(미성년자 2천만 원), 기타 친족에게는 1천만 원을 공제받을 수 있습니다. 그대신 증여세는 여러 명에게 금액을 나눠서 할 수 있고, 일정 기간(보통 10년)이 지나면 별도 세금 없이 증여가 가능하므로 장기간 증여하면서 세금을 아끼는 방법이 있습니다.

최근 아파트 가격이 급등하면서 부동산 관련 세금을 강화하자 자녀에게 증여하는 일이 늘어나고 있습니다. 세금을 내더라도 자식에게 더 상승할 가치가 있는 재산을 물려주는 것이 부동산 관련 세금으로 내는 것보다 낫다고 판단한 것입니다.

상속세와 관련해서는 폐지해야 된다는 주장과 그대로 둬야 한다는 논리가 맞서고 있습니다. 어느 쪽이 맞는지는 각자 판단할 문제이고 왜 상속세를 폐지해야 하는지, 왜 그대로 둬야 하는지 논리를 보겠습니다.

상속세를 폐지해야 한다는 논리의 핵심은 이중과세라는 것입니다. 이중과세는 세금을 내고 또 낸다는 뜻입니다. 재산을 넘겨줘야 하는 사람은 죽기 전에 이미 그 재산을 만드는 동안 세금을 다 냈다는 것이 근거입니다. 월급을 받았다면 근로소득세를 냈을 테고, 부동산이라면 취득세와 보유세, 양도세를 모두 냈다는 것입니다. 이미 세금을 냈는데 그 재산에 다시 세금을 매기는 것은 이중과세가 된다는 주장입니다.

상속세를 그대로 유지해야 한다는 주장의 핵심은 실현되지 않은 자본소득이라는 점입니다. 먼저 세금을 내면서 재산을 만들었다는 주장에 동의하더라도 재산을 물려받는 사람은 세금과 관련이 없다는 의견입니다. 또한 물려받은 재산은 아직 실현되지 않았을 뿐 나중에 소득이 되므로 이중과세라는 이유만으로 폐지할 수 없다는 주장입니다.

상속과 증여는 금액이 작다면 큰 문제가 없지만 어느 정도 금액이 되면 전문가의 도움을 받는 것이 좋습니다.

• **과세표준** 세금을 부과하는 기준. 보통 금액에 따라 과세표준이 달라짐

2030,
어떻게 투자할 것인가?

▌ **정의**   2030세대 주식투자자 500명을 대상으로 설문조사를 한 결과입니다. 2021년 3월 오픈서베이에서 했으며 표본오차는 플러스마이너스 4.38%p입니다.

▌ **해석**   2030세대는 현재 어떻게 투자하는지, 어떤 생각을 하는지 알아보는 것도 내 모습과 비교하는 의미가 있습니다. 남의 투자 방법을 그대로 따르는 것도 위험하지만 다른 사람의 투자 방법에서 배우지 않으려는 것도 좋은 투자 습관이라고 할 수 없습니다. 자기만의 투자 습관을 세우려면 다른 사람의 투자 기법도 꾸준히 살펴봐야 합니다.

    남의 투자 방식을 비교하는 것은 부러워하거나 비난하려는 것이 아닙니다. 같은 세대를 사는 또래의 투자 방법을 비교하면서 부족한 점을 배우고 내 장점을 살리려는 것입니다.

    2030 투자자 중 직장인이 약 67%였고, 대학이나 대학원생 비중은 약 16%였습니다. 성별은 남녀 차이가 없었습니다. 결국 젊은 직장인 중심으로 주식에 관심이 있다는 해석이 되겠네요. 투자하는 이유로는 78%가 은행 금리가 낮기 때문이라고 했지만 37%는 월급이

적다는 현실적인 이야기도 나왔습니다. 1/4은 남들이 하니까 한다고 했습니다. 예금금리가 낮고 월급이 적은 현실적인 이유로 수익을 더 기대할 수 있는 주식시장에 나섰다는 해석이 가능합니다. 돈을 모아야 한다고 생각하는 2030이 대세임은 분명해 보입니다.

투자 방식은 장기투자를 한다는 사람이 약 44%, 적립식 투자를 한다는 사람이 약 22%로 66%는 단타가 아닌 장기적 관점에 투자한다고 했습니다. 투자 공부에 하루 30분에서 2시간을 들인다는 사람이 52%라고 합니다. 코로나19로 재택근무가 늘었다고는 하지만 정시 퇴근하지 않는 이상 하루 2시간을 공부에 들이기는 쉽지 않을 테니 투자에 신경 쓰고 공부하는 사람들이 많다는 정도로 이해하면 됩니다. 다른 사람 말만 듣고 투자하는 것이 아니라 30분이라도 스스로 공부한다니 다행입니다. 혹시 지금까지 공부를 하지 않았다면 이제라도 시작하면 좋겠습니다.

가장 궁금해할 얼마 정도 투자하냐는 질문에 500만 원 미만이 약 30%, 500만 원 이상 1천만 원 미만이 약 17%, 1천만 원 이상 3천만 원 미만이 약 17%였습니다. 투자에 따른 유의미한 수익을 기대한다면 1천만 원 이상으로 목표를 잡으면 좋겠습니다.

투자수익을 말하기 전에 2020년부터 2021년 상반기까지 특별했던 상황을 알아야 합니다. 그 기간에 우리나라 증시는 최고치를 갱신했고, 그때 '동학개미'라는 말이 등장했습니다. 실제 실력에 비해 이른바 '초보자의 행운'을 경험했을 수 있습니다. 투자자 70% 이상이 투자수익을 얻었다고 했습니다. 그리고 수익률은 10~30%를 냈다는 사람 역시 70% 였습니다. 투자 분야는 반도체가 57%이니 아무래도 삼성전자로 대표되는 반도체 주식이었을 겁니다. 투자 기간은 6개월 미만이 절반을 넘었습니다.

'서학개미'로 대표되는 해외 주식투자도 늘었습니다. 해외 주식투자는 절반이 넘는 사람들이 하고 있다고 합니다. 테슬라나 애플같이 유명한 주식뿐만 아니라 최근 트렌드 중 하나인 ETF 투자 역시 늘어나고 있습니다. 가장 흥미로운 점은 이런 많은 정보를 유튜브에서 얻는다는 것이었습니다. 유튜브가 27%, 기존 언론사가 22%로 절반을 차지합니다. 책이나 증권사 리포트는 순위권에서 밀렸습니다. 결국 유튜브로 모든 정보가 통한다는, 전 세계적 트렌드는 돈 버는 방식에서도 유효해 보입니다.

2030세대라면 투자를 고민하는 것이 바람직하다고 봅니다. 하지만 위의 내용만 보고 주식투자를 시작해야겠다고 생각할 필요는 없습니다. '동학개미'라는 말이 나오고 나서부터 주식시장은 호황이었지만 언제 다시 내려갈지 알 수 없습니다. 주식으로 대표되는 모든 투자시장은 사이클이 있어서 좋아졌다 나빠졌다 합니다. 그러니 꼭 자기 생각을 단단히 해야 합니다.

그렇지만 남들이 어떻게 생각하고 어떻게 행동하는지 아는 것도 중요합니다. 주식시장은 특히 심리적 요소가 강합니다. 아무리 생각해도 오를 이유나 내릴 이유가 없지만 시장 참여자들이 오른다거나 내린다고 믿고 실행하면 그렇게 됩니다.

• **초보자의 행운** 실제 실력 대비 아무것도 모르는 사람이 게임에서 이기는 경우를 말하는 것으로 주식에서 투자수익을 냈을 때 전체 시장이 좋아서인지 실력이 좋아서인지 구분하는 것이 필요

재테크를 위한 기초 테크닉을 정리했습니다. 소비를 통제하면서 돈을 모으기 위해 통장을 분리해서 관리하는 통장 쪼개기, 자신에게 맞는 신용카드와 체크카드 사용법과 오해, 신용점수를 관리하는 방법과 적절하게 사용하면 큰 도움이 되는 대출 개념 다시 세우기, 연말정산 바로 알기, 종잣돈을 모아야 하는 이유와 가장 저렴하면서 효과적인 교재인 경제기사 활용법을 알려드립니다.

10장

재테크에서 필요한
기초 테크닉

통장 쪼개기와
체크카드

▌**정의**   월급이 들어오면 생활비 통장, 투자 통장, 비상금 통장 등으로 사용처에 따라 통장을 분리하는 것을 말합니다.

▌**해석**   통장을 쪼갠다고 해서 수익이 늘어나는 것은 아닙니다. 다만 '돈이 보이면 쓰게 된다'는 사람의 본성을 인정하고, 의도하지 않은 지출을 막는 장벽을 하나 세우는 소극적 형태의 방어 울타리입니다. 그리고 당겨 쓰는 것을 방지하기 위해 신용카드 대신 체크카드로 전환해야 합니다. 통장 쪼개기는 체크카드와 세트가 되어야 위력을 발휘합니다.

재테크를 시작하려는 사람이 많이 찾는 방법 중 하나가 통장 쪼개기입니다. 통장 쪼개기는 각각의 돈 사용처에 따라 통장을 분리하는 것입니다. 월급이 들어오면 생활비를 제외한 나머지 금액을 모두 다른 통장에 옮기는 가장 기초적인 수준부터 비상금 또는 각각의 투자나 예금에 맞게 금액을 이체하게 됩니다.

통장 쪼개기의 기본부터 설명하겠습니다. 월급이 들어오는 통장은 모두 하나씩 가지고 있다고 가정하겠습니다. 통장에 월급이 들어오면 보통 하나의 통장으로 관리합니다. 그러다보니 월급통장에는 늘 눈에 보이는 잔액이 있게 됩니다.

사람이 항상 쓸 곳을 기억해두는 것도 아니고 회사에서 시달리다보면 소비 욕구가 생기게 마련입니다. 통장에 잔액이 있다면 "고생한 나를 위해 이 정도는!" 하고 과감하고 신속하게 자기를 위한 작은 소비를 하게 됩니다. 이런 행동이 비난받아서는 안 됩니다. 왜냐하면 모든 사람이 마찬가지이기 때문입니다. 눈에 돈이 보이는데 안 쓴다는 것은 놀라울 정도의 자기 절제가 있어야 가능한 일이거든요. 그래서 통장을 쪼개는 것이 도움이 됩니다. 눈에 돈이 보이지 않으면 아무래도 한 번 더 생각하게 됩니다. 계획되지 않은 소비를 줄이는 데 도움을 주기 때문입니다.

그래서 통장 쪼개기는 둘로 나누는 것을 가장 기본으로 합니다. 하나는 용돈, 하나는 다른 모든 지불을 위한 계좌입니다. 이때 헷갈리는 부분이 있을 겁니다. 예를 들어 집세, 관리비, 학원비, 구독하는 상품 결제 등에 쓸 돈은 어디에 넣어야 할까요? 생활비에 넣어야 할까요, 지급계좌에 넣어야 할까요?

용돈 외에는 모두 옮겨두어야 한다고 봅니다. 용돈계좌에 들어 있는 돈으로만 생활하고 나머지는 저금, 투자 또는 생존을 위해 사용해야 합니다. 개인마다 다를 수밖에 없어 정확한 기준이 있지는 않습니다. 일부러 남의 기준을 따라가려는 것도 좋지 않은 방법입니다. 큰 틀에서만 기준을 잡으면 자의적으로 사용하는 금액은 용돈, 나머지는 모두 다른 통장으로 옮기는 것이 좋습니다.

통장은 한 번 쪼갰다고 끝나는 것이 아닙니다. 정기적으로 지급하지만 불필요한 것도 분명 있으니 이런 금액은 계속 조정해야 합니다. 이때 필요하면 통장을 한 번 더 쪼개서 투자와 비용으로 나눕니다. 투자는 저금과 펀드, 주식 등 투자에 활용하는 금액을 포함합니다. 비용은 남에게 주는 모든 내역입니다. 통신비나 생활요금도 이곳에 포함됩니다. 이렇게 되면 통장은 용돈, 비용, 투자 3개가 됩니다. 이때 금액 크기는 일반적으로 용돈<비용<투자로 만들어야 합니다. 물론 각자 삶이 달라서 이 비율이 정답일 수는 없습니다. 학자금 대출을 받아서 상환하는 비용이 있다면 당분간은 비용에 들어 있는 돈이 가장 많을 수 있습니다. 그러니 원칙을 이해하고 자기에게 맞게 조정해야 합니다.

통장 쪼개기의 단짝은 체크카드입니다. 아무리 통장을 쪼개면 뭐하나요? 잔액이 없더라도 신용카드로 결제한다면 통장 쪼개기는 무의미해집니다. 용돈계좌에 들어 있는 돈만 온전히 사용하려면 체크카드로 바꾸어야 합니다. 그래야 진정한 '이 돈이 전부'가 될 수 있습니다. 그러니 신용카드를 자르는 엄중한 의식을 한 번은 치러야 합니다. 신용카드 역시 없앨 수 없는 상황도 있겠지만 가능한 한 용돈은 체크카드로 바꾸려고 노력하세요.

이런 구조를 만들기 위한 우선순위를 추천하면, 처음으로는 대출을 갚는 데 1순위를 두세요. 빚도 자산이고 대출도 투자 방법이라고 생각하는 것도 틀린 말은 아니지만 사회 초년생으로 처음 돈을 모을 거라면 아직 그 단계가 아닙니다. 집을 사서 대출을 당장 없애기 힘든 상황이 아니라면 1순위는 대출 상환입니다. 대출 상환과 관련이 있지 않다면 신용카드를 체크카드로 교체하는 시기도 결정해서 실행하기 바랍니다.

통장 쪼개기가 재테크 수익률을 드라마틱하게 높여주지는 않습니다. 통장을 아무리 많이 쪼개도 투자하지 않고 저금하지 않으면 수익이 늘어나지 않고 삶만 피폐해집니다. 통장을 쪼개는 가장 큰 이유는 눈에 보이는 돈을 안 보이도록 숨겨서 내 의지를 강화하려는 것입니다. 이는 다이어트와 비슷해서 아무리 운동을 해도 눈앞에 치킨이나 라면이 보이면 참기 어렵습니다. 그래서 눈에 안 보이도록 하는 겁니다. 눈에 안 보이도록 치우는 것이 살을 빼는 첫 단계인 것처럼 통장 쪼개기는 돈을 쓰도록 유혹하는 것들을 치우는 첫 단계입니다.

• **체크카드** 계좌 잔액을 이체하는 방식으로 결제하는 지급 수단
• **신용카드** 신용에 따른 한도액 안에서 대금 결제를 일정 기간 유예하는 방식의 지급 수단

대출은 미래의 나에게
돈을 빌리는 것

▌ **정의**   대출은 돈을 빌리거나 빌려주는 것을 말합니다.

▌ **해석**   돈은 은행으로 대표되는 금융권에서 빌리지만 실제로는 미래의 나에게 빌리는
것입니다. 왜냐하면 실제로 돈을 빌려서 현재의 내가 사용하지만 대출을 갚는 사
람은 바로 미래의 나이기 때문입니다. 따라서 미래의 내가 갚을 능력이 되는 한
도 내에서 대출을 활용해야 합니다.

　　대출은 돈을 빌리는 것으로 흔히 '빚'이라고 합니다. 빚이라는 말
자체에 이미 좋지 않은 의미가 들어 있습니다. 빚쟁이, 빚잔치, 도박
빚, 빚지다 등 뭔가 좋지 않습니다. 그러다보니 빚을 지는 걸 상당히
부정적으로 보는 경향이 높습니다. 하지만 대출이라는 말은 꼭 그렇
지 않습니다. 대표적으로 학자금 대출이나 주택담보대출을 예로 들
어 생각해보겠습니다.

　　회계에서 말하는 재무제표에서는 자산=자본+부채라고 설명합니

다. "대출도 자산이야!"라며 ATM에서 현금서비스를 받는 이들도 있습니다. 대출도 자산이라는 말은 쓰려고 대출하는 것이 아니라 투자하려고 대출할 때나 성립합니다.

학자금 대출을 받는 이유는 지금 돈이 없어서이기도 하지만 대출로 현재의 나에게 투자하면 졸업하고서 더 나아지고 능력이 많아진 내가 충분히 그 돈을 갚을 수 있기 때문이기도 합니다. 개인의 대출은 이처럼 미래의 나에게 투자하는 것과 같습니다. 기업을 경영하는 사람들이 회사의 미래를 위해 투자하고, 투자할 때 대출을 이용하듯이 개인도 자기라는 상품에 투자하는 것입니다.

주택담보대출이 기업의 투자와 가장 비슷하다고 할 수 있습니다. 앞으로 부동산 경기가 어떻게 될지는 알 수 없지만 미래의 안정적인 자산이자 나의 안정적인 삶의 터전인 집을 마련하는 데 필요한 돈을 빌리는 것입니다. 하지만 오로지 수익을 극대화할 밑천으로 사용하려고 대출한다면 이는 노름빚과 비슷한 수준이 될 수 있습니다. 미래의 나에게 투자하고 투자 결과로 능력을 갖춘 내가 갚을 수 있는 수준의 대출이라면 해도 됩니다.

대출할 때 따져야 할 사항은 크게 두 가지입니다. 하나는 고정금리와 변동금리 가운데 고르는 것이고, 다른 하나는 원금과 이자를 어떻게 갚을지 정하는 것입니다. 고정금리는 시중금리가 변해도 내 대출 금리는 변하지 않는 것입니다. 변동금리는 시중금리에 연동해서 시중금리가 높아지면 같이 높아지고 낮아지면 같이 낮아지는 금리입니다.

갚을 때 금액이 변하지 않는다는 측면에서만 보면 고정금리가 좋습니다. 게다가 시중금리가 높아지면 같이 금리가 오르는 변동금리는 갚아야 할 이자 금액도 올라가므로 힘들어질 수 있습니다. 반면 고정금리는 시중금리가 인하되어도 아무런 혜택을 받지 못합니다. 이렇게만 보면 고정금리를 선택하는 것이 당연한 일 같습니다. 그래서인지 고정금리의 이율은 거의 변동금리보다 높습니다.

이제 고정적으로 더 높은 금리에 따른 이자 비용을 내면서 안정성을 추구할지, 아니면 조금이라도 더 싼 변동금리를 택할지 고민해야 합니다. 이때 많은 사람이 선택하는 상품이 낫습니다. 주택담보대출은 대개 변동금리를 선택하지만 특별 조건이더라도 고정금리가 변동금리와 큰 차이가 없다면 고정금리가 낫습니다.

대출금을 상환할 때는 조건이 보통 원리금균등상환과 원금균등상환 두 가지입니다. 원리금균등상환은 매월 갚아야 하는 금액을 원금과 이자를 더해서 갚게 만든 것입니다. 원금균등상환은 매월 갚는 원금만 동일하게 하는 것입니다. 따라서 원금균등상환을 선택하면 초기에 갚아야 하는 금액이 많아집니다. 초기에 갚아야 할 원금이 커서 원금에 따른 이자도 크기 때문입니다.

매월 일정 금액을 갚아나가야 한다면 원리금균등상환이 낫고, 조금 여유가 된다면 원금균등상환으로 갚아나가는 것이 총액에서 조금 유리할뿐더러 뒤로 갈수록 갚아야 하는 금액이 줄어드는 장점이 있습니다.

이외에 대출은 크게 **신용대출**과 **담보대출**이 있습니다. 신용대출은 말 그대로 돈을 빌리는 사람의 신용상태만 확인하고 돈을 빌려주는 것이고, 담보대출은 신용 외에 돈을 못 갚을 때를 대비해 일정 값어치가 나가는 물건의 권리를 요구하는 것입니다. 담보대출은 대출금액이 클 경우 주로 해당하고 신용대출은 소액대출에 주로 적용됩니다.

또 하나 담보대출 금리가 보통 제일 낮습니다. 우리가 사용하는 신용카드 역시 신용대출의 일종입니다. 마이너스 통장도 신용대출 상품의 하나입니다. 담보대출의 가장 흔한 형태는 주택을 구매할 때 해당 주택을 담보로 맡기고 대출하는 주택담보대출입니다.

대출은 자본주의 사회에서 적절하게 이용하면 좋은 것이지 무조건 피해야 하거나 외면해야 할 건 아닙니다. 무리한 대출이 문제이지 적절한 대출은 활용하기 좋은 아이템입니다.

· **신용대출** 개인의 신용도에 따라 담보 없이 제공되는 대출
· **담보대출** 대출을 갚지 못할 경우 돈을 빌려준 사람의 위험을 방어하는 수단을 제공하고 받는 대출

체크카드와
신용카드

▌**정의** 신용카드는 신용카드회사에서 일종의 대출을 해주는 방식이고 체크카드는 계좌 이체를 하는 방식입니다.

▌**해석** 신용카드는 특별한 목적이 없다면 사용할 이유가 없습니다. 신용카드 역시 대출 상품의 일종입니다. 투자 목적이 아니라면 대출은 없는 것이 바람직합니다. 신용 카드 혜택 때문이라고 하면 우선 사용하는 목적이 분명한 경우에 한해 특정 목적 용으로 사용하기 바랍니다. 신용카드를 사용하고 혜택을 얻는 것보다 사용하지 않고 고스란히 돈을 모으는 것이 더 좋습니다.

체크카드와 신용카드는 모양에 차이가 없고 사용하는 데도 큰 차이가 없습니다. 가장 큰 차이점은 대출을 활용하느냐 활용하지 않느냐에 있다고 봅니다. 먼저 체크카드의 결제구조를 간단히 살펴보 겠습니다. A라는 상점에서 물건을 사고 체크카드로 결제합니다. 그 럼 내 계좌에 있는 잔액에서 내가 물건을 구매한 A상점으로 돈을 이 체해줍니다. 내 계좌에 잔액이 없다면 잔액 부족이라고 뜨면서 결제 할 수 없습니다. 이것이 가장 간단한 체크카드의 지급구조입니다.

신용카드는 다릅니다. A라는 상점에서 신용카드로 결제합니다. 이때 A라는 상점에는 내가 돈을 주는 것이 아니라 신용카드회사에서 돈을 줍니다. 나 대신 돈을 내준 신용카드회사는 '카드 결제일'이 되면 내 계좌에서 돈을 가져갑니다. 내가 한 달 미만의 대출을 신용카드회사에서 받는 것입니다.

신용카드회사에서 신용대출을 받는 것과 마찬가지이므로 내 신용도에 따라 카드결제 한도가 정해집니다. 대출이라고 하면 이자를 줘야 할 텐데 신용카드회사에 매월 이자를 낸 기억은 없습니다. 그럼 신용카드회사는 무얼 먹고살까요? 신용카드회사의 수익은 크게 수수료와 이자 수입입니다. 먼저 수수료부터 살펴보겠습니다. 요즘은 어떤 상점에 가도 카드 결제가 안 되는 일이 거의 없습니다. 왜냐하면, 해당 상점과 카드사가 가맹점 계약을 맺었기 때문입니다.

이론적으로 특정 카드사와만 가맹점 계약을 맺었다면 해당 카드 외에 다른 카드는 결제되지 않습니다. 우리나라에서는 대표적으로 창고형 할인매장인 코스트코가 여기에 해당합니다. 코스트코에서는 특정 카드사와만 가맹점 계약을 맺었는데, 왜 그랬을까요? 가맹점 계약을 맺으면 카드사는 해당 상점으로부터 가맹점 수수료를 받습니다. 결제가 잘되도록 카드사가 신용을 제공해주었고, 이 서비스로 가게에서는 수익이 늘어났으니 카드사에 수수료를 지급하는 겁니다. 코스트코가 특정 회사와만 거래하는 이유도 특정 회사에 지급하는 가맹점 수수료를 낮추기 위해서입니다.

신용카드회사는 수수료만으로 수익을 내지 않습니다. 더 큰 수익은 결국 대출입니다. 가장 대표적인 대출이 바로 '할부'인데, 신용카드회사는 '할부 수수료'라는 명목으로 이자를 받습니다. 신제품이나 비싼 제품을 사려고 할 때 눈 딱 감고 12개월 또는 24개월 할부로 '지르는' 일이 있습니다. 한 달 안에 결제할 때는 수수료를 내지 않지만 할부로 구매하면 실제 가격에 붙은 '수수료'를 내야 합니다. 신용카드의 또 다른 대출 수익은 현금서비스 같은 소액 대출입니다. 돈이 부족하더라도 현금지급기에 신용카드를 넣으면 현금을 뽑을 수 있습니다.

사실 요즘 현금을 뽑을 일은 별로 없습니다. 현금이 없더라도 신용카드가 있으면 신용결제로 구매할 수 있으니까요. 신용으로 현금을 뽑든 결제를 하든 카드회사에서 대출한 것과 마찬가지이므로 나중에 원금 외에 비싼 이자를 내야 합니다. 이때 이자를 하나도 내지 않으면서 신용카드 효과를 누리는 방법은 '무이자 할부'제도를 이용하는 것입니다. 하지만 무이자 할부를 이용하면 어느새 추가 결제를 할 확률이 높아집니다. 이를 잘 아는 카드회사에서는 여러 서비스 명목으로 무이자 할부를 계속 지원하고 포인트 등 혜택을 제공합니다.

카드사로서는 신용카드 고객이 체크카드 고객보다 더 좋습니다. 신용카드 고객이 추가 수익을 더 많이 주기 때문입니다. 신용카드회사는 어떻게든 자기네 카드를 사람들이 많이 발급받고 많이 쓰게 만들어야 수익이 올라간다는 사실을 잘 압니다. 그렇기에 보통 카드 포인트 등 여러 가지 혜택을 많이 제공합니다.

카드사와 유사한 곳으로 캐피털사가 있습니다. 캐피털은 카드회사와 비슷하지만 주로 장기대출을 해준다는 점에서 다릅니다. 캐피털사를 가장 일반적으로 이용할 때가 자동차를 사는 경우입니다.

돈을 모을 생각이라면 체크카드를 쓰는 게 좋습니다. 신용카드를 할부로라도 계속 쓰다보면 익숙해져 어느새 신용카드사의 좋은 조건에 눈 딱 감고 지를 수 있습니다. 그렇다고 신용카드를 절대 쓰지 않는 것이 만능은 아닙니다. 절제할 수 있고 씀씀이를 관리할 수 있다면 혜택을 조금이라도 더 주는 신용카드를 활용하는 것도 좋습니다. 대표적으로 아파트 관리비를 신용카드로 내면 혜택이 더 좋은 경우가 있습니다. 아파트 관리비는 안 낼 수 없는 비용이고 여름과 겨울의 비용 차이는 좀 나지만 관리 가능한 범주에 있으므로 신용카드 포인트를 활용하는 것도 좋은 방법입니다.

어쩔 수 없이 신용카드를 써야 할 때도 있습니다. 주택담보대출을 받을 때 대부분 은행에서는 자기 은행과 관련된 카드를 사용하면 금리를 낮춰줍니다. 주택담보대출은 원금이 아주 크기 때문에 금리를 0.1%만 낮춘다고 해도 무시 못할 혜택이 됩니다. 이런 경우에는 전략적으로 신용카드를 쓰는 편이 낫습니다.

가장 경계해야 하는 것은 신용카드 사용 목적이 '혜택받기 위해서'일 때입니다. 혜택을 우선순위에 두면 안 됩니다. 꼭 써야 하는데 신용카드가 혜택을 가장 많이 준다면 선택하는 것이 좋습니다.

• 할부 일정 기간 나누어 부담하는 부채. 예를 들어 전체 금액을 일정 개월 수에 따라 나눠서 지급하는 것

신용점수 올리기/
리볼빙

■ **정의** 민간 신용평가사에서 개인의 금융실적 등 다양한 자료를 기반으로 점수를 매긴 것으로 1,000점을 만점으로 신용점수가 높을수록 대출에서 유리하고, 낮을수록 대출에서 불리합니다.

■ **해석** 신용점수는 일정 단계에 오르면 크게 유리하거나 불리하게 작용하지 않습니다. 신용점수는 높이려고 하기보다 낮아지지 않게 하는 것이 더 좋은 관리 방안입니다. 신용점수는 수능이나 합격과 관련이 없으니 가장 높은 점수를 받겠다고 노력할 필요가 없습니다.

　　대출상품에는 신용대출과 담보대출이 있다고 했습니다. 신용대출은 말 그대로 돈을 빌리는 사람의 신용도만으로 대출을 결정하고 이율을 정하다보니 신용도에 따라 기준을 달리 적용하는 것이 합리적입니다. 개인의 금융거래 이력이나 수입 등 여러 가지 데이터를 기준으로 각 사람의 신용등급을 매기는 것을 신용점수라고 합니다. 2021년 이전에는 1등급부터 10등급까지 등급으로 구분하다가 요즘은 1,000점을 만점으로 하는 점수제로 변경되었습니다.

신용점수는 민간신용평가사인 나이스와 올크레딧에서 매깁니다. 이 신용점수가 가장 크게 작용하는 것은 결국 대출입니다. 신용점수가 높을수록 유리한 조건으로 대출할 수 있고, 신용점수가 낮을수록 대출하기가 어려워집니다. 신용카드 역시 대출의 일종이라 신용카드 발급이 거절될 수 있습니다.

정해진 것은 없지만 대략 기존 4등급까지는 은행에 해당하는 1금융권에서 대출이 가능하지만 6등급까지는 1금융권은 어렵고 2금융권이 가능합니다. 이보다 낮으면 신용카드 발급이 거절될 수 있고 더 낮으면 사금융이 아니면 아예 대출이 안 되기도 합니다.

정상적으로 월급을 받으면서 대출 연체가 없으면 크게 걱정하지 않아도 됩니다. 그리고 1등급에 해당하면서 상장되지 않은 작은 기업에 다니는 사람보다 2등급에 해당하더라도 상장사에 근무하면 대출 이율이 더 유리한 경우도 있으니 신용점수를 높이려고 특별한 행동을 할 필요는 없습니다. 그렇다고 신용점수를 전혀 무시해서도 안 되겠지만요.

신용점수를 높이는 것과 낮추는 것은 상식적으로 생각하는 범주에 해당하는 경우가 많습니다. 우선 신용점수를 높이는 행동은 대출금이 있을 때는 **연체** 없이 잘 갚아나가면 됩니다. 신용카드나 체크카드 역시 문제없이 잘 사용해왔다면 등급이 올라갑니다. 연체가 있더라도 연체를 해결한 후 일정 기간이 지나면 회복됩니다. 그외에도 각종 요금 등을 잘 납부하면 신용점수가 좋아집니다.

반대의 경우도 상식적입니다. "이 사람에게 돈을 빌려줘도 될까?"라는 생각이 드는 행동을 하면 신용점수는 낮아집니다. 대출금이 있는데 제때 갚지 않고 연체되면 아무도 돈을 빌려주려고 하지 않을 겁니다. 대출 건수나 금액이 급격하게 늘어나면 어딘가 의심이 가기 때문에 신용점수는 낮아집니다. 또 신용점수가 낮은 사람이 주로 이용하는 곳에서 돈을 빌리면 신용점수에는 부정적으로 작용합니다.

위에서 말한 것처럼 돈을 빌리고 갚고 사용하는 이력이 많을수록 신용점수가 높고, 정확하게 반영되겠지만 막 사회생활을 시작한 사회 초년생이라면 신용점수가 낮을 수도 있습니다. 이때 신용점수를 올리는 팁으로 금융정보 포털 파인(fine)에 나와 있는 내용을 소개하면 첫째, 공공요금이나 통신비, 수도료, 전기료 등 생활요금 납부 이력을 신용평가사에 직접 등록해서 신용점수에 반영해달라고 할 수 있습니다. 학자금 대출이 있는 경우 1년간 잘 상환하면 점수에 반영됩니다.

체크카드를 월 30만 원 이상 6개월에서 1년 이상 사용해도 신용점수에 긍정적으로 반영됩니다. 신용점수를 조회하면 점수가 낮아진다는 말도 있지만 그렇지 않습니다. 요즘은 서비스로 신용점수를 무료로 조회하도록 제공하는 곳이 많으니 적당히 체크해보는 것이 좋습니다.

사실, 신용점수는 낮은 사람들에게는 매우 중요한 일이지만 점수가 높을수록 대출금리에 크게 영향을 미치지 않습니다. 신용점수보다 오히려 근무하는 직장의 상장 여부, 대기업 여부, 연봉액수가 더 크게 작용합니다. 담보대출은 신용점수보다 담보물 가치에 따라 변하는 것이 현실입니다. 그러니 신용점수는 낮아지는 것만 경계하고 높이는 것에 지나치게 신경 쓰지 않아도 됩니다.

신용점수와 직접 연관은 적지만 신용점수를 급격하게 나빠지게 만들 가능성이 높은 것으로 신용카드 리볼빙 서비스가 있습니다. 신용카드 리볼빙 서비스는 '일부금결제금액 이월약정'으로 결제일에 결제금액 전부가 아닌 일부만 갚고 나중으로 미루는 것입니다. 당장은 100이 아닌 최소 1%만 갚아도 되므로 쉽게 미룰 수 있어 돈이 급할 때 활용할 수 있겠지만 갚지 않은 99%는 최소 5%에서 법정최고금리인 20%에 육박하는 이자를 더 내야 할 수도 있습니다. 최소 결제 비율은 본인이 설정할 수 있지만 결론적으로 이용하지 않는 것이 좋습니다.

카드사에서는 높은 수익을 얻을 수 있고 사용자는 당장 돈이 없을 때 활용한다는 장점이 있지만 근본적으로 대출을 갚지 않는 이상 대출금을 미루는 것이고 미뤄진 대출 금액은 높은 금리가 더해져 점점 빚이 늘어납니다. 결국 대출연체가 발생해 신용점수가 낮아지는 결론으로 쉽게 연결되므로 리볼빙은 가능한 한 활용하지 않는 것이 좋습니다.

• **연체** 정한 기간에 약속을 지키지 못하는 것

연말정산/
종합소득세 신고

▎**정의**   연말정산: 근로자에게 월급을 지급할 때 사업자가 간이세액표에 따라 원천징수
하고, 연말에 일괄적으로 실제소득과 납세기준에 따라 더 냈을 경우 환급, 덜 냈
을 경우 추가 징수하는 것을 말합니다.
종합소득세: 근로소득 외에 추가 소득이 있을 때 이 기준에 따라 종합과세하는
것을 말합니다.

▎**해석**   연말정산은 연간 내야 할 세금을 연말에 일괄 정산해서 기준보다 많이 냈으면 돌
려받거나(환급) 기준보다 적게 냈으면 추가로 내는 것을 말합니다. 가장 중요한
점은 연간 자신의 수익과 비교해 자기가 사용한 이력에 따라 달라지는 세금을 정
산하는 일입니다. 연말정산을 추가 소득 관점에서 접근하면 안 됩니다. 더 낼 필
요 없는 세금을 줄인다는 측면으로 생각해야 합니다.

　　연말정산 하면 같이 떠오르는 말이 13월의 월급일지 모르겠습니
다. 사실 이 표현은 마땅하지 않은데, 그 이유는 연말정산의 개념이
더 낸 세금을 돌려받거나 덜 낸 세금을 추가로 내는 것이지 내 소득
은 근본적인 변화가 없기 때문입니다. 그럼에도 이렇게 오해하는 이
유는 연말정산으로 더 낸 세금을 환급받으면 마치 돈이 추가로 생긴
것으로 착각하기 때문입니다. 뉴스에서 이런 제목으로 소개한 책임
도 있다고 봅니다.

연말정산의 세부 기준을 따지는 것은 이 책의 범위를 벗어나고 또 사람마다 공제 내용이 달라서 현실적으로 설명하기가 어렵습니다. 그래서 큰 틀만 소개하겠습니다.

연말정산의 기본 개념은 내 소득에서 공제금액을 적용한 후 남은 금액에 세금을 적용하는 것입니다. 그럼 세금을 적게 하려면 소득을 줄이면 되겠지만 실제 소득을 줄일 사람은 없습니다. 그렇기에 소득이지만 세금을 내야 하는 기준 소득에서 덜어내는 것이 바로 '공제'입니다.

공제는 크게 소득공제와 세액공제 두 가지가 있습니다. 소득공제는 소득 금액 자체에서 줄이는 것이고, 세액공제는 소득에 따른 세금을 계산한 뒤 세금을 줄이는 것입니다. 둘 중 어느 것이 더 유리할까요? 고소득자일수록 소득공제가 유리하고 저소득자일수록 세액공제가 유리합니다. 하지만 소득이 정말 작다면 차이가 없습니다.

우리나라에서 내는 소득세는 대표적인 누진세입니다. 소득이 많으면 더 높은 비율로 세금을 내야 하고, 소득이 적으면 낮은 비율로 세금을 내게 됩니다. 비율은 법이 바뀔 때마다 달라지니 소득세법 개정이라는 말이 나오면 체크해두기 바랍니다. 연간 소득기준으로 1,200만 원 이하는 6%, 1,200만 원 초과 4,600만 원 이하는 15%, 4,600만 원 초과 8,800만 원 이하는 24%, 8,800만 원 초과 1억 5천만 원 이하는 35%, 1억 5천만 원 초과 3억 원 이하는 38%, 3억 원 초과 5억 원 이하는 40%, 5억 원 초과는 42%를 세금으로 가져갑니다.

여기서 오해하면 안 되는 게 있습니다. 연봉을 6억 원 받는다고 할 때 40%를 세금으로 떼어간다고 해서 6억 원의 40%인 2억 4천만 원을 세금으로 내는 것이 아니라 5억 원이 초과되는 금액 약 1억 원의 40%인 4천만 원을 세금으로 가져간다는 것입니다. 즉, 각 구간에 적용되는 세율로 세금을 가져가는 것이지 전체 금액을 하나의 세율로 가져가는 것이 아닙니다.

소득공제는 소득금액을 줄여주는 것이라서 세율이 변하는 구간이나 높은 구간에 있는 사람들은 소득 자체를 줄여주면 그만큼 높은 비율의 세금을 줄이게 됩니다. 하지만 세액공제는 동일한 금액을 줄여주는 것이므로 내야 할 세금이 적은 사람일수록 내야 할 세금의 절대금액이 줄어드는 효과가 있습니다.

그럼 연말정산 시기만 되면 나오는 각종 '소득공제' 혜택 상품은 무엇일까요? 유의해야 할 내용은 '조건'입니다. '최대 XX백만 원 세액공제'라고 하면 조건이 맞았을 때 최대 액수만큼 혜택을 받는 것이지 최대금액을 누구나 적용받는 것은 아닙니다. 게다가 소득공제 상품일수록 납입 금액이나 유지해야 하는 기간이 까다롭습니다. 따라서 꼭 필요한 상품이라면 연말정산에 도움이 되는 세액공제 상품을 활용하는 것이 좋지만 모든 재테크용 상품을 공제상품으로 유지할 필요는 없습니다.

마찬가지로 카드도 신용카드와 체크카드 사용금액에 따라 공제가 되지만 공통적으로 자기 소득의 25%를 넘게 사용한 금액이 아니면 공제받을 수 없습니다. 공제를 받으려고 소득의 25%를 넘게 사용해서 넘은 금액의 일부를 공제받기보다 20%만 소비하고 5%는 안 쓰는 것이 돈을 더 버는 것입니다.

그렇다고 연말정산을 하나도 신경 쓰지 말라는 말은 아닙니다.

철저하고 꼼꼼하게 따져서 돌려받을 수 있는 최대치를 받는 것이 맞습니다. 하지만 연말정산 환급금을 최우선으로 두는 것은 본말이 전도된 일입니다.

종합소득세는 근로소득 외에 다른 소득을 합산해서 위에서 말한 소득세율로 적용하는 것을 말합니다. 근로소득자는 쉽게 말해 월급쟁이입니다. 월급쟁이가 근로소득 외에 추가 소득을 얻는 방법은 **임대사업**을 해서 임대사업자가 되거나 금융소득이 높은 경우 말고는 거의 없습니다. 임대사업자가 되려고 해도 돈이 있어야 임대할 물건을 살 수 있으니 일단 논외로 하겠습니다. 금융소득은 펀드수익이나 이자수익, **배당수익** 등으로 연간 2천만 원이 넘어가면 기존 근로소득에 합산해서 계산합니다.

소득 구간이 높아지면 세금도 높아집니다. 그러니 이 경우 세금을 줄이는 관리가 필요하지만 금융소득으로 연간 2천만 원을 번다면 세금을 내더라도 한 번은 경험해보고 싶습니다. 먼저 세금을 내야 할 단계까지 가보고 나서 행복한 고민을 하는 게 좋습니다. 혹시 종합소득세 대상자라면 열심히 혼자 고민하는 것보다 세무사에게 상담받는 것이 가장 정확하고 빠른 방법입니다.

· **임대사업** 부동산을 다른 사람에게 빌려주고 이용료를 받는 사업
· **배당수익** 회사가 이익을 냈을 때 주주에게 돌려주는 금액

종잣돈
모으기

▐ 정의   종잣돈: 농사를 짓기 위해 뿌리는 씨앗을 '종자'라고 합니다. 종잣돈은 투자를 위
              해 사용하는 돈을 의미하며, 요즘은 seed money라는 말을 더 많이 사용합니다.

▐ 해석   종잣돈은 절대적인 수익금액을 얻기 위해 필요한 일정 수준의 목돈을 말합니다.
              목돈의 정의는 사람마다 다르겠지만 최소한 1천만 원이 넘는 금액으로 생각하면
              됩니다.

    종잣돈은 투자하기 위해 가장 필요한 아이템입니다. 앞서 예금과
적금을 설명할 때 이미 소개를 했지만 종잣돈이 필요한 이유를 다시
한번 짚어보겠습니다.

    투자를 하는 이유는 수익을 높이기 위해서입니다. 간단한 공식을
들어보겠습니다. '투자수익=투자금×수익률'로 볼 수 있습니다. 저
금보다 투자를 선호하는 이유는 매우 간단합니다. 저금의 수익률이
라 할 이자율이 매우 낮기 때문입니다. 2021년 8월 17일 기준 정기

예금금리는 1금융권 기준 1.5% 정도입니다. 100만 원을 넣었을 경우 세금을 고려하지 않을 때 1년에 이자가 1만 5천 원 생깁니다. 1천만 원이면 15만 원, 1억 원이라는 큰돈을 넣어도 150만 원밖에 생기지 않습니다. 1년에 150만 원은 한 달에 10만 원이 조금 넘는 금액입니다. 이처럼 지금으로는 기대 수익률이 너무 낮기 때문에 이자율보다 높은 투자처를 찾을 수밖에 없습니다.

이번엔 두 번째 요소로 투자 원금입니다. 투자 원금이 적다면 수익률이 높더라도 기대할 수 있는 투자수익이 적어집니다. 위에서 이자가 1.5%라고 했는데 투자수익률로 1년에 15%를 기대한다고 해보겠습니다. 정기예금의 10배라는 낮지 않은 수익률입니다. 1억 원을 투자했으면 1년에 1,500만 원이라는 큰돈을 기대할 수 있습니다. 1천만 원이라면 150만 원, 100만 원이라면 15만 원이 됩니다.

사람은 매우 간사합니다. 저금할 때는 150만 원만 생겨도 좋겠다고 하지만 투자라고 하니 150만 원이 적어 보입니다. 하지만 이 150만 원을 얻으려 해도 투자금은 1천만 원이 필요합니다. 왜 1천만 원은 넘겨야 한다고 했는지 공감할 것 같습니다.

투자는 15%가 아니라 30%, 아니 2~3배를 벌 수도 있습니다. 그럴 때마다 '내가 왜 더 많은 돈을 투자하지 않았지?'라고 후회합니다. 시드머니는 투자 효과를 제대로 누리기 위해서 필요한 투자 필수템입니다. 그러니 목표한 시드머니를 모을 때까지는 한눈 팔지 않고 우직하게 모아야 합니다.

이때 '빌려서 투자'하는 걸 떠올릴 수 있습니다. 레버리지 효과를 누리겠다는 것이죠. 이는 투자에서 높은 확률로 벌 거라고 확신한다면 좋은 방법입니다. 하지만 우리는 미래를 알지 못합니다. 전 세계에서 가장 유명한 투자자도 늘 수익을 내는 것은 아닙니다. 투자에서 높은 수익률을 기대할 수 있는 것은 그만큼 잃을 위험이 있기 때문입니다.

내 자산을 투자했는데 잃으면 내 자본금만 사라지지만 남의 돈을 빌려 투자했다가 잃으면 빚만 남습니다. 대출해서 투자하는 일은 전문가도 매우 제한적으로 하는 매우 위험한 영역이니 아직 투자를 본격적으로 해보지 않아 경험이 쌓이지 않았다면 절대 고려하지 말아야 합니다.

사회 초년생이고 재테크를 시작한 지 얼마 안 되었다면 시드머니를 모으는 데 집중해야 합니다. 시드머니는 저금으로 모으는 것이 가장 빠르고 안전합니다. 저금의 장점은 원금 보장이니까요. 저금 액수와 관련한 공식은 '저금액수=소득 – 비용'입니다. 이때 보통 월급쟁이는 소득이 단기간에 늘어나지 않습니다. 회사에서는 1년에 한 번 연봉 인상을 하거나 1년에 한 번 성과급을 지급하기 때문입니다.

따라서 저금 액수를 늘리는 거의 유일한 수단은 비용을 줄이는 것입니다. 비용을 줄이는 첫 번째 방법은 통장 쪼개기부터 하면서 최대한 비용을 줄이고 나머지는 모두 저금하는 것이 가장 좋습니다. 이외에 추천할 방법이라면 연봉을 더 많이 주는 회사로 이직하는 것이 거의 유일합니다.

가장 일반적인 재테크 트리는 지금 소득에서 비용을 줄여 우직하게 목표한 시드머니를 모으는 것입니다. 시드머니가 모일 동안 내

금융과 투자 관련 지식을 높이는 공부를 계속합니다. 시드머니가 모이면 투자를 시작하면서 나에게 맞는 최적의 방법을 찾아갑니다. 일정 수준의 투자 성과를 내면 투자 수단이나 금액, 방법 등에서 최적화합니다. 남의 돈을 빌려 일순간에 일확천금을 노리는 것은 전생에 나라를 구한 극소수에게만 생길 수 있는 일입니다.

경제기사
활용법

■ **정의**   경제기사는 가장 저렴한 비용으로 데이터와 주위 사람들의 의견을 객관적으로 볼 수 있는 가장 좋은 수단입니다. 경제기사라고 해서 뉴스만 해당하지 않습니다. 유튜브 채널, 뉴스레터, 팟캐스트 등 뉴미디어 기반의 정보들과 접근하기 쉬운 증권사의 각종 리포트와 경제연구소의 자료 등도 경제기사에 못지않게 유용합니다.

■ **해석**   아는 것보다 중요한 것은 읽고 나서 직접 적용하는 것입니다. '좋아요' '구독'을 누르는 것보다 더 중요한 것은 꾸준히 보는 것이고, 꾸준히 보는 것보다 더 중요한 것은 꾸준히 적용하는 것입니다. 어떤 자료나 채널이 좋다고 해서 해당 채널 구독을 눌러두는 것도 중요한 일이지만 꾸준히 들으면서 지식을 축적하지 않는 것은 최고 운동법을 모아놓고 실제 운동하지 않으면서 몸이 좋아지길 기대하는 것과 같습니다.

주위에 투자로 돈을 버는 사람들을 보면 궁금합니다. 저들은 어떻게 돈을 벌었지? 고급 정보를 얻는 비밀 채널이 있는 게 아닐까? 일부는 그럴 수 있습니다. 하지만 대부분 일반인은 수많은 정보를 수집하고 자신에게 필요한 정보를 걸러낸 후 자기 판단을 더해 실행합니다. 그리고 가장 중요한 점은 이런 과정을 계속 반복한다는 것입니다. 반복된 훈련이 내 실력을 늘리듯 반복된 학습과 실행과 피드백이 투자 결과를 좋게 만들어줍니다.

비밀스러운 정보는 없습니다. 있다고 주장하는 이들을 별로 신뢰하지 않습니다. 우연히 자신이 관련된 회사나 산업에서 비밀스러운 이야기가 흘러나올 수 있겠지만 그런 일은 매우 드뭅니다. 당신에게만 투자 정보를 알려주겠다고 한다면 믿지 않는 게 좋습니다.

투자 관련 정보는 사금 찾기와 비슷합니다. 물론 직접 해보지는 않았지만 사금을 채취하는 과정은 가능성이 높다고 알려진 곳에서 진짜 금이 나올 때까지 끊임없이 반복하는 것입니다. 그러면서 아주 작은 금이라도 놓칠세라 세심하게 살피는 지루한 과정을 거쳐야 합니다. 경제기사를 보는 것은 사금 찾기와 비슷합니다. 처음에는 어떤 기사가 돈을 만들어줄지 모르고 무슨 말인지 알아듣기도 어렵습니다.

하지만 꾸준히 읽다보면 조금씩 실력이 늘어납니다. 영어 공부처럼 재테크에도 비법은 없습니다. 꾸준히 연습하는 것이 중요할 뿐입니다. 영어 공부도 실력이 확 늘려면 네이티브 스피커와 꾸준히 접촉해야 하는 것처럼 재테크나 경제 공부도 자기가 직접 투자하면서 경험하는 방법이 가장 좋습니다.

경제기사는 가장 저렴한 가격으로 가장 좋은 정보를 얻는 수단입니다. 최신 정보와 최신 데이터를 거의 24시간 쉬지 않고 제공합니다. 채널 구독에 손품만 들이면 소화할 수 없을 만큼 정보를 얻게 됩니다. 오히려 요즘은 넘쳐나는 정보의 양을 줄이는 것이 더 필요할 듯합니다. 그래서 종이신문을 하나 보는 것을 권장합니다. 종이신문은 인터넷 신문보다 즉시성은 떨어지지만 더 정제된 내용이 실립니다.

또 하나 중요한 점은 수많은 경제기사 중 어떤 것이 중요한지 가치 판단을 엿볼 수 있습니다. 1면에 배치되는 것과 큰 제목으로 뽑히는 것은 일반적으로 중요한 내용입니다. 물론 우리는 경제 이야기를 하니 종합지보다 경제지를 구독하는 것이 좋겠죠.

종이신문 못지않게 추천하는 방법은 **유튜브**, **팟캐스트**, 뉴스레터를 구독하는 것입니다. 매스미디어와 달리 더 전문적인 영역을 제공하는 채널이 많아졌습니다. 그러니 평이 좋은 유튜브 채널이나 뉴스레터를 구독하는 것도 괜찮습니다.

투자에 관심이 생기고 나에게 맞는 산업이나 종목이 생긴다면 증권사에서 발행하는 종목 리포트를 보거나 경제연구소에서 내놓은 전망 자료를 보는 것도 큰 도움이 됩니다. 하지만 초보라면 어려울 수 있으니 이 리포트는 기초 정도는 떼고서 보면 좋겠습니다. 처음에는 알아들을 수 없는 용어가 가득해서 좀더 쉽게 쓰인 자료를 찾겠지만 조금만 익숙해지면 쉽게 풀어 쓴 것보다 전문적인 용어로 간단명료하게 표현한 자료가 더 쉽고 편안하게 읽힙니다.

경제기사는 무엇을 고르느냐도 중요하지만 얼마나 꾸준히 보느냐가 더 중요합니다. 아무리 좋은 것도 모아놓기만 한다면 서점에 가득한 책을 배경으로 사진 찍고 나서 내 지성이 오르기를 기대하는 것과 같습니다. 너무 많은 채널을 선택하지 말고 1~2개로 시작해야 합니다. 잘 안 맞으면 다른 것으로 바꾸더라도 중요한 것은 꾸준함입니다. 한 달 읽고 변화가 없다고 좌절하지 마세요. 돈을 버는 일은 한 달 했다고 달라질 만큼 쉬운 일이 아닙니다. 몸에 근육을 만들려고 해도 한 달로는 어림없습니다.

꾸준히 보는 것만큼 중요한 것은 실전에 적용하고 곱씹고 다시 나에게 맞게 고치는 것입니다. 사람들의 생김새가 다르듯 각자에게 맞는 투자 방법이나 종목이 있기 마련입니다. 자기에게 알맞은 방법을 찾아내 계속 적용하는 것이 가장 중요합니다. 경제기사는 최고 전문가라도 뗄 수 없는 콘텐츠입니다. 그러니 초보인 지금부터 평생 같이 갈 친구라 생각하면서 사귀어두기 바랍니다.

• **유튜브** 동영상 기반의 서비스로 일명 인터넷 방송
• **팟캐스트** 오디오 기반의 서비스로 일명 인터넷 라디오

곽해선, 『경제기사 궁금증 300문 300답』, 혜다, 2021.

김유성, 『금융 초보자가 가장 알고 싶은 최다 질문 TOP 80』, 메이트북스, 2021.

박지수, 『경제기사를 읽으면 주식투자가 쉬워집니다』, 메이트북스, 2020.

박창모, 『당신이 속고 있는 28가지 재테크의 비밀』, 알키, 2011.

삼성증권 리서치센터, 『배당왕-배신을 모르는 그들, 미국 배당주 Top 30』, 미래의창, 2020.

염승환, 『주린이가 가장 알고 싶은 최다질문 Top 77』, 메이트북스, 2021.

한국경제신문 및 한국경제매거진 특별취재팀, 『똑똑한 주식투자』, 한국경제신문, 2021.

황족, 『주식초보자를 위한 재미있는 주식 어휘 사전』, 메이트북스, 2021.

토리텔러, 『뉴스가 들리고 기사가 읽히는 세상 친절한 경제상식』, 미래의창, 2019.

파인(금융소비자 정보 포털 fine.fss.or.kr/)

『2021년 자동차 산업 전망』, 현대차증권.

KIET편집부, 『2021년 하반기 경제·산업 전망』, KIET, 2021.

■ 독자 여러분의 소중한 원고를 기다립니다

메이트북스는 독자 여러분의 소중한 원고를 기다리고 있습니다. 집필을 끝냈거나 집필중인 원고가 있으신 분은 khg0109@hanmail.net으로 원고의 간단한 기획의도와 개요, 연락처 등과 함께 보내주시면 최대한 빨리 검토한 후에 연락드리겠습니다. 머뭇거리지 마시고 언제라도 메이트북스의 문을 두드리시면 반갑게 맞이하겠습니다.

■ 메이트북스 SNS는 보물창고입니다

메이트북스 홈페이지 matebooks.co.kr

홈페이지에 회원가입을 하시면 신속한 도서정보 및 출간도서에는 없는 미공개 원고를 보실 수 있습니다.

메이트북스 유튜브 bit.ly/2qXrcUb

활발하게 업로드되는 저자의 인터뷰, 책 소개 동영상을 통해 책에서는 접할 수 없었던 입체적인 정보들을 경험하실 수 있습니다.

메이트북스 블로그 blog.naver.com/1n1media

1분 전문가 칼럼, 화제의 책, 화제의 동영상 등 독자 여러분을 위해 다양한 콘텐츠를 매일 올리고 있습니다.

메이트북스 네이버 포스트 post.naver.com/1n1media

도서 내용을 재구성해 만든 블로그형, 카드뉴스형 포스트를 통해 유익하고 통찰력 있는 정보들을 경험하실 수 있습니다.

STEP 1. 네이버 검색창 옆의 카메라 모양 아이콘을 누르세요.   STEP 2. 스마트렌즈를 통해 각 QR코드를 스캔하시면 됩니다.
STEP 3. 팝업창을 누르시면 메이트북스의 SNS가 나옵니다.